나는 모스크바 특파원이다

나는 모스크바 특파원이다

하준수

11개의 시간대, 광활한 대륙,
풍부한 자원, 러시아를 알자!

그려나

추천사

특파원은 대단히 매력적인 직업이면서 또한 외롭고 힘든 자리이기도 하다. 특히 모스크바 특파원은 더더욱 그런 자리가 아닌가 싶다. 그 이유는 다음과 같다.

첫째, 러시아의 가혹한 자연환경. 눈이 많이 내리는 길고 긴 겨울 날씨
둘째, 세계에서 가장 큰 나라에 2명뿐인 한국 특파원으로서 외로움
셋째, 열심히 일하지만 본국에서 제대로 보도되기 어려운 취재의 결과들

그럼에도 하준수 기자는 2015년부터 2018년까지 3년 동안 KBS 모스크바 특파원으로서 이런 악조건을 견디며 최선을 다했다. 그런 그가 한러 수교가 벌써 30주년을 맞이한 올해 그때의 취재 기록과 경험, 소회를 바탕으로 훌륭한 책을 출간하게 되어 너무 반갑다.

우선 하준수 기자의 책은 러시아를 소개한 그 어떤 책보다 너무

도 생생한 느낌을 주고 있다. 그 특유의 부지런함과 날카로운 통찰력이 책 곳곳에 스며 있음을 금방 느낄 수 있었다. 아직도 한국인들에게 러시아는 마음도 몸도 멀게만 느껴지고 있는 게 현실이다. 2014년 비자 면제 협정 이후 한러 간 교류는 예전에 비해 대폭 늘어났다. 한 해 60~70만 명이 비즈니스나 관광 등을 이유로 양국을 오가지만, 러시아가 워낙 큰 나라이기에 몇 번의 방문으로 러시아를 모두 이해한다는 것은 거의 불가능한 일일 것이다. 그러나 하준수 기자의 생생한 러시아 취재 기록을 한번 들여다본다면 러시아의 생생한 속살을 금방 쉽게 들여다볼 수 있는 좋은 기회가 되리라 확신한다.

실제로 하준수 기자는 기자 생활의 상당 부분을 한반도 문제와 외교 안보 분야를 전문적으로 다뤄왔기 때문에 한국과 러시아의 외교 현안에 대해서도 상당한 수준의 식견을 갖고 있었다. 그런 하준수 기자가 3년간 온몸으로 부딪치며 마주한 러시아 체험기는 러시아를 제대로 알려고 하는 우리들에게 너무나도 큰 선물이 아닐 수 없다.

특히 러시아는 남북 문제와 남북러 3각 협력에 대한 많은 관심을 가져왔고 이 부분에 대해 하준수 기자는 끈질긴 탐사와 추적 보도를 통해 매우 흥미 있는 취재 내용을 이 책에서 소개하고 있다.

러시아 주재 대사 시절 만난 하준수 특파원은 이러한 외교 안보 전문가로서 러시아를 아주 객관적이면서도 냉정하고 예리하게 파악하고 있었다. 그러면서도 그는 진정으로 러시아를 이해하고 사랑하고 있는 사람임을 한눈에 직감할 수 있었다.

러시아는 우리에게 정말 소중한 나라임에도 아직도 우리는 제대로 평가하지 못하고 있는 것들이 많다. 모스크바에 2명뿐인 대한민국 특파원의 주재 현황을 봐도 그렇다. 그 결과, 러시아를 제대로 알기는커녕 편견과 오해로 점철된 경우도 적지 않다. 하준수 기자의 책에서 우리는 러시아에 대한 실상을 접하는 동시에, 우리가 러시아를 어떻게 이해하고 상대해야 하는지에 대한 우리 나름의 해법을 찾을 수 있을 것 같다.

한러 수교 30주년을 맞이해 하준수 기자의 절절한 러시아 취재기가 흥미를 넘어 우리 모두에게 러시아를 알게 하는 더없이 좋은 기회가 될 것으로 기대한다.

•우윤근, 전 러시아 주재 대사•

러시아는 지정학적·지경학적으로 우리의 평화와 번영에 직결돼
있는 강대국이다. 그러나 최근 들어 러시아에 대한 관심이 크게 시
들어가고 있다. 2015년부터 2018년까지 3년 동안 KBS 모스크바 특
파원을 지낸 하준수 기자는 이 책에서 러시아의 중요성을 설득력
있게 재조명하고 있다.

하준수 기자는 이 책에서 정치, 경제, 사회, 군사 등 러시아의 주
요 국내 쟁점들뿐 아니라 미러·북러·한러·남북러 관계, 그리고 러
시아의 중동 개입에 이르기까지 러시아의 광범한 대외 관계를 포괄
적이면서도 심층적으로 다루고 있다.

이 책은 생동감 넘치는 현장의 기록을 쉬운 필체로 잘 엮어낸 책
이다.

러시아에 관심 있는 모든 이들에게 강력히 권하는 바이다.

• 문정인, 연세대 명예특임교수 •

하준수 기자는 외교 안보 분야에서 나와 20년 지기이다. 그런 하
기자가 모스크바 특파원으로 가더니 종횡무진 활약을 한 모양이다.

하준수 기자가 '프롤로그'에서 썼듯이, 현재 우리 언론사의 모스
크바 특파원은 겨우 두 명이다.

러시아는 역사적·지정학적·지전략적으로 한반도 국제 정치에 심
대한 영향을 미쳐왔고 또 앞으로도 그러할 인근 국가인데, 우리가
러시아의 중요성을 망각하는 경향이 있어서 참으로 안타깝다.

미국과 중국에 가려져 있던 러시아의 실체와 중요성이 좀 더 확연

히 이 책을 통해 보여 반갑다. 하준수 기자가 직접 겪고 취재한 것을 쓴 책이어서 내용이 실감 나고 또 생생한 지식을 얻게 된다. 러시아가 우리의 좋은 친구로 좀 더 살갑게 다가오는 느낌이다.

•백학순, 세종연구소 소장•

러시아의 셰익스피어로 불리는 막심 고리키는 "일의 어려움이 크면 클수록 그 쾌감도 한층 더하다."라고 말했다. 러시아 국내의 시간대가 11개에 달하며, 실타래처럼 얽혀 있는 모호함으로 인해 특파원들의 지옥이라고 불리는 러시아……
이곳에서의 고통을 쾌감으로 묘사한 저자의 필력과 전문성이 돋보이는 현장 스케치이다.

•안병민, 한국교통연구원 유라시아북한인프라연구소 소장•

이 책은 러시아에 대한 폭넓은 식견과 통찰력만을 담은 책이 아니다. 저자는 연결을 통해 과거 한반도 분단 경제의 고비용 구조를 해소하고, 북방 경제·평화 경제로의 대전환을 다 함께 만들자는, 홍익인간을 말하고 싶어 한다.
2020년은 한국전쟁 발발 70주년, 한러 수교 30주년, 6·15 남북 공동 선언 20주년이다.
특히 대륙의 꿈을 꾸는 우리 젊은이들에게 일독을 강추한다.

•나희승, 한국철도기술연구원 원장•

CONTENTS

제2부 러시아의 대외 관계

프롤로그

"추운 나라에서 고생 많이 하셨네요."

"거기 치안은 좀 안정됐나? 돌아다니는 데 문제는 없어?"

러시아에서 3년 살고 왔다고 하면 흔히 듣는 말들이다. 어느 정도 맞는 말도 있지만 현실과 다른 얘기들도 많다. 2014년 1월 한국과 러시아 간에 비자 면제 협정이 발효된 뒤 러시아를 찾는 한국 관광객들이 폭발적으로 늘었다. 자연스레 러시아에 대한 이해도가 높아졌다고는 하지만 여전히 잘 모르는 사람이 많고 왜곡된 정보가 회자되고 있는 것 같다. 겨우 3년밖에 살아보지 않았지만 한국 사람들에게 러시아를 정확하게 전달해야겠다고 마음먹은 것이 이 책을 쓰게 된 일차적인 동기이다.

다른 하나는 언론인, 저널리스트의 입장에서 느낀 기록의 필요성 때문이다. 나는 기자 생활의 절반 이상을 한반도 문제, 외교 안보 이슈를 추적하며 보냈다. 따지고 보면 지난 시기 바람 잘 날이 없었겠지만 내가 특파원으로 있던 2015년 7월부터 2018년 6월까지 3년 동안에 굵직한 사건들이 참으로 많았다. 특히 러시아의 대외 정책 면에서 본다면 2015년 9월 러시아가 시리아 내전에 개입한 것은, 중동은 물론 국제 정세에 엄청난 지각 변동을 가져온 일대 사건이었다. 옛 소련의 영화를 그리워하는 러시아 국민 정서를 간파한 푸틴 대통령은 '위대한 러시아'를 외치며 공세적인 외교 정책을 펴고 있다. 때마침 고립주의, 미국 우선주의로 회귀하는 트럼프 미국 행정부의 외교 노선과 맞물려, 러시아의 오지랖은 이제 중동을 넘어 아프리카로 뻗어가고 있는 실정이다. 나는 2015년 11월 러시아가 전초 기지로 확보한 시리아 라타키아 공군 기지를 취재하며 이 같은 분위기를 확연히 느낄 수 있었다.

20년 넘게 강력한 리더십을 발휘하는 것처럼 보이는 푸틴 대통령. 하지만 내부적으로는 벌써 균열이 감지되고 있다. 푸틴 정부 고위 공직자들의 부패상을 고발하는 반(反)정부·반(反)푸틴 시위가 2017년 초부터 1년 넘게 전국적으로 이어졌다. 그 시위 현장을 줄곧 따라다녔다. '21세기 차르', '스트롱맨'으로 불리는 푸틴의 강력한 리더십, 그 이면에 누적되고 있는 정치적 피로감…….

이렇게 극명하게 대조되는 러시아의 사회상을 생생하게 보여주고 싶었다.

그런가 하면, 2016~2017년 북한이 핵과 미사일 개발을 고도화하면서 조성한 일촉즉발 한반도의 전쟁 발발 위기감은 모스크바에서도 여실히 감지할 수 있었다. 북한의 도발과 그에 상응하는 유엔 대북 제재, 이로 인한 북한 대사관 폐쇄와 북한 노동자 송환. 숨 막힐 것 같던 긴장감이 평창 동계올림픽을 계기로 일거에 해소되고, 기적같이 찾아온 남북 간 해빙 무드. 수만 리 이국땅에서 온몸으로 겪은 남북·한러·남북러 3국 간의 피 말리는 외교사를 반드시 기록으로 남기고 싶었다. 그런 와중에 또 체르노빌 원자력 발전소 폭발 사고 30주기(2016년)를 맞았고, 러시아 사회주의 혁명 100주년(2017년)을 현지에서 체험했다.

2008년 이후 러시아 주재 한국 특파원들이 줄줄이 철수했다. 다른 언론사 내부 사정이야 자세히 알 수는 없지만, 세계 금융 위기 이후 악화된 경제 사정 때문인 것으로 전해진다. 1990년 소련이 해체된 뒤 러시아에서 활동하던 한국 특파원들은 평균 7~8명 선이었는데, 2008년 이후엔 겨우 2명을 유지하고 있다. 그러면서 저널리스트 관점에서 러시아를 바라보는 책이 거의 선보이지 않고 있다는 점도, 내가 이 책을 쓰도록 부채질한 강력한 요인이었다.

이 책이 나오기까지 끊임없이 영감과 통찰력을 제공해준 김영미 분쟁 지역 전문 피디에게 감사를 드린다. 외교 안보 분야에서 정확한 정보로 광범위하게 조언해주신 이상민 선생님께도 감사드린다. 또 물심양면으로 자료 조사와 사실 확인을 도와주신 강민수 (주)이삭 오토콤 대표이사와 모스크바 한인 사회의 마당발 오선근 박사에게 감사드린다. 아울러 선뜻 졸저를 발간하기로 결정해주신 '그러나 출판사' 도영 사장님께 감사드린다. 특파원 임기를 마치고 귀국하기까지 나의 건강과 안녕을 위해 한 마음으로 기도해주신 아버님과 온 가족에게도 감사를 드린다.

러시아에 대한 몇 가지 상식

러시아는 얼마나 클까?

한반도에 큰 영향력을 끼치고 있는 주변 4강(미국, 중국, 러시아, 일본) 중 러시아는 으뜸가는 땅덩어리를 가진 국가이다.

러시아의 면적은 1,707만㎢로 세계 최대를 자랑한다. 한반도의 78배, 미국의 1.8배다. 우리가 정말 크다고 생각하는 중국의 면적도 959만 6,000㎢이니까 얼추 러시아 면적의 절반 정도에 그친다. 러시아 정부는 자국 학생들에게 러시아가 지구 면적의 1/7이라고 가르친다. 이렇게 땅덩어리가 큰데 인구는 고작(?) 1억 4,300만 명 수준으로 세계 9위에 머물고 있다.

러시아는 150여 개의 크고 작은 민족으로 구성돼 있는데 그중 러시아인이 전체 인구의 80%를 차지한다.

러시아의 정식 명칭은 '러시아 연방(Russian Federation)'이다. 공화국 21개와 주 49개, 변경 지역 6개, 자치주 1개, 자치구 10개, 수도인 모스크바와 상트페테르부르크의 특별시 2개 등 총 89개의 연방 주체로 구성돼 있다.

국토의 남동쪽은 험준한 산악 지대, 북서쪽은 광활한 평지로 이뤄져 있다. 우랄 산맥의 서쪽은 유럽, 동쪽은 아시아와 맞닿아 있다.

러시아 국기는 위에서부터 아래로 흰색, 파란색, 빨간색이 차례로 쌓여 있는 삼색기이다. 흰색은 고귀함·자유·독립을, 파란색은 정직·충성, 빨간색은 용기·사랑을 뜻한다. 종종 똑같은 파란색, 흰색, 빨간색이 들어간 프랑스 국기랑 헷갈리기도 한다. 러시아 국기에 3가지 색깔은 가로로 누워 있고, 프랑스 국기 색깔은 세로로 세워져 있는 게 특히 다른 점이다.

동쪽으로

미국의 초기 역사는 대서양 연안인 동부에서 태평양 연안인 서부로 국경을 넓혀나가는 서부 개척사가 중요하다. 반면 러시아 역사는 동진 정책에 대한 이해가 중요하다.

러시아의 육상 제국 건설 과정은 16세기 말부터이다. 시베리아에 남아 있던 몽골 제국의 백성들을 주로 코사크 병사들이 습격해 정복하고 요새 도시를 세운 뒤 동쪽으로 뻗어나가는 식이었다. 1605년에 시베리아 중부에 톰스크를 건설했고, 1632년 야쿠츠크, 1639년 오호츠크에 도달했으며 1741년 땅덩어리를 영유했다. 시베리아 동쪽으로 확장해나간 주된 이유는 값비싼 모피를 찾기 위한 것이었다. 당시 모피는 17~18세기 러시아 재정의 1/3을 차지할 정도로 가치가 있었다.

러시아 동쪽 끝 도시의 이름은 블라디보스토크이다. 최근 한국 여행객이 몰려가는 요즘 말로 '핫 플레이스(hot place)'이다. 그 이름을 해석해보면 '블라디(정복하다)' + '보스토크(동쪽)', 즉 '동쪽을 정복하라'이다. 이름에서 동진 정책이 묻어나는 걸 알 수 있다.[러시아 남쪽에는 비슷하게 블라디캅카

◆ 블라디보스토크 금각만

스(캅카스를 정복하라)라는 이름의 도시가 있다.]

    이렇게 파죽지세로 극동 연해주까지 몰아치던 러시아가 만주 벌판에서 발호한 청나라와 충돌하게 된다. 이때 청나라가 조선에 원군을 요청해 조선의 조총 부대가 출동하니 그것이 곧 1차·2차 나선정벌(1654, 1658년)이다. 그것이 사실상 러시아와 한국의 첫 번째 만남이었다.

11개의 시간대

    10개 이상의 국가와 국경을 접할 만큼 땅덩어리가 넓은 러시아는 국내에 시간대가 11개나 된다. 대륙 국가인 미국이 네 개의 시간대(동부, 중부, 산악, 태평양)를 갖고 있는 것과 비교된다. 지방 정부에 비해 중앙 정부의 권력이 압도적인 중국은 자연적 시차를 무시하고 전국에 하나의 시간대만 부여한다.

    러시아의 시간대는 맨 왼쪽 칼리닌그라드에서부터 맨 오른쪽 캄차카까지 모두 11개이다. 칼리닌그라드는 리투아니아와 폴란드 사이에 끼여 있는 러시아 영토로 이른바 '역외 영토(域外領土)'이다. 원래 독일 영토였으나 1945년 포츠담 회담 이후 소련령으로 편입됐다.

전 국토가 하나의 시간대로 생활하는 우리가 11개의 시간대를 운용하는 러시아의 느낌을 체감하는 것은 쉽지 않다.

러시아 말엔 방언이 없다

한족을 비롯해 55개 민족이 모여 사는 중국에는 각 지방마다 방언이 많다. 심한 경우 서로 무슨 말인지 알아듣지 못할 정도이다. 러시아엔 150여 개 민족이 어울려 사는데 방언이 거의 없다. 각 지방마다 발음과 억양이 조금씩 다를 뿐이다. 어떻게 이런 일이 가능할까?

원래 토속 러시아인이 살던 지역은 지금처럼 넓지 않았다. 러시아가 국가 형태를 띠기 시작하는 10~11세기 무렵에 토속 러시아인들은 지금의 우크라이나와 아직 개척되지 않은 모스크바 주변 지역에 모여 살았다. 소련 시절에 여러 지역으로 이주한 토속 러시아인들이 지금처럼 지방에 정착하게 된 것이다.

사회주의 혁명에 성공하고 러시아가 공산화되는 과정에서 '루시피카치야(Руссификация)'라는 게 있었다. 영어로는 Russification 즉 One(joint) Soviet Union이고 우리말로는 '소비에트* 구성 민족의 통일(소비에트 연방을 구성하는 민족들을 하나로 단일화시킴)' 정도로 해석되는 말인데, 일종의 '러시아화'인 셈이다. 혁명 이후 러시아를 중심으로 소수 민족을 결집하고

---

* 소비에트: 소련에서 노동자·농민·병사의 대표자로 구성된 평의회. 소비에트는 러시아 말로 '평의회'를 뜻한다.

공산주의를 공고히 하기 위한 정책이었다. 나라가 소비에트 연방으로 하나가 되었으니 개별 소수 민족의 언어나 문화에 얽매이지 말고 '러시아로 통일하자(러시아화)'라는 것이 요지이다. Russification은 19세기에는 단순히 언어의 통일화 정책이었지만 공산당 집권 이후에는 '하나의 소비에트'를 구성하는 정책의 하나였다.

제 1 부

러시아의 국내 상황

01
러시아 생활
시작

떴다! 모스크바 특파원 공고

2015년 1월, 보도 게시판에 특파원 선발 공고가 떴다. KBS는 전 언론사 중에서 유일하게 '특파원 공모제'를 시행하고 있다. 회사 경영진이 임의로 특파원을 지명하는 것이 아니라 가고 싶은 사람이 지원하도록 기회를 주는 '공모제'를 도입한 것이다. 2020년 2월 현재 12개 해외 지국에 18명의 KBS 특파원이 상주하고 있다. 해마다 7월이면 몇 명씩 임기가 끝나는 특파원들이 생기기 때문에 그 후임자를 뽑기 위해 1월쯤 특파원 선발 공고가 나는 것이다. 입사한 지 7년 이상 된 기자들은 누구나 본인이 희망하는 지역에 지원할 수 있다. 지원 신청이 마감되면 보도국장, 해설위원장 등 국장급 시니어 기자들 10여 명으로 '특파원 선발위원회'가 구성돼 적임자를 선발한다. 지원자 중에서 취재 능력, 회사 기여도, 외국어 구사 능력 등을 평가해 최고 득점자를 뽑는다.

내가 모스크바 특파원을 선뜻 지원한 것은 두 번의 취재 경험 덕분에 용

◆ 나진-하산 철도 헌력식, 2013년 9월 22일

기를 얻었기 때문이다. 나는 2011년 겨울과 2012년 겨울, 러시아를 취재했
었다. 2011년에는 남북러 가스관 연결 사업을 취재하면서 블라디보스토크
주변의 대형 가스관을 찾아 눈 덮인 벌판을 취재했고, 또 연해주의 나홋카
주변에서는 엄청나게 큰 석유 가스 터미널을 목격하기도 했다. 시베리아를
관통해 온 대형 석유관과 가스관들의 종착 지점이었다. 2012년에는 남북
러 3각 협력 사업의 대표 격인 나진-하산 복합물류 프로젝트를 취재하기
위해 다시 연해주를 방문했다.

두 번의 취재 경험을 통해 앞으로 북한 리스크가 완화될 경우 러시아의
극동 연해주를 통해 한반도의 종단열차와 시베리아 횡단열차가 연결돼 북
방으로 유럽으로 교통·물류 인프라가 뻗어갈 것이라는 점을 피부로 느끼
게 됐다. 또 극동 연해주는 그 옛날 고구려의 후예인 발해의 영토였고, 일
제에 맞서 싸운 독립운동가들의 애환이 서려 있는 땅이다. 연해주에는 4종
류의 한국인(조선인)이 뒤섞여 살고 있다. 남한 사람, 북한 사람, 고려인, 조
선족이 각자의 영역에서 삶을 영위하고 있다. 남한 식당, 북한 식당, 고려인

이 운영하는 식당도 있는 것이다. 블라디보스토크 시내에서도 북한 노동자들을 쉽게 볼 수 있을 정도이다. 또한 북러 접경인 극동 연해주는 단둥이나 연변, 훈춘 같은 북중 접경처럼 한반도 관련 이슈들을 치밀하게 추적해볼 수 있는 장점이 있다.

나는 기자 생활의 2/3 이상을 외교 안보 분야에서 일했다. 외교부와 국방부를 각각 4년씩 출입했고, 시사 다큐멘터리를 제작하는 부서에서도 주로 북한 관련 이슈나 국방·안보 관련 아이템을 추적해왔다. 그래서 특파원을 나가는 경우 한반도 관련 이슈를 취재할 수 있는 주변 4강 국가(미·중·러·일)로 갔으면 하는 바람이 있었다. 이왕이면 익숙한 취재 분야에서 갈고닦은 노하우를 마음껏 발휘해보는 것이 개인뿐 아니라 조직을 위해서도 훨씬 좋을 것이라는 생각이었다. 극동 연해주에서 나는 이런 가능성을 충분히 엿볼 수 있었다.

또 한 가지는 모스크바 특파원의 관할 영역이 그 누구의 관할 영역보다 가장 넓다는 것이다. 모스크바 특파원은 러시아만 책임지는 것이 아니고 옛 소련 지역, 즉 독립국가연합(CIS) 9개 나라에 발트 3국, 우크라이나, 조지아, 몽골 등 모두 16개 나라를 관할한다. 한번 죽 열거해보자면, 러시아와 그 이웃 나라들 우크라이나, 벨라루스, 몰도바, 발틱 3국(리투아니아, 에스토니아, 라트비아), 카자흐스탄, 우즈베키스탄, 키르기스스탄, 투르크메니스탄, 타지키스탄, 카프카스 3국(조지아, 아르메니아, 아제르바이잔), 여기에 몽골까지. 유라시아 대륙의 70~80% 정도를 혼자 담당하는 셈이다. 러시아만 해도 세상에서 가장 넓은 나라인데 그 외 15개 나라까지 담당하니 참으로 광대한 지역을 담당하는 것이다.

그 광활한 지리적 확장성을 생각해보라. 우즈베키스탄과 카자흐스탄은 실크로드의 중심에서 동서양의 문명·문물 교환에 앞장섰던 나라들이다. 북극의 빙하부터 중앙아시아 대초원, 카스피 해의 대유전 지역까지가 나의 취재 관할인 것이다. 생각만 해도 가슴이 뛰었다. 무궁무진하고 어마어마한 취재거리들이 내 앞에 펼쳐져 있었다. 그 당시 가슴 설렘이 결국 나를 모스크바와 북극과 대초원으로 이끌었고 지금 이 책을 쓰게 만들었다고 생각한다.

모스크바 특파원 생활

"거기는 위험하지 않니?" (40대)

"먹을 것은 걱정 없는가?" (50대)

"소련 말은 할 줄 아는가?" (60대)

내가 2015년 7월 1일 자로 모스크바 특파원으로 부임하기 전 가족·친지 등 주변 사람들로부터 들은 얘기들이다. 질문의 단어들이 함축적으로 암시하듯 소련 시절, 소련 해체 후 상점 앞에 장사진을 치던 장면, 스킨헤드족이 극성을 부리던 2000년대 중반. 이런 단편적 기억들에 한국인들은 갇혀 있는 듯하다. 물론 다 옛날 얘기들인데도 불구하고, 한국인들은 여전히 러시아에 대해 잘 모르고 있다는 생각을 하게 됐다. 잘 모른다는 것은 그만큼 정보가 부족하다는 뜻인데, 이것은 아무래도 정보 전달자라는 직업을 가진 기자들의 잘못이다. 어찌 보면 지금까지도 한국은 러시아의 중요성을 간과하고 있는지도 모른다.

한국의 언론사에서 파견한 특파원들이 2020년 5월 현재 베이징에는 35명, 워싱턴에는 38명, 도쿄에는 22명이 있다. 모스크바에도 한때는 7~8명 정도의 특파원들이 상주해 있었다. 그러나 2008년 세계 금융 위기를 겪으면서 줄줄이 철수해, 현재 KBS와 연합뉴스 기자 단 두 명이 러시아에 상주할 뿐이다.

2015년 7월 세미나 참석차 모스크바를 방문한 신범식 서울대 정치외교학부 교수는 한러 양국 국민들이 서로를 바라보는 인식의 차이가 양국 발전의 걸림돌이 되고 있다고 진단했다. 신범식 교수는 "한국인들에게는, 러시아가 옛 소련의 잔재가 남아 있는 비합리적인 나라라는 생각이 그동안 지배적이었다. 반면에 러시아로서는, 한국은 여전히 미국의 영향력 아래 있어 자율적인 의사 결정을 하지 못하는 것으로 생각해온 측면이 있다."라고 말했다.

러시아 사람들이 한국을 어떻게 생각하고 있는지를 객관적으로 입증할 만한 자료는 아직 없다. 그런데 10대와 20대를 중심으로 한 젊은 층에서는 '한국 사랑'이 가히 폭발적이다. K-pop의 인기 때문이다. 내로라하는 한국의 유명 아이돌을 따라다니는 K-pop팬들이 22만 명에 이른다고 한다. 이들이 좋아하는 유명 아이돌의 복장과 춤 동작을 그대로 흉내 내는 이른바 'K-pop 커버 댄스(cover dance)'라는 장르까지 생겨났다. 일 년에 한두 번 한국에서 열리는 본선에 진출할 대표 팀을 뽑는 댄스 경연 대회가 열리는데, 전국에서 수천 명이 구름처럼 몰려든다. 무조건 한국에 가고 싶고, 한국 음식도 맛보고 싶다는 젊은 친구들을 보며, 이들의 맹목적인 한국 사랑에 내심 당황스러워서 헛웃음을 지은 적도 있다. 아무튼, 러시아 젊은이들이 한국을 사랑한다는 것은 고마운 일이다.

◆ K-pop 댄스 경연 대회

모스크바 안 위험해요?

　모스크바에서 안전을 걱정하는 한국인들의 불안감은 어디에서 비롯된 것일까? 그 원인을 분석해보니, 두 가지 정도이다. 하나는 1990년대 체첸 분리주의자들이 모스크바 중심가에서 일으킨 폭탄 테러이고, 다른 하나는 2000년대 중반에 성행한 '스킨헤드족'의 공격 행위이다. 체첸 분리주의자들은 1999년 말에 러시아 정부군에 의해 대부분 진압됐고, 현재 체첸 공화국은 안정적으로 관리되고 있다.

　한국인의 불안감을 조장한 것은 아마도 스킨헤드족일 것이다. 머리를 빡빡 밀고 다니며, 극단적 외국인 혐오증을 가진 극우 민족주의자들을 '스킨헤드(Skin Head)족'이라고 부른다. 2000년대 중반에 스킨헤드족이 우리 교민들과 유학생들을 공격하는 일이 종종 벌어졌다. 서방의 스킨헤드족은 극우 민족주의와 인종 차별이라는 사상적 측면이 강했다면 러시아의 스킨헤드족은 다분히 경제적인, 돈 문제 때문이었던 것으로 평가된다. 소련이 해체된 뒤 물밀듯이 들어오는 외국인, 외국 자본을 러시아인들은 혐오하고 두려워했다. "외국인이 들어오면서 소련이 망했다. 이들 때문에 우리가 힘들게 산다."라는 게 당시 대중들의 생각이었다. 당시 옐친은 미국에 우호적이었지만 미국이 지나치게 옐친을 쥐어짜면서 과도하게 요구했던 것으로 알려져 있다. 따라서 외국인을 공격하는 스킨헤드족을 러시아 정부가 방조한 측면이 있었던 것으로 보인다. 외국인에게는 경각심을 불러일으키면서, 자국민에게는 일종의 애국심을 조장한 측면이 있었다는 것이다. 실제로 러시아 법원은 스킨헤드족에 단순폭행죄를 적용하다가 2000년대 중반에 가서야 형량이 훨씬 무거운 인종혐오죄를 적용하기 시작했다. 그리고 러시아 경제가 안정을 찾기 시작하는 푸틴 집권 2기, 2008년 이후 스킨헤드족이 자취를 감추기 시작했다. 위정자들 입장에선, 스킨헤드족이 역할을 다했다고 생각하고 오히려 역효과를 내기 전에 싹을 자른 게 아닐까 싶다. 아무튼 현재는 러시아에서 스킨헤드족의 비정상적인 행동은 보고되지 않고 있다.

또 과거에는 부패 경찰들이 길거리에서 수시로 교민들 차량을 세워놓고 돈을 뜯었다는데, 푸틴 시대에 들어서는 보기 힘든 풍경이 됐다. 경찰관들의 봉급을 인상해줘서 그렇다는 설명도 있지만, 사실 관계가 명확하지 않은 주장이다. 나는 러시아 대도시나 지방 도시들을 여행할 때, 서방 도시들을 여행할 때만큼이나 안도감을 갖고 다니고 있다.

하지만 아직 살아 있는 마피아

새해가 밝으면 러시아 사람들은 대략 10일간의 긴 연휴를 즐긴다. 우리 사무실의 현지 고용인들도 휴가를 떠난다. 그래서 신년 연휴 동안에는 내가 직접 차를 운전해서 출퇴근했다. 그런데 그 연휴 기간에 가슴 철렁한 일이 한 번 있었다. 모스크바 강변 연방 정부 청사 근처 크라운 호텔 근처에 한인 식당이 있다. 고려인이 운영하는 식당인데 주방장은 한국 사람이라 음식 맛이 괜찮아서 자주 가는 식당이다.

그날도 지인과 약속이 있어 그곳에서 점심을 먹고 사무실로 돌아오는 길이었다. 건물 이면 도로를 지나 연방 정부 청사가 보이는 강변도로로 막 빠져나온 찰나 뒤따라오던 흰색 승용차가 내 차를 가로막아 섰다. 왕복 8차선 대로인데 강쪽으로 내 차를 막아선 것이다. 놀라서 어리둥절해 있는데 앞차 운전석과 조수석에서 2명의 남자가 내렸다. 한눈에 보기에도 중앙아시아 사람들이다. 모자를 쓴 작업복 차림의 두 남자가 내 차 운전석으로 다가오더니 창문을 열라고 손짓한다. 창문을 내리자 팔을 걸친 채 싱긋 웃더니 말을 걸어온다. 내가 러시아 말이 서툴러서 전부 이해하진 못했지만 '미스터 권' 아니냐는 뉘앙스다. 나는 영어로 미스터 권이 아니라고 답했다. 사내들은 3~4번 반복해서 질문하더니 내 대답이 한결같자 차 안을 휘익 둘러보고 자리를 떠났다. 그중 한 남자는 떠나기 전에 차창에 걸친 내 팔을 툭 치는 시늉을 하면서 윙크를 하고 지나갔다. 마치 영화의 한 장면처럼 '너 오늘 운 좋은 줄 알아라.'라는 인상을 받았다.

남자들은 떠났지만 식은땀이 흘렀다. 불과 몇 분 전에 벌어진 일인데 마치 한 달은 족히 지난 것 같은 느낌이다. 평소 그 많던 경찰들은 하필 이런 때는 어디에 있는지 보이지도 않는다. 도대체 그들은 누구이고, 왜 나를 붙잡은 것일까? '미스터 권'을 남발한 걸 보면 누군가로부터 사주를 받고 사람을 찾고 있었던 모양이다. 십중팔구 그들이 찾는 사람은 한국인이거나 고려인일 것이고, 하필 인상착의가 나랑 비슷했는지 식당에서부터 나를 쫓아왔을 것이고, 시종일관 영어를 쓰는 나를 보고 목표물이 아니라는 판단을 내리고 철수했을 것이다. 그들의 행동거지를 보면 마피아일 것 같았다.

그들이 만일 내 차로 다가왔을 때 흉기라도 사용했다면 속절없이 당하고 말았을 것이다. 이런 생각만으로도 등골이 오싹해진다. 바로 얼마 전 근처 고려인이 운영하는 식당 앞에서 한밤중에 총격전이 벌어져 러시아인 한 명이 숨진 사건이 벌어졌던 상황이었다. 지금 돌이켜 생각해보아도 너무나 아찔한 순간이었다.

2000년대 중반에 스킨헤드족이 한인들을 공격해서 분위기가 흉흉한 적이 있었다. 그러나 푸틴이 집권한 뒤 범죄와의 전쟁을 대대적으로 벌이면서 군대를 동원해 조직폭력배들을 일제히 소탕한 뒤로는 치안이 아주 좋아졌다. 그래서 '이제는 안전하겠지.'라고 생각하고 있던 차에 이런 일을 당한 것이다. 아, 아직도 러시아 마피아는 건재하고 여전히 청부 폭력이 존재한다는 것을 실감한 하루였다. 사실 모스크바 지국에서 고용한 운전사의 가장 중요한 역할 중 하나는 특파원을 보호하는 보디가드 역할이라고 들었다. 아마도 소련이 해체된 뒤 치안이 불안정했던 그 시절의 자구책이 지속되고 있는 것일 것이다. 나는 그날 이후로 운전사라는 존재가 너무나 고마웠고, 귀국하는 날까지 나 나름대로 친절하게 대하려고 노력했다.

02
특파원과
러시아 언론

러시아 언론 현황

러시아에는 10개의 주요 방송사와 4개의 통신사, 10여개의 주요 일간지, 그리고 5개의 주간지가 있다. 이 중 대표적인 것은 다음과 같다.

▶ TV 방송 매체

① **러시아 원(Russia 1) : 공영**

  – 1991년 5월 개국, 24시간 방송. 평균 시청률 12.87%로 1위

  – 러시아와 CIS 국가의 정치, 경제, 사회, 문화, 국제 문제에 대한 종합 방송

② **채널 원(Channel One) : 공영/민영**

  – 1995년 4월 개국. 평균 시청률 11.78%로 2위

  – 주식의 51%는 국가 소유, 49%는 은행 및 로고바스(Logovaz) 등 국영 기업들이 소유

◆ 러시아 원   ◆ 타스

- 리아 노보스티(RIA-Novosti, Business Russia)와 함께 정부 정책 홍
  보를 위해 설립
- 러시아 인구 98.8%가 시청 가능하고 CIS 지역에서도 시청 가능

③ NTV : 민영(가스프롬 미디어 소유)

- 1993년 개국, 24시간 방송. 평균 시청률 9.25%로 3위
- 러시아 최초의 민영 방송, 2001년 러시아 국영 기업 가스프롬이 인수
- '시보드냐(Segodnya)' 뉴스와 '이토기(Itogi)' 시사 분석 프로그램이
  상당한 영향력

▶ 통신사(News Agency)

① 인테르팍스(Interfax) : 민영

- 1989년 개국, 미국·영국·독일·중국에 사무소 개소

② 타스(TASS) : 공영

- 1992년 1월 개국, 74개 해외 지국. 서울과 평양에 특파원 상주
- 1904년 창립된 이타르 타스(ITAR-TASS) 통신과 노보스티(Novosti)
  통신 일부를 러시아 공보처가 합병해, 공영 통신사로 설립

▶ 일간지

① **이즈베스티야(Izvestia) : 민영**

- 1917년 3월 창간, 18만 3,000부 발행

- 지식인·중산층이 주 독자층, 국제면에 지면을 많이 할애

- 논설은 균형 있지만 푸틴 정권 출범 이후 다소 친정부적인 논조 유지

② **코메르산트 데일리(Kommersant Daily) : 민영**

- 1989년 12월 창간, 12만 5,000부 발행

- 지식인·경제인이 수 독사층, 심도 있는 분식, 중도적 논조를 견지

- 1909년 제정 러시아 당시 상인연합회의 기관지로 출발했으나 사회
  주의 혁명으로 폐간되었다가 페레스트로이카 시기에 복간

③ **노바야 가제타 (Novaya gazeta) : 민영**

- 1993년 4월 창간, 30만 부 발행, 월·수·금 발행

- 대표적인 진보 매체, 재야인사들의 주장을 많이 게재

위에서 볼 수 있는 바와 같이 신문 매체들은 대부분 민영인데 비해 방송과 통신사는 대부분 공영이다. 공영(公營)은 국가가 직접 운영하는 국영(國營)과는 다른 개념이다. 대체로 정부가 공보처나 언론출판부 같은 사회적 법인 또는 공익 단체에 출자한 뒤, 이 기관들이 언론사 지분을 소유하고 경영권을 갖도록 하는 방식이다. 결론적으로 말하자면 정부의 입김이 작용한다는 뜻이다.

소련 시절에는 모든 것이 국영이었다. 언론도 예외가 아니어서 민영 매체가 없었다. 당연히 정부 비판이나 언론의 자유는 있을 수 없었다. 그러다 소련이 무너지고 1992년 러시아 최초의 민영 방송인 'NTV'가 개국했

◆ 보리스 베레좁스키

다. 초기에는 정부를 날카롭게 비판하는 것으로 유명했다. 하지만 푸틴이 집권한 뒤 2001년 대표적인 러시아 국영 기업인 '가스프롬'이 NTV를 인수했다. 그 뒤 NTV의 정부 비판은 많이 무뎌졌다. 푸틴의 언론 장악은 이런 식이었다. 정부 산하 단체의 몸집을 키워서 언론 매체를 인수한 뒤 경영권을 장악하고 경영진과 TV 출연진을 대거 교체해나갔다. 그 뒤로는 정부를 비판하던 목소리가 잠잠해졌다.

내 경험에 비춰보면 적어도 방송사 중에선 정부를 대놓고 비판하는 경우를 보지 못했다. 특히 나는 2017년 이후 빈번하게 열리는 반정부 집회를 빠지지 않고 취재했었는데, 러시아 방송들이 중점 뉴스로 의미 있게 다루는 것을 보지 못했다. 다루더라도 단신 뉴스로 짧게 나가고, 정부가 허가하지 않은 집회에 사람들이 참석해서 몇 명이 체포됐다는 식이었다.

신문 매체들도 사정은 마찬가지이다. 진보적이고 독립적인 논조를 반영하던 매체들이 대부분 친정부 성향으로 돌아섰다. 거의 유일하게 '노바야 가제타' 정도만 재야인사들의 주장을 충실히 반영해주고 있다. '노바야 가제타'에 광고를 주는 기업은 당국의 세무 조사를 감수해야 한다는 우스갯소리가 들린다.

푸틴 시기 떠오른 미디어 재벌은 가스프롬이요, 몰락한 재벌은 보리스 베레좁스키이다. 베레좁스키는 1990년대 옐친 전 러시아 대통령 시절 안전 보장회의 각료, 국회의원을 거치며 정계 실세로 활약한 인물이다. 이 시기에 민영화된 석유·방송 등 국영 기업들의 지분을 대거 사들여 올리가르호[*]로 급부상했다. 러시아 국영 항공사인 아에로플로트 대표이면서, '오에르떼(OPT, 영어로는 ORT)' 방송(소련 시절 대표 방송이었던 '제1채널')을 소유한 미디어 재벌이었다. 그는 2000년 푸틴의 집권 과정에도 적극 개입해 지지했지만 나중에 올리가르흐 숙청 과정에서 반(反)푸틴 성향으로 돌아섰다. 영국으로 망명한 뒤 2013년 의문사했다.

가스프롬은 1998년 '가스프롬 미디어'를 창설한 뒤 OPT의 지분 3%를 베레좁스키로부터 인수했다. 2001년부터는 본격적인 인수를 시작해, NTV, '이즈베스티야' 신문을 인수했다. 또 스포츠 채널을 인수한 뒤 2015년 스포츠 전문 채널인 '마치(MATCH) TV'를 만드는 등 라디오, 인터넷, 프로덕션을 아우르는 미디어 그룹으로 우뚝 섰다.

모스크바 특파원의 취재 여건

러시아의 취재 현장 상황은 어떨까? 한국에선 대체로 기자들이 출입처에 따로 마련된 기자실에 상주하는 체제이다. 노무현 정부 때 기자실을 없애려고 하다가 엄청난 저항에 부딪혀 결국 포기하고 말았다. 러시아에선 각 부처나 출입처에 기자들이 상주하지 않는다. 별도의 기자실이 존재하지

---

[*] 올리가르흐(Олигарх) : 러시아의 신흥 산업·금융 재벌. 정치·경제·언론 융합 과두 세력이다. 이들은 소련 해체 이후 러시아의 국영 산업 주요 민영화 과정에서 정경 유착을 통해 막대한 부를 축적해 공공사업 분야, 언론, 석유, 제조업 등 경제 전반을 장악하고 있다. 막대한 부를 바탕으로 정치권과 결탁하여 막후 권력을 휘둘러왔고 특히 역대 대통령의 킹메이커로 위력을 발휘하기도 했다.

않고 브리핑 룸을 마련해놓았다. 취재할 만한 사안이 발생하면 출입 기자들이 브리핑 룸에 모여서 출입처의 발표를 듣고 질문을 하는 시스템이다.

그러면 러시아의 취재 여건은 어떨까? 결론부터 말하자면 상당히 열악하다. 물론 해외에 나간 특파원이 그 나라 기자들보다 자유롭게 취재하지 못하는 것은 당연한 일인지도 모른다. 내가 우리 정부 고위 당국자들을 만나는 것처럼 쉽고 자유롭게 다른 나라 특파원들이 한국 취재원들을 만나지는 못하는 게 현실이다. 러시아, 중국만 그런 게 아니고 미국 등 서방 국가들도 정도의 차이만 있을 뿐 상황은 비슷하다. 다만, 익명의 내부 정보제공자(이른바 빨대), 힘이 있는 취재원을 만들 수 있다면 취재가 어려운 기관의 취재나 잘 안 해주던 인터뷰도 술술 풀린다. 러시아에서는 아직도 크렘린이나 FSB(과거 KGB) 같은 권력 기관에 빨대가 있으면 단독·특종 보도가 가능하다.

흔히 언론사 기사는 '발생 기사'와 '기획 기사'로 나뉜다. '발생 기사'는 정치·경제·사회·문화·체육 분야에서 그때그때 발생하는 일을 보도하는 것을 말하고, '기획 기사'는 특파원이 독자적으로 기획해서 취재하는 기사를 말한다. 통상적인 발생 기사를 처리하는 데는 별 어려움이 없었다. 외무부는 일주일에 한 번 정례 브리핑을 하고 국방부도 수시로 현안 브리핑을 하는데 사전에 이메일이나 SNS로 공지한다. 물론 불과 몇 시간 혹은 몇십 분 전에 공지가 와서 초조하게 하는 경우도 있지만, 국방부가 연례적으로 실시하는 아미 게임*이나 방위 산업 전시회, 혹은 정례적으로 열리는 각종 콩쿠르, 발레 대회, 영화제는 물론 월드컵 같은 대형 행사는 미리 신청만 하면 취재가 수월하다. 야권이 주도하는 반정부 시위는 정부가 집회를 불허하더라도, 주최 측이 암암리에 SNS로 통보하는 시간과 장소를 입수해 취재를 나가면, 경찰이 외신 기자들의 취재 활동을 가로막지는 않았다.

기획 기사는 취재원이 홍보가 된다고 느끼는 사안들은 비교적 쉽게 처리됐다. 사람 사는 사회는 어디나 다 비슷하다. 한국의 취재 환경도 비슷하다. 그런데 내가 관심을 갖는 분야들에 대한 취재는 그렇게 쉽지 않았다. 예를 들어, 모스크바에 부임하자마자 '우주에서 가장 오래 머문 우주인'의 주인공 겐나디 파달카를 만나고 싶어 관할 관청에 협조 공문을 보냈지만 8개월 넘게 아무 대답이 없었다. 그러다 알게 된 러시아 고위층에게 이 건을 부탁했더니 며칠 걸리지 않고 취재가 성사됐다. 이 정보인 더분에 시리아 라타키아 공군 기지를 취재하기도 했다. 러시아에선 누구를 통하느냐에 따라 '안 되는 것도 없고, 되는 것도 없구나.'라는 것을 깨닫는 순간이었다. 그런데 정말 안 되는 것은 안 된다. 나는 군사 분야에 관심이 많아 러시아가 자랑하는 타이푼급 전략 핵 잠수함이나 최첨단 수호이 전투기에 관한 취재를 요청했었는데, 끝내 이뤄지지 않았다. 러시아 국방부가 나한테 보내온 답변은 "그런 1급 군사 기밀은 러시아 언론에게도 아직 공개하지 않았다."라는 것이었다.

또 하나 아쉬운 것은 푸틴 대통령과의 단독 인터뷰였다. 특파원이라면 가장 해보고 싶은 것이 부임 국가의 최고 권력자, 대통령이나 총리와의 단독 인터뷰일 것이다. 특히 강대국의 대통령들은 일정도 빡빡하고 워낙 인터뷰를 요청하는 외신들이 많아서 성사되기가 쉽지 않다. 그나마 성사 확률

---

* 아미 게임(Army Game) : '국제 군사 경연 대회'라고 불린다. 러시아 국방부가 중국, 카자흐스탄, 이집트 등 외국 군인들을 초청해 탱크 바이애슬론 등 다양한 군사 종목에서 실력을 겨루는 일종의 경연 대회이다.

◆ 크렘린 궁

◆ 크렘린 궁 기자실

이 높아지는 시점이 바로 우리나라 대통령이 러시아를 방문하거나 푸틴이 한국을 방문할 때이다. 실제로 2013년 11월 푸틴이 우리나라를 방문할 시점에 KBS 모스크바 특파원이 푸틴을 인터뷰한 바 있다. 나도 특파원 재임 기간 여러 차례 크렘린 궁에 인터뷰를 요청했었다. 나의 재임 기간에 한국 대통령이 러시아를 방문한 것은 2번 있었다. 2016년 9월 박근혜 대통령이 동방경제포럼에 참석차 블라디보스토크를 방문했고, 2018년 6월 월드컵 기간에 문재인 대통령이 모스크바를 방문했다. 2번 모두 크렘린에 푸틴과의 인터뷰를 요청했고 특히 문재인 대통령의 러시아 방문은 19년 만에 이뤄진 국빈 방문이었기에 아주 강력히 추진했건만 성사되지 못했다. 크렘린 관계자가 전해준 푸틴의 답변은 "내가 한국을 방문할 경우에 인터뷰에 응하겠다."라는 것이었다. 그러고 보니 푸틴은 다른 나라를 방문하기 전에 그 나라 언론과 인터뷰하는 관례가 있었다. 이런 것도 운이라면 운이다. 아쉽게도 나의 재임 기간 동안에는 그런 일이 일어나지 않았다.

관(官)이 언론(言論)보다 우위에 있는 러시아

내가 왜 러시아의 취재 여건이 열악하다고 했을까? 우선 대정부 관계, 관료들과의 접촉에 어려움이 많았다. 솔직히 한국에서는 기자가 관료들을 어려워하지 않고, 오히려 관계에서는 우위에 있다고 여길 만한 취재 환경이다. 한국에서는 적어도 관료가 기자를 하위에 있다고 여기며 함부로 대하거나 소홀히 대하지는 않는다. 그런데 러시아에는 관료들이 기자들을 하위 집단으로 치부하며 소홀히 대하는 경우가 많았다. 지방 정부의 초청을 받고 행사 취재차 특파원이 대사관 직원과 동행해서 갔는데 숙소 잠자리가 대사관의 말단 직원보다 더 못했다는 소리를 들을 정도로 관료들이 기자들을 소홀하게 여긴다.

관청 같은 곳의 취재는 취재 대기 시간이 엄청나게 길다. 취재진의 인내심을 가장 심하게 테스트하는 곳은 크렘린 궁이다.

나는 크렘린 궁에 두 차례 취재차 가봤는데 보통 하루가 다 소비돼 심신이 지쳐서 나오곤 했다. 2~3시간 전에 지정된 장소에 모여서 크렘린 궁 내부로 들어가면 방송 장비 체크, 엑스레이 검색 등을 거친 뒤 푸틴이 나타나기를 한없이 기다린다. 원래 푸틴은 행사에 늦게 나타나는 지각 대장으로 유명하지 않은가. 엄청 오래 기다렸는데 정작 행사는 겨우 20~30분 만에 끝나기도 한다. 행사가 끝나면 곧바로 나오는 게 아니고 또 다시 1시간 이상 기다리다 나온다. 왜 기다려야 하느냐고 물어봐야 시원한 대답도 돌아오지 않는다. 통상 고위 인사들이 빠져나가는 동안 기다리는 것이거나 들어올 때와 마찬가지로 보안 체크 과정이 오래 걸리기 때문이라는 얘기를 들은 적 있다. 푸틴이 연례적으로 하는 대국민 기자 회견도 사정은 비슷하다. 보통 대형 호텔에서 치러지는데 3시간 전에 기자들이 입장하고 질의·응답을 포함한 푸틴 연설이 보통 4~5시간 진행되며 끝나더라도 푸틴 일행이 호텔을 빠져나갈 때까지 기다려야 한다.

다른 출입처도 비슷하다. 특파원들의 주요 출입처는 러시아 외무부와 국방부이다. 외무부는 일주일에 한 번 내외신 기자들을 상대로 정례 브리핑을 하는데, 역시 2시간 정도 일찍 가야 한다. 자하로바 외무부 대변인은 러시아라는 대국답게 2시간 넘게 전 세계 대륙별로 외교 안보 현황을 브리핑하고 질문과 답변의 시간을 갖는다. 한반도 이슈는 통상 우선순위에 밀려 뒷부분에 설명하는 것이 일반적이어서 인내심을 갖고 기다려야 한다.

북한의 도발이 계속되던 시절에는 한국 기자들은 물론 일본 기자들도 예민하고 구체적인 질문들을 많이 던졌는데, 원론적인 답변만 되풀이하거나 브리핑이 끝나고 추후 개별적으로 연락을 주겠다는 답변도 내놓곤 했다. KBS는 매 브리핑마다 참석해서 꼬박꼬박 질문을 했더니, 나중에는 브리핑 하루 전날 미리 질문지를 이메일로 보내달라고, 러시아 외무부가 요청하기도 했다.

국방부는 상황이 더 심각하다. 보안을 이유로 정문 통과 시 기자들 핸드폰을 전부 입수한다. 그리고 브리핑 룸에서 무작정 기다린다 어떤 날은 3시간 넘게 기다렸는데 정작 브리핑은 10분 만에 끝나기도 했다. 한국 같으면 난리가 났겠지만 희한하게도 러시아 기자들 중에는 불만이나 불평을 터뜨리는 기자들이 없었다. 기자들만 그런 게 아니라 보통 시민들이 그런 것을 보면 아마도 오랜 역사를 통해 기다림에 익숙해진 탓인 듯하다.

연휴는 그림의 떡

러시아에선 신년 초에 거의 10일 가까이 쉰다. 개신교나 가톨릭의 성탄절이 12월 25일인 반면 러시아 정교회의 성탄절은 13일이나 늦은 1월 7일이다. 현재 세계적으로 널리 통용되고 있는 달력은 16세기 교황 그레고리우스 13세가 제정한 '그레고리력'이며 개신교나 가톨릭도 이 달력에 따라 성탄절을 기념하는데, 러시아 정교회는 기원전 46년 고대 로마 황제 율리우스 카이사르가 제정한 '율리우스력'을 사용하기 때문이다. 율리우스력에 따른 12월 25일은 그레고리력으로 1월 7일이다. 같은 정교회 국가인 세르비아와 조지아 등도 율리우스력으로 성탄절을 기념한다. 러시아 사람들은

◆ 러시아 외무부

◆ 러시아 국방부

1월 7일을 전후로 10일 정도를 신년 연휴로 쉬는 것이다. 참고로 러시아에서는 성탄절 외에도 율리우스력을 기준으로 명명한 기념일이 또 있다. 제정 러시아를 무너뜨리고 러시아를 사회주의 국가로 만든 '10월 혁명'이 그것이다. 혁명은 실제로 1917년 11월 7일에 일어났고 지금도 11월 7일이 혁명기념일이지만 '10월 혁명'이라고 불리는 이유는 무엇일까? 당시 러시아가 쓰던 율리우스력으로는 그날이 10월 25일이기 때문이다.

새해가 밝자마자 10일을 논다는 것이 한국 사람으로서는 잘 적응이 안 되는 일이었나. 사실 평생 방송 일만 헤온 니에게는 연말연시가 가장 바쁜 시기였다. 한국 본사는 그렇게 바쁘게 돌아가건만 러시아 현지는 모두가 10일을 쉬는 것이다. 우선 현지 직원들은 모두 휴가를 떠난다. 사용자가 10일이나 되는 긴 연휴에 현지 직원들을 무작정 사무실에 붙잡아둘 수는 없다. 잘못하면 노동 착취 혐의로 당국에 고발당할 수도 있다.

그래서 4명밖에 안 되는 우리 사무실 식구들 중에 우즈베키스탄 출신의 운전사는 고향에 가고, 러시아인 코디는 휴가를 받아 한국에 여행을 떠나고 나랑 한국에서 온 카메라맨만 사무실을 지키곤 했다. 이 열흘 동안은 매일매일 기도하는 마음으로 다녔다. 부디 별일 없이 시간이 지나가기를.

누군가 이렇게 말할 수 있다. "아니 왜 러시아 사람들 다 노는데 무슨 할 일이 있다고? 같이 쉬면 되지."라고. 하지만 그렇지가 않다. 러시아 휴일엔 한국이 일하고 한국 공휴일엔 러시아가 일한다. 둘 중 하나가 일하면 나도 일하거나 최소한 스탠바이하고 있어야 한다. 그게 특파원의 숙명이다. 둘 다 쉬는 토요일, 일요일이 나도 쉬는 날이다. 그것도 별다른 사건 사고가 없다는 전제하에서 그렇다. 특파원은 사실상 24시간 일한다.

03

모스크바
생활

모스크바 지하철

모스크바 지하철을 타본 일이 있는가? 내가 모스크바 메트로(지하철)를 처음 탔을 때는 하도 시끄러워 귀가 아플 지경이었다. 하지만 앞으로 모스크바 메트로를 타면 한층 쾌적한 공간이 될 것 같다. 2017년부터 기존 객차보다 훨씬 기능이 향상된 최신 열차가 배치되고 있기 때문이다. 모스크바 시민들을 대상으로 새로운 열차의 이름을 공모하여 '모스크바'라는 이름을 붙였다.

모스크바 지하철은 82년의 역사를 자랑한다. 1931년 11월 7일 스탈린의 명령에 따라 건설되기 시작해 1935년 5월 15일 개통됐다. 1단계로 11km 노선에 13개 역이 개통됐고, 2단계는 1941년 완공됐다. 3단계 노선은 제2차 세계대전 기간에 지어졌는데, 전쟁 중에 모스크바 지하철역은 독일군의 공습을 피하기 위한 대피소로 사용되었다. 또 냉전 기간에는 적의 공습과 핵전쟁으로부터 방공호로 쓸 수 있도록 지하 깊숙이 건설됐다.

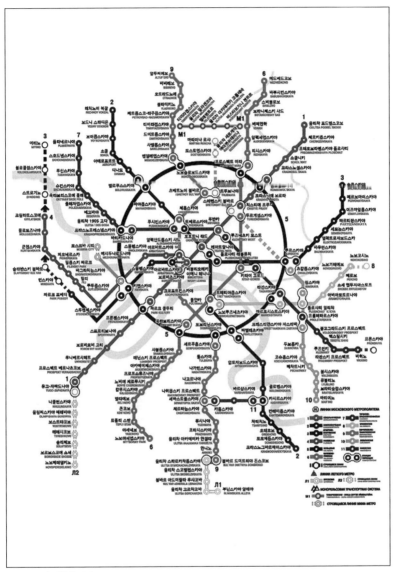

◆ 모스크바 지하철 지도

모스크바 지하철은 깊기로 소문나 있는데 과연 얼마나 깊을까? 모스크바 역사 중에서 가장 깊은 곳은 '파르크 포베디(Парк Победы : 승리공원)역'이다. 평균 깊이가 지하 84m, 최대 깊이는 97m이다. 에스컬레이터 길이는 126m이고, 740개의 계단이 있다. 에스컬레이터를 타고 지상으로 올라가는 데 대략 3분 정도가 걸린다고 한다.

모스크바 지하철은 도심에서 외곽으로 방사형으로 뻗어 있는데 2019년 12월 현재 '모스크바 메트로'의 공식 자료에 따르면 15개 라인에 총 길이 397.3km, 269개의 역이 있다. 길이로는 전 세계에서 7위를 달린다. 하루 평균 1만 2,000량의 객차가 운행되며 배차 간격은 평균 90초이다. 승강장에서 1분 정도 기다리면 바로 다음 열차가 들어온다. 아침 5시 반부터 이튿날 새벽 1시까지 운행하는데 하루 평균 900만 명의 승객을 실어 날라 오늘날 모스크바 대중교통 운송의 56%를 담당하고 있다.

또 한 가지 모스크바 지하철의 자랑거리는 마치 박물관이 연상될 만큼 각종 그림과 대리석 조각, 호화로운 샹들리에 등으로 지하철역 내부를 화려하게 장식했다는 점이다. 260개가 넘는 모스크바 지하철역 중에서 48개역이 러시아 문화유산으로 지정돼 있다. 특히, 러시아 혁명 시인 블라디미르 마야콥스키의 이름을 딴 '마야콥스카야(Маяко́вская)역'은 1938년에 개통됐는데, 그해 미국 뉴욕에서 열린 세계 지하철 품평회에서 당당히 우승을 차지했다. 원형의 백열등으로 둘러싸인 34개의 천장 모자이크화가 유명하다. 그 외에 콤소몰스카야·플로샤디 레볼류치·도스토옙스카야 역이 관광객들의 눈길을 끌고 있다. 모스크바 지하철은 가히 세계 최고 수준이라고 지하철 회사인 '모스크바 메트로'는 자부하고 있다.

그런데 이런 모스크바 지하철에 몇 가지 단점이 있다. 열차 차량이 너무

◆ 마야콥스카야 지하철역

낡아서 시끄럽기 짝이 없고, 좌석도 딱딱해서 불편하다. 하도 시끄러워서 옆 사람하고 대화를 나누기가 힘들 정도이다. 게다가 객차와 객차가 완전히 단절돼 있어서 이동할 수가 없다. 비상 상황이 발생했을 때 옆 칸으로 대피할 수 없다는 말이다. 이런 단점을 보완한 것이 신형 열차인 '모스크바(일명 765 시리즈)'이다.

2017년부터 새로 도입된 '모스크바(765 시리즈)' 열차의 가장 큰 특징은 조용하고 부드러운 주행이다. 승객들이 훨씬 더 편안함을 느끼게 됐다. 크기는 기존 열차보다 15% 더 커져서 승객을 더 수용할 수 있다. 출입문이 1.4m로 넓어졌고, 발 빠짐 경고음 장치와 조명이 부착돼 있다. 좌석은 세탁이 편리한 재질로 이뤄져 있고, 내마모성도 향상됐다. 객차는 단열재로 보강돼 있고, 공기 정화 장치, 살균 장치가 장착됐다. 내부 조명은 기존보다 가격이 50% 저렴한 LED 조명으로 바꿨고 CCTV가 설치돼 상황실에

◆ 신형 열차 '모스크바' 외부　　　　　　◆ 신형 열차 '모스크바' 내부

서 모니터할 수 있게 됐다.

　객차와 객차 사이를 자유롭게 이동할 수 있게 된 점도 큰 변화이다. 객차 간 이동이 중요한 이유는, 비상 상황에서 차량이 터널 안에 멈출 경우 승객들이 즉각 다른 칸으로 이동할 수 있어야 하기 때문이다. 사실, 객차 간 이동이 가능한 열차(760 시리즈)가 등장한 것은 2015년 초부터이지만 이번에 투입된 열차는 훨씬 더 기능이 향상된 모델(765 시리즈)이다.

　또 이동 중에도 휴대 전화 등 전자 기기를 충전할 수 있는 USB 포트가 설치돼 있다. 아울러 기존 열차에는 종이로 된 지하철 노선도가 부착돼 있지만, 신형 열차에는 승객과 '상호 대화(inter-active)'가 가능한 디지털 노선도가 장착돼 있다. 휠체어를 위한 특별 공간도 마련돼 있고, 입석 승객을 위한 간이 의자도 설치돼 있다. 입석 승객이 붙잡을 수 있는 난간(hand rail) 숫자도 30%나 증가해 안정성을 높였다. 신형 '모스크바'의 시운전은 2017년 1월에 성공리에 끝났고, 2월에 실시된 운송·운반 능력 테스트에서 시속 90km를 돌파했다. 기존 열차의 평균 속도는 시속 41.61km이다. 신형 열차는 가장 붐비는 구간인 타간스코-크라스노프레스넨스카야 라인부터

◆ 기존 열차, 객차 간 통행 불가

◆ 신형 열차, 객차 간 통행 가능

투입됐다. 신형 열차는 2020년까지 768대가 배치돼 모스크바 지하철 차량의 56%를 대체할 예정이라고 '모스크바 메트로' 측은 밝혔다.

사실 이 정도의 기능은 한국의 지하철에서는 일찌감치 갖춘 것들인데, 모스크바 시는 왜 이제야 도입하는 것일까 하는 의문이 들었다. 아마도 비용 때문이 아니었을까? 신형 열차로 바꾸는 데 드는 비용이 얼마나 되느냐고 물었더니, '모스크바 메트로' 측은 노코멘트라고 답했다. 대신 차량 부품의 90%를 러시아 기업이 생산하기 때문에 결정적인 비용 절감 효과를 봤다는 대답이 돌아왔다.

모스크바의 아슬아슬한 경제생활

내가 2015년 7월 모스크바에 부임했을 때는 우크라이나 사태로 대러 경제 제재가 1년 가까이 진행되고 있었다. 사람들의 관심은 루블화 가치 하락과 치솟는 물가 등 온통 먹고사는 경제 문제였다. 우크라이나 사태 전의 루블화 가치는 1달러당 35~40루블 사이였다. 내가 부임할 무렵엔 달러당 65~70루블 수준이던 것이 국제 유가 하락세의 영향을 받아 끝도 없이 추락하더니 급기야 2016년 1월 21일에는 1달러당 86.01루블을 기록했다. 1998년 루블화의 액면가를 변경한 뒤 사상 최저치였다. 물론 그 이후 국제 유가가 상승하면서 루블화의 가치도 올라 달러당 55~65루블 선을 유지했다. 이렇듯 루블화의 가치가 국제 유가의 영향을 받는 이유는, 러시아가 재정 수입의 50%, 전체 수출의 70%를 석유와 가스의 수출에 의존하고 있기 때문이다.

루블화의 가치가 떨어지면 실질 임금[*]이 줄어들고 식품과 소비재 가격이 올라, 서민 생활이 더 팍팍해지기 마련이다. 나는 아침 식사를 주로 바나나와 요구르트로 해결했는데, 제재 이후 바나나 가격이 사상 최고치로 올랐다는 기사를 본 적이 있다. 돈 있는 사람이야 제재에 별다른 영향을 받지 않지만 서민들은 직격탄을 맞는다. 러시아는 과일, 식품 등을 대부분 수입해서 먹는데 당장 상점에 가봐도 질 좋은 과일은 눈에 보이지 않고 볼품없는 것들이 태반이다.

여기서 잠깐 임금 얘기 좀 해보자. 2019년 1월 기준 러시아 전체의 평균 월급(임금)은 4만 2,400루블(환율 1루블당 18원 : 76만 3,200원)이다. 모스크바의 경우 평균 월급이 7만 루블(126만 원)로 전체 평균의 2배 가까이 된다.

러시아 전체 임금별 분포[**]를 보면, 1만 루블 이하 10.4%, 1만~1만 7,000루블 16.3%, 1만 7,000~2만 5,000루블 20.1%, 2만 5,000~3만 루

---

[*] 실질 임금 : 임금의 실질적인 가치를 나타내는 금액. 명목 임금을 물가 지수로 나눈 값으로 나타낸다.
[**] 2019년 3월 러시아 통계청 자료.

블 19.1%로 러시아 전체 평균 임금보다 낮은 비율이 거의 70%에 달하면서, 경제적 불평등의 격차가 더욱 커지는 모습이다.

그나마 다행인 것은 서민들의 주식인 감자와 빵의 재료인 밀가루 등은 아주 저렴하다는 점이다. 아마도 국가가 적절히 통제한다는 느낌을 받았다. 같은 감자라도 상점마다 가격이 제각각이긴 하지만, 서민들이 주로 찾는 식재료 가게에서는 감자 한 보따리에 우리 돈으로 1,000원이 채 되지 않는다. 그래서 임금이 낮고 경제적 불평등이 심해도 보통 사람들이 그럭저럭 살아갈 수는 있는 것이다. 현재의 체제가 그래도 유지되는 이유이다.

그런데 이건 또 어디까지나 모스크바의 물가이다. 모스크바와 다른 지역의 소득이나 물가 차이도 크다. 예를 들어 지방 도시로 가면 버스비가 모스크바의 60% 수준이고 다른 식료품도 더 저렴하다. 가스와 석유를 수출하는 나라인 만큼 서민들 살림살이에서 난방비가 차지하는 비율도 낮은 편이다. 집집마다 사정이 다르긴 하지만 서민들의 경우는 난방비와 수도세, 전기세를 합해 매달 3만 원 미만 정도이다. 물론 고급 아파트의 경우엔 상대적으로 몇십만 원에서 몇백만 원까지 비싸게 나온다.

그렇지만 러시아 사람들의 소득에서 우리는 두 가지를 고려할 필요가 있다.

첫 번째는 러시아 사람들이 대외적으로 밝히는 임금 액수와 실제로 받는 임금 액수가 다르다는 것이다. 둘 중 실제로 받는 임금의 액수가 더 크다. 예를 들어 직원이 받는 임금이 100루블이라고 한다면 고용주는 그것의 50%인 50루블을 소득세와 사회 보험, 의료 보험, 연금 기금 등 세금으로 내야 한다. 즉 직원이 받는 임금은 100루블이지만, 고용주는 150루블을 지불하는 것이다. 내 경우에도 현지 코디의 매달 임금의 50%를 각종 세금으로 납부했다. 그러다 보니 고용주 입장에선 형식상의 임금을 낮게 주는 대신 다른 이유를 붙여 현금을 주는 편이 낫다고 생각하게 된다. 예를 들어 80루블만 신고를 하고 따로 20루블을 주면, 세금을 40루블만 내기 때문에 고용주 입장에서는 더 나은 것이다.

두 번째는 주택 문제이다. 러시아 젊은이들이 근본적으로 한국 젊은이들과 다른 점은 주택 소유에 대한 걱정이 덜하다는 점이다. 월급도 많지 않은 러시아 젊은이들이 3∼4주씩 휴가를 가면서 본인 월급의 5∼6배까지(대출의 한도액은 대략 60만 루블) 휴가 비용을 대출받는다는 이야기를 자주 들었다. 우리 같으면 쉽지 않은 일이지만 러시아에선 그런 일들이 심심찮게 벌어진다는 것이다. 그게 가능한 이유는 러시아 젊은이들은 자신이 집을 장만해야 한다는 압박에서 한국의 젊은이들보다 훨씬 자유롭기 때문이라고 러시아의 교민들은 설명한다.

돈을 주고 집을 사는 개념이 도입된 것은 소련 해체 이후 자본주의 체제가 들어선 이후의 일이다. 말이 나온 김에 소련 시절에 집은 어떻게 마련했는지 잠깐 알아보고 가자.

소련 시절에는 집을 사고판다는 개념이 없었으니까 집을 장만하는 방법에는 네 가지가 있었다. 첫 번째는 국가가 제공하는 것이고, 두 번째는 조합원 분양 아파트, 세 번째는 주택을 직접 짓는 것이고, 네 번째는 부모 사망 이후에 상속을 받는 것이다.

국가가 집을 제공하는 경우를 살펴보자. 소련 인민들은 18세가 되면 '주택 신청' 자격을 획득했다. 이 경우 주택은 방 하나와 거실이 기본이었다. 이후 결혼해서 가정을 꾸린 뒤 아이들이 태어나면 아이들의 성별에 따라 방이 더 딸린 주택을 신청할 수 있었다. 예를 들어 아들, 딸 한 명씩 키운다면 방 3개가 딸린 주택으로 이전 신청이 가능하다는 말이다. 당시 아파트 같은 공동 주택을 국가가 지어주었기 때문에 소련은 다른 유럽 나라들보다 유난히 아파트가 많았다고 한다. 러시아는 또 서구와 달리 부모를 모시고 사는 전통이 강했다고 한다. 예를 들어 아들 2명, 딸 2명인 4남매 가족이 있다고 하면, 아이들이 18세가 되어서 각각 집을 신청한다면 이론적으로는 이 가족이 5채의 집을 소유할 수 있게 된다. 실제로 이 같은 가족들이 더러 있었고, 나중에 집을 팔아서 돈을 번 가족들도 있었다고 한다. 신청자들에게 수택이 100% 공급되지는 않았다고 하지만, 그래도 비교적 집 장만이 우리나라 젊은이들에 비해서는 손쉬운 편이긴 했다.

조합원 분양 아파트는 마음 맞는 사람들끼리 돈을 모아서 공동 주택을 짓는 것을 뜻한다. 입회금을 내고 조합원이 된 후 조합이 국가의 허가를 받아 공공 주택을 건설하는 방식이다. 전체 주택 제공량의 7~10%를 차지했다고 한다.

집을 직접 짓는 경우는 주거 취약 지역이나, 소득이 적은 소도시 등에서 국가가 땅을 제공하고 거기에 직접 집을 짓는 것이다.

마지막으로 부모에게 상속받는 경우인데, 이런 경우 러시아에는 상속세 같은 게 없다. 애당초 사고파는 개념이 없다 보니 세금도 없는 것이다. 지금도 상속세 있는 나라가 전 세계적으로 많지 않다. 참고로 OECD 34개국 중 12개국이 상속세를 폐지했고 나머지도 세율을 낮추려 하는 추세이다.

이 결과 부모들은 대부분 집이 있고, 러시아 젊은이들은 부모 사후에 그 집을 상속받기 때문에 집에 대한 걱정이 없다. 그래서 젊은 시절을 마음껏 즐기기 위해 빚을 내는 것이 가능하다는 것이다.

또 한국에서는 고급 주택을 소유하는 것이 부의 척도로 간주되는 반면,

러시아에서는 그들만의 미니멀리즘*에 따라 최소한의 주거에 필요한 정도만 갖추고 살아가는 경우가 상당히 많다. 가족 구성원 수에 맞는 기본 공간과 세간살이, 부엌과 발코니 등도 곰 같은 덩치에 비하면 어색할 정도로 소박한 편이다. 아울러 개인 주택을 반드시 소유해야 한다는 개념이 상대적으로 희박하다 보니 주택 구입에 투자하는 시간과 금전이 한국에 비하면 적다. 이는 사고방식의 문제이기도 하다. 여기에 '이포테카(Ипотека)'라 불리는 '주택 구입 대출 시스템'도 한몫을 한다. 이포테카는 '저당권'으로 번역되는 말인데, 한국의 '주택 마련 대출' 혹은 '부동산 대출'과 같은 개념으로 쓰인다. 가령 새집을 분양받을 경우 입주 희망자가 선금으로 일부 금액, 대략 몇백만 원에서 몇천만 원 정도만 지불하고 실입주하는 방식이다. 남은 금액은 시공사에 통상 10~20년(그 이상도 가능)에 걸쳐 7~15%의 이자를 매달 지불한다. 그 이율이 낮지 않지만 대부분의 러시아인들은 이포테카를 통해 주택(아파트)을 구입하고 수십 년에 걸쳐 갚아나간다.

경제가 문제 – 대러 제재 파급 효과

2014년 우크라이나 사태에 따른 크림 반도의 러시아 병합과 우크라이나 동부 지역의 무력 충돌의 책임을 물어 서방측은 러시아에 경제 제재를 가했다. 2019년 6월 20일 유럽 연합(EU) 이사회는 대러 제재를 2020년 6월 23일까지 1년 더 연장한다고 발표했다. 대러 제재에 따라 EU에 거점을 둔 기업들은 세바스토폴을 비롯한 크림 반도로부터의 제품 수입 및 투자, 그

---

* 미니멀리즘(Minimalism) : 되도록 소수의 단순한 요소로 최대 효과를 이루려는 사고방식.

리고 관광 크루즈의 운행이 일체 금지된다.

2014년 우크라이나 사태에 따른 서방의 대러 경제 제재와 국제 유가 폭락이라는 대형 악재가 맞물려 러시아 경제는 달러화 대비 루블화 가치가 폭락하고 러시아의 각종 경제 지표들이 마이너스로 바뀌었다. 이에 따라 1998년 러시아의 국가 지불 유예 사태(모라토리엄)와 2008년 세계 금융 위기 여파의 소용돌이 이후, 제3의 러시아 경제 위기 사태가 일어나지 않을까 하는 우려들이 나오기 시작했다.

2012년 3.4%의 실실 GDP 싱징률을 기록힌 이후, 2014년은 근근이 플러스 성장(0.7%)을 유지했다. 하지만, 2015년 러시아의 실질 GDP 성장률(-2.8%)을 비롯한 거의 모든 산업. 경제 지표들이 마이너스 성장을 기록했다. 대러 제재로 러시아 GDP가 20~21% 감소한 것으로 알려졌다. 러시아 금융권과 석유. 가스 부문에 미치는 제재의 악영향이 가장 컸다.

이러한 절망적인 러시아의 경제 상황 속에서도 푸틴 정부와 러시아 당국은 나아지는 미래를 언급해왔었고, 2016년 실질 GDP 성장률 -0.2%를 기록한 이후, 2017년부터 플러스 성장(1.8%)으로 돌아섰다. 러시아의 경제성장률은 2018년 2.5%로 다소 나아졌다가 2019년 1.3%로 다시 나빠졌다.

급기야 러시아의 빈곤 문제가 조만간 사회적 폭발이 일어날 수준에 이를 것이라는 지적이 고위 관료의 입에서도 나왔다. 지난 2000년부터 2011년까지 러시아 재무장관을 지낸 뒤 비판적 경제 전문가로 '쓴소리'를 내다가 2018년 5월 회계감사원 원장으로 임명된 알렉세이 쿠드린이 2019년 6월 17일 이 같은 발언을 했다.

쿠드린 원장은 러시아 TV '제1채널' 프로그램에 나와 러시아 국민의 생활 수준 하락을 우려하면서 "이대로 가면 조만간 '사회적 폭발'이 일어날 수도 있다."라고 경고했다. 그는 "최근 몇 년 동안 국민의 생활 수준이 지속적으로 하락했다."라며 "현재 약 1,250만 명이 빈곤선 이하에 처해 있으며, 그 가운데 70%가 가정을 가진 사람들이고 어린이들이 상당수이다."라고 지적했다. 1,250만 명이라면 러시아 전체 인구 1억 4,600만 명의 8.5%에 해당한다.

쿠드린 원장은 "빈곤층의 확대는 (어린이의) 발달 장애와 영양 부족, 삶의 질 저하, 건강 악화 등을 초래하고, 궁극적으로 인적 자원의 문제로 이어진다."라고 지적하고 "문제 해결을 위해 각종 정부 보조금 지급을 서두르는 등 비상조치를 취해야 한다. 이는 재정에 크게 부담이 되지도 않는다."라고 주장했다. 이에 대해 드미트리 페스코프 크렘린 대변인은 빈곤 문제의 존재를 인정하면서도 '과장된 발언'이라고 반박했다. 페스코프 대변인은 "푸틴 대통령이 최저 생계 이하 소득자들에 대한 보호를 국정 운영 제1순위에 두고 있으며, 문제 해결을 위해 가능한 모든 것을 다하고 있다."라고 주장했다.

하지만 러시아의 경제 성장이 담보되지 않는 상태에서는 앞으로도 국민의 실질 소득 증가를 기대하기 어렵다는 데 정책 결정권자의 고민이 있다. 쿠드린 원장의 주장처럼 언제까지 재정으로 빈곤 문제를 해결할 수 있을지 의심스럽다. 러시아 중앙은행은 2019년 6월 14일 기준 금리 인하 조치를 단행하면서 2019년 GDP 성장률 전망을 기존 1.2~1.7%에서 1.0~1.5%로 하향 조정했다. 빈곤 문제 해결이 결코 단순하지 않아 보이는 근본 원인이 바로 이것이다.

서방의 대러 경제 제재에 대해 러시아가 정치적으로는 일단 성공적으로 방어하고 있다는 점에는 상당수 전문가들이 동의한다. 하지만 러시아 국민, 특히 서민 경제의 어려움은 현 사태가 해결되지 않는 한 계속 지속될 것으로 전망되며, 이는 현 푸틴 정권에 정치적 부담을 가중하며, 러시아 국민들의 경제적 불만이 정치적 불만으로까지 확대될 개연성은 충분하다고 본다.

04
러시아의
여름과 겨울

여기는 백야의 땅

만일, 하루 종일 해가 지지 않는다면 일상생활이 어떨까?

러시아에선 여름에 백야 현상 때문에 잠을 설치는 사람들이 있다. '백야 (白夜)'란, 위도 약 48도 이상의 고위도 지방에서 한여름에 태양이 지평선 아래로 내려가지 않는 현상을 말한다. 밤에도 해가 지지 않아 어두워지지 않는 현상을 말하는 것이다. 북위 56도인 모스크바나 북위 60도인 상트페테르부르크에서도 백야 현상이 나타난다. 보통 밤 10시 넘어서 해가 져서 새벽 2시 반쯤 해가 뜨니까, 그나마 4시간 정도는 밤이 존재하는 편이다. 빛에 예민한 사람들은 숙면을 취할 수가 없어서, 여름에는 두꺼운 커튼을 별도로 치기도 한다.

그런데, 모스크바에서 북서쪽으로 1,967km에 위치한 무르만스크에서는 완벽한 백야 현상이 나타났다. 북위 68도 58분에 위치한 무르만스크는 인구 40만에, 북극권 내 가장 크고 중요한 부동항이 있는 북극권 최대 도시이

◆ 무르만스크의 위치

다. 러시아 내 최대 핵 잠수함 기지가 있는 군사항이기도 하다. 2016년 6월 '유라시아-북극 항로 국제 세미나'에 참석차 무르만스크에 갔다가 완벽한 백야 현상을 목격했다. 여기서는 한밤중에도 해가 쨍쨍, 어둠이 존재하지 않았다. 밤 12시쯤 서쪽으로 기울던 해가 서산에 걸리는가 싶더니 다시 동쪽에서 떠오르기 시작했다.

밤이 없어지고 24시간 낮이 지속되니 사람들의 야외 활동 시간이 대폭 늘었다. 혈기 왕성한 젊은이들이 제일 신났다. 자정이 넘은 시각에도 끼리끼리 어울려 공터에서 자전거 묘기도 부리고 보드도 타면서 에너지를 발산하고 있었다. 고등학생 다닐은 "24시간 낮이 계속되니까 야외에서 놀기가 한층 더 쉽다. 너무 편하다."라고 말했다.

공원에는 자정이 넘은 시각에도 산책을 나온 사람들이 꽤나 많았다. 3살 난 아들을 데리고 산책 나온 마리야는 "아이들은 초저녁에 일찍 재우는 게 보통이다. 그런데 여름철 백야 기간에는 해가 떠 있는데 잠자라고 강요하

◆ 일광욕을 즐기는 시민들

기가 어려워서 데리고 나왔다. 요즘엔 새벽 1시쯤 재워서 오후 1시까지 잠을 재운다."라고 말했다. 그렇다고 밤새워 술을 마신다든지 하면서 흥청망청 삶의 리듬을 깨는 것은 아니다. 호텔 바를 제외한 대부분의 술집들은 밤 10시 이후에는 문을 닫았다. 무르만스크에서 태어나고 자란 사람들은 대부분 해마다 되풀이되는 백야 현상에 익숙해져 있다고 담담하게 말했다.

러시아 서남부 스타브로폴 지방에서 살다 9년 전에 무르만스크로 이사 온 이리나는 아직도 적응이 안 된다고 했다. "이사 온 지 9년이 지났는데도 나는 아직 잠을 잘 못 잔다. 내 딸도 마찬가지로 잠을 제대로 못 자고 있다." 취재 중 만난 타치아나 부부가 가장 재미있는 말을 남겼다. "백야 기간에 날이 길어지니 산책도 하고 좋다. 나도 여기서 나서 자랐다. 그런데, 이제 내 나이 40살이 넘으니 통상적으로 낮과 밤이 제대로 있는 지방으로 이사 가고 싶다는 생각도 든다."

무르만스크의 백야 현상은 5월 말부터 7월 말까지 3달 동안 지속된다. 그런가 하면 12월 초부터 1월 초까지는 밤이 24시간 지속되는 '극야(極夜)' 현상이 나타나기도 한다. 무르만스크는 연간 200일 이상 눈에 덮여 있는 지역으로 유난히 겨울이 춥고 길다. 하필 극과 극을 달려서 그렇긴 하지만, 어쩌면 백야 현상은 북극권의 겨울에 대한 일종의 '보상'일지도 모른다. 어쨌든, 무르만스크 사람들은 오늘도 밝고 따뜻한 여름 햇살을 마음껏 즐긴다.

겨울엔 해를 못 보는 모스크바

한국인들에게 러시아 하면 가장 먼저 떠오르는 것은 무엇일까? 아마도 '추위'일 것이다. 러시아에서 살다 왔다고 하면 지인들은 하나같이 "에구, 추운 데서 고생했네."라고 위로를 해준다. 물론 러시아의 겨울 추위도 혹독해서 힘들지만, 이보다 더 힘든 것은 해를 못 보는 것이었다. 겨울이 되면 두꺼운 구름층이 태양을 가려 늘 어둠침침한 분위기를 연출했다.

자, 어느 겨울날의 하루를 얘기해보자. 아침 8시쯤 출근 준비를 하면서 창밖을 내다보면 칠흑같이 어둡다. 길거리에 아직도 가로등이 켜져 있다. 밤인지 새벽인지 구별이 안 되는 느낌 속에 출근하고 나면 아침 10시 반쯤 길가 가로등이 꺼지고 어슴프레 날이 밝아온다. 그것도 밝은 해가 보이는 게 아니라 희뿌옇게 밝아지는 것이다.

점심을 먹고 사무실로 돌아오면, 오후 2시 반쯤부터는 서서히 어두워진다. 오후 4시면 완전히 어두워져 밤이 시작됐다고 보면 된다. 그래서 겨울에는 밖에서 촬영할 일들은 무조건 오후 3시 이전에 마쳐야 한다. 이렇게 어두컴컴한 분위기 속에서 7개월을 살다 보면 우울증이 생기거나 정신 건강에 문제가 생길 가능성이 높아진다. 일상적인 추위에다 어둠까지 겹치니 이를 떨쳐내기 위해 사람들은 자연스럽게 술을 자주 많이 마시게 된다. 러시아 사람들이 술고래라는 별명을 얻게 된 이유를 알 것 같았다.

나는 모스크바 사람들이 얼마나 해를 못 보는지 실제 통계치를 확인하고 적잖은 충격을 받았다. 2017년 12월 한 달 동안 모스크바 사람들이 햇볕을 쬔 평균 시간은 '불과 6분'이었다고 뉴욕타임스가 보도했다. 러시아 기상 당국이 일조량을 조사하기 시작한 이후 가장 어두운 달이었다고 한다. 그 전에 가장 적었던 월 일조량은 2000년 12월의 3시간이었다. 참고로 모스크바의 월 일조량은 평균 18시간이다. 로만 빌판드 러시아 기상청장은 "강하고 습기가 많은 바람을 동반하면서 구름층을 두껍게 만든 대서양의 따뜻한 기단이 모스크바 지역을 지속적으로 뒤덮었기 때문"이라고 말했다.

눈의 왕국 러시아, 제설 작업은 세계 최고

러시아의 수도 모스크바는 한국인들에게는 '겨울 왕국', '눈의 왕국'으로 각인돼 있다. 그만큼 겨울이 춥고 길며, 눈이 많이 온다는 얘기일 것이다. 모스크바에는 1월과 2월에 눈이 집중적으로 내려서 평균 90～100cm 정도의 적설량을 보인다. 최근 3년 동안에는 그렇게 많은 눈이 내리지 않았는데, 2016년엔 정초부터 자주, 많이 눈이 내렸다. 10cm 가까이 내린 날이 1월에만 5일이나 됐다. 2015년 연말 한때 영상 9.1도까지 올라가 이상 고온 현상을 보이더니만, 새해 들어 눈이 많이 오고 기온도 영하 20도 이하로 떨어지자, 모스크비치들은 "이제야 러시아 겨울답다."라고 너스레를 떨었다. 눈이 많이 내리지만 눈이 오는 족족 전광석화 같은 속도로 제설 작업이 이뤄지기 때문에 간선 도로가 눈 때문에 막히는 일은 없다. 이방인이 보기엔 참으로 신통한 일이었다. 2006년 1월 유엔 본부 취재차 뉴욕에 갔다가 엄청난 눈보라에 발이 묶여 고생했던 나로서는 취재 본능이 발동하지 않을 수 없었다. 어떻게 신속한 제설 작업이 이뤄지는 것일까? 취재에 나선 지 얼마 안 돼 모스크바 시 당국의 '제설 매뉴얼'을 입수했다. 제설 작업은 크게 4단계로 이뤄진다.

(1) 제설 1단계: 날씨 정보 + 사전 조치

1단계에는 당연한 애기 같지만 우선 날씨 정보를 꼼꼼히 분석한다. 큰 눈이 내릴 것으로 예보되면, 다리나 고가 도로, 경사진 언덕 등 사고가 예견되는 지역에서 차량들을 미리 대피시킨다.

(2) 제설 2단계: 대형 제설차(밀대)

실제 눈이 내리기 시작하면 본격적으로 제설 작업이 시작된다. 매뉴얼에는 최초 5cm 정도 눈이 내리면 대형 제설차가 동원된다고 돼 있는데, 실제로는 눈이 내리기 시작하면 한밤중이든 낮이든 제설차가 부지런히 돌아다닌다.

밀대를 장착한 대형 제설차들이 6차선 대로상에서 일렬로 나란히 눈을 밀고 가는 장면은 가히 장관이다. 제설차 앞에 달린 대형 밀대는 오른쪽으로 기울어져 있어서 자연스럽게 도로변으로 눈을 밀어붙이도록 돼 있다. 또 제설차들은 대형 탱크를 싣고 다니는데, 이 탱크에는 염화칼슘이 실려 있다. 차량 앞부분 밀대로는 눈을 치우면서, 차 뒤쪽으로는 염화칼슘을 뿌

◆ 제설차

리는 것이다. 염화칼슘은 대로상에는 물론 인도에도 원 없이 푸짐하게 뿌리고 다니는데, 이 때문에 눈이 빨리 녹기는 하지만 워낙 많은 양을 뿌리는 바람에 외출 한번 나갔다 오면 신발에 허옇게 염화칼슘이 묻어나는 부작용이 있다. 모스크바는 겨울이 긴 만큼, 염화칼슘에 자주 노출되다 보면 신발이 쉽게 닳는다.

(3) 제설 3단계 : '황금손' 제설차

대형 제설차의 작업으로도 해결이 안 돼 도로변에 눈이 수북이 쌓이면, '잘라티예 루치키(золотые ручки)', 이른바 '황금손'으로 불리는 제설차가 등장한다. 앞부분에 달려 있는 기계 장치가 마치 두 손으로 눈을 쓸어 담는 것처럼 보인다고 해서 붙여진 별명이다. '황금손'이 수거한 눈덩이들은 컨베이어 벨트에 자동으로 옮겨져, 바로 뒤따라오는 대형 트럭에 실린다.

한 차량 가득 실리면, 또 다른 트럭이 임무 교대한다. 산더미 같은 눈덩이를 실은 대형 트럭들은 지정된 처리 장소로 이동한다. 눈이 한번 내리면, 이렇게 눈을 실은 대형 트럭들이 도로를 질주하는 모습을 자주 보게 된다.

(4) 제설 4단계 : 눈 처리장

러시아에서는 수집된 눈덩이를 산업 폐기물로 취급하기 때문에 아무 데나 버려선 안 되고 반드시 지정된 처리 장소로 보내야 한다. 눈 처리장에서는 트럭들에 실려 온 눈덩이들을 잘게 부숴서 화학 처리를 거쳐 정화한 뒤에 하수구로 내려보낸다. 하수구는 지상보다 온도가 높기 때문에 자연스럽게 눈이 녹는다.

이 같은 눈 처리장이 모스크바 주변에 56개가 있다. 하루에 처리하는 눈의 양은 55만㎥에 달한다. 1월 들어 처리한 눈의 양이 560만㎥였다. 이 같은 눈 처리장 외에도, 시내 곳곳에서 벌어지는 제설 작업 현장에 145개의 '이동식 처리장(Mobile snow-melting points)'이 설치돼 있다. 이것은 불을 피워 그 열기로 현장에서 눈을 녹이는 장치이다.

인도나 공원, 주택가 이면 도로에서는 덩치가 작은 제설차들이 쉴 새 없이 눈을 치우고 다닌다. 모스크바 시 당국은, 1만 8,000대의 제설 차량과 6만 명 이상의 인원을 동원해 24시간 제설 작업을 벌인다고 소개했다. 눈도 많이 오지만, 신속한 제설 작업 덕분에 시민들이 별다른 불편을 느끼지 못한다는 게 모스크바의 자랑이다. 단, 이것은 어디까지나 모스크바의 이야기이다. 다른 지방 도시는 모스크바만큼의 제설 능력을 갖추고 있지 못하다.

겨울 왕국, 야쿠티야

인터넷을 뒤져보니 다음과 같은 글이 올라와 있다.

> 0℃에서는 상압의 순수한 물이 언다.
> 영하 6℃에서는 콜라가 언다.
> 영하 15~16℃에서는 소주가 언다.
> 영하 36℃에서는 공기 중에 노출된 피부가 10~15분 내 동상을 입는다.
> 영하 40℃에서는 날던 작은 새가 얼어서 떨어진다.
> 영하 45℃에서는 외부 생활이 위험하다.
> 영하 50℃ 이하에서는 노출된 피부가 3분 안에 얼게 된다.

2015년 12월 24일 시베리아 극동부 야쿠티야 공화국의 수도 야쿠츠크를 취재차 가보니 이 말이 딱 들어맞았다. 도착한 날 기온이 영하 43도였다. 바깥에 나가면 3분 안에 몸이 얼었다. 취재 도중 손가락 발가락에 약한 동상이 걸렸다. 밖에 나가지 않는 게 상책이다. 영하 40도, 50도,……. 한국 사람들은 실감이 안 나는 기온이다. 한국에서 역대 최저 기온은 1981년 1월 5일 양평에서 기록된 영하 32.6도라고 한다. 내가 모스크바에 부임한 해인 2015년 연말 크리스마스 시즌에는 모스크바가 영상 9.1도를 기록하는 등 서유럽과 북미 지역 등 북반구에서 이상 고온 현상을 보였다. 그래서 역발상을 해보았다.

세상에서 가장 춥다는 곳에서는 연말연시를 어떻게 보내는지 궁금했다. 그들의 새해맞이를 한국에 전달하고 싶어서 세상에서 가장 춥다는 도

◆ 야쿠츠크 시내의 상고대

시, 야쿠츠크를 찾아간 것이다. 야쿠츠크는 모스크바에서 비행기로 7시간 걸린다. 시차는 6시간. 서울과 시간대가 같다. 모스크바에서 자동차로는 8,332km 거리이다. 야쿠츠크 공항에 도착해 밖으로 나가니 숨이 턱 막힌다. 냉기가 기관지를 타고 순식간에 오장육부로 퍼진다. 시내 풍경은 말 그대로 설국(雪國), 겨울 왕국이다.

높은 산에서나 볼 수 있을 것 같은 상고대가 시내 가로수에 하얗게 피어 있다. 사방이 온통 눈과 얼음으로 뒤덮여 있다. 영하 42도 이하로 내려가면 얼음 안개가 발생한다고 했다. 온종일 도시 전체가 짙은 안개에 갇혀 낮인지 밤인지 모를 정도였다. 그러다 오후 3시가 넘으면 어둠이 짙게 깔린다. 외출 나온 시민들은 눈만 빼고 온몸을 모피로 칭칭 감쌌다. 밖에 나오면 불과 3~4분 만에 노출된 피부가 얼기 때문이다. 야외 활동 시간은 최대 20분 정도이다. 그 뒤엔 실내로 들어와서 몸을 녹여줘야 한다. 내 딴

◆ 취재 중인 필자

에는 서울에서 가져온 등산화, 등산복으로 중무장하고 갔지만 소용이 없었다. 한국의 등산화나 등산복은 영하 40~50도에 맞춰져 있지 않은 것이다. 취재를 시작한 지 10분 만에 발가락이 떨어져나갈 것처럼 통증이 와서, 결국 현지에 진출한 한국 기업인으로부터 말가죽 신발을 빌려서 겨우 위기를 모면했다. 역시 현지인들이 입는 모피 옷, 가죽신이 최고였다. 현지인 중에도 동상에 걸려 손가락, 발가락을 절단하고 귀를 잃은 사람들이 종종 발생한다고 했다.

기온이 너무 내려가면 학교도 쉰다. 영하 45도 이하엔 초등학교, 영하 48도엔 중학교, 영하 50도엔 고등학교가 휴교한다. 야쿠츠크의 1월 평균 기온은 영하 45~50도라고 한다. 사람 몸만 추위에 약한 것이 아니다. 취재 장비, 기계도 마찬가지였다. 10분 정도 지나면 카메라가 초점이 안 맞는 등 오작동을 일으켰다. 그러면 따뜻한 실내나 차량 안으로 들어가서 녹여줘야 했다. 마이크에 연결된 가느다란 전선은 순식간에 얼어붙어 건드리면 툭툭

◆ 진열대에 세워놓은 생선

깨져나가기 일쑤였다. 가뜩이나 낮 시간이 짧은데 상황이 이러하니 취재할
수 있는 시간이 엄청 짧아질 수밖에 없었다.

　새해 음식상을 준비하는 야쿠츠크 사람들을 취재하러 재래시장에 갔다
가 참 재미있는 풍경을 봤다. 바로 꼿꼿이 세워 진열해놓은 생선들이다. 마
치 빵 가게의 바게트처럼. 워낙 추워서 생선들이 순식간에 얼어버린 탓도
있지만, 이렇게 진열해놓으면 손님들이 보고 고르기에도 편하고 상자에 담
기에도 편리하단다. 야쿠티야는 바다에서 수천 킬로미터 떨어진 깊은 내륙
이지만 주위에 700개가 넘는 호수가 있고, 4,400km 길이의 레나 강이 흐
르고 있어서 물고기가 많이 잡힌다.

　야쿠츠크에서 북쪽으로 23km 떨어져 있는 전통 마을을 찾아가봤다. 여
기 사람들은 자급자족하며 살아간다. 이들을 따라 레나 강으로 나가 얼음
낚시 장면을 관찰했다. 강폭이 최대 30km에 달하는 레나 강은 이미 단단
히 얼어 있어, 강 위로 차량이 거침없이 달려나갔다. 한겨울 레나 강의 얼

음 두께는 70cm가 넘는다. 얼음낚시 구멍을 뚫으려면 사람 키만 한 드릴이 필요하다. 구멍은 비교적 쉽게 뚫렸다. 레나 강의 기온은 영하 50도를 밑돌았다. 갓 잡은 물고기를 빙판 위에 던져놓으면 그대로 얼어붙었다. 발가락이 떨어져나갈 것처럼 극심한 통증이 왔다. 7~8분 찍고 차 안으로 들어가서 10분 쉬고 하는 식으로 들락날락하며 그렇게 세 시간이 흘렀다. 마을 사람들은 오전 한나절 얼음낚시로 일용할 물고기를 잡아 집에 돌아갔다.

마을로 돌아가는 길에 직육면체로 잘라놓은 얼음덩어리들이 보이길래 무엇에 쓰는 물건인지 물으니, 식수로 쓰는 얼음이라고 한다. 전통 마을 사람들은 수도 시설이 별도로 없고, 마을 주변의 강이나 호수에서 얼음을 떼어다 식수로 사용한다고 했다. 보통 10월이나 11월쯤 얼음이 너무 두껍게 얼지 않았을 때 미리 얼음덩어리들을 수십 개 만들어놓았다가 하나씩 필요할 때마다 운반한다고 했다. 취재진이 방문한 가정에서도 집 근처 호수에서 얼음을 가져다 먹고 있었다. 대문 옆에 보기 좋게 얼음이 쌓여 있었다. 호수 근처에는 곳곳에 얼음덩어리들이 만들어져 있었는데, 얼음덩어리의 주인이 있고, 다른 사람의 얼음덩어리에는 손을 대지 않는다고 했다. 간편하게 수도 시설을 사용하면 되지 왜 굳이 이런 추위 속에 불편을 감수하느냐고 물었다. 집주인 얀의 대답이다. "물이 얼면 그 표면에는 박테리아가 적다고 여겨진다. 그러니까 얼음물이 더 깨끗하다는 말이다. 우리는 벌써 몇 백 년 동안 이런 식으로 얼음물을 먹고 살아왔다. 이게 우리의 전통이다." 수도 시설을 해도 이런 추위에는 사용할 수 있을까 싶기도 했다.

전통 마을 사람들은 집 안에서 소나 말을 키워, 우유와 고기를 생산해서 먹고산다. 자급자족하며 살면서 부족함을 느끼지 않는다. 새해가 되면 온 가족이 둘러앉아 덕담을 나누며 은(silver) 제품 등을 선물로 주고받는다.

◆ 레나 강의 얼음낚시

취재를 마치며 도대체 이들은 이 추위에 어떻게 살지 궁금했다. 이 질문에 대한 현지인 필리프의 대답이다. "우리는 어려서부터 이 같은 추위에 아주 익숙해 있다. 추위보다 야쿠티야 사람들의 마음이 더 따뜻하다." 그랬다. 자급자족하며 부족함 없이 사는 야쿠티야 사람들. 그들은 그들만의 방식으로 혹독한 추위를 이기며 새해를 건강하게 맞이하고 있었다.

보드카는 러시아인의 필수품

이렇게 춥고 우울한 날씨 탓인지 러시아인들은 술을 참 많이도 마신다. 세계보건기구 자료를 보면, 러시아인들의 연평균 알코올 소비량은 다른 유럽 사람들보다 5리터 정도 많은 것으로 나타났다. 사실 내 경우만 보더라도 러시아에 부임한 이후 술을 많이 마신 것으로 기억한다. 특히 독한 보드카를 많이 먹게 됐다. 한국 식당에서 수입 소주는 한 병에 2만~2만

◆ 다양한 보드카

5,000원 정도 하는 반면 700ml 보드카는 1,200~1,500루블로 3만 원이

채 되지 않는다. 더욱이 추운 날씨에는 밍밍한 소주보다는 독한 보드카가

제격이다. 얼마나 많이 마셨는지는 곧 입증이 됐다. 부임한 지 2년쯤 된

2017년 9월, 오른쪽 엄지발가락에 통증이 와서 병원에 갔다가 '통풍'이라

는 청천벽력 같은 진단을 받았다. 요산이 관절에 쌓여서 바람만 불어도 아

프다는 '통풍'. 아마도 러시아에 와서 운동량은 줄고 대신 음주량은 많아

진 것이 원인이었을 것이다. 결국 요산 수치를 내려주는 약을 한동안 복용

한 뒤에 겨우 증상이 완화됐다.

　그런데 재미나게도 역설적인 일이 벌어졌다. 2018년 1월 러시아 당국은

최근 5년 사이 알코올 소비량이 급격히 줄었다고 발표했다. 스크보르초바

보건부 장관이 "지난 5년간 일인당 알코올 소비량이 크게 감소한 것으로

나타났다."라고 밝힌 것이다. 러시아 정부는 지난 2009년부터 '반(反)알코

올 캠페인'을 강도 높게 벌였기 때문이라고 그 배경을 설명했다. 캠페인 내용을 보면 공공장소에서 술을 마시면 형사 처벌을 하고, 주류 광고를 엄격히 제한하며 주류세를 33%까지 대폭 인상했다. 모스크바의 경우 밤 11시가 넘으면 일반 상점에서는 술을 팔지 못하게 했다. 이런 운동의 효과가 통계로 입증이 됐다.

2019년 세계보건기구 자료를 보니, 러시아인 15세 이상 1인당 연간 알코올 소비량이 2003년에는 20.4리터로 최고치를 찍었다가 2016년엔 11.7리터로 43%나 줄었다. 술 소비 감소는 자연스레 사망률을 낮추고 기대 수명의 증가로 이어졌다. 1990년대 초반 남성의 기대 수명은 57세에 불과했지만, 2018년에는 68세로 늘었다. 나와 인터뷰한 모스크바 시민 알렉세이는 "건강을 위한 국가 정책 때문이라고 생각한다. 나도 물론 술을 줄이기 시작했다."라고 말했다. 술고래로 알려진 러시아인들의 이미지가 바뀐 것일까? 그렇지는 않다. 줄었다 해도 우리 한국인이 보기에 러시아인들은 여전히 술을 많이 마신다.

겨울 휴가는 어디로 갈까?

10월에 시작해 이듬해 4월까지 무려 7개월이나 되는 러시아의 겨울. 러시아 사람들은 휴가를 어디로 갈까? 그들은 따뜻한 남쪽 나라로 간다. 모스크바에 살다 보니 이곳이 휴가 가기에는 참 편리한 도시라는 사실을 알게 됐다. 한국에서 가기 힘든 나라들에 직항편이 많기 때문이다.

일례로 쿠바나, 도미니카 같은 중남미 지역에도 직항이 있어 저렴한 가격으로 휴가를 다녀올 수 있다. 모스크바에 사는 지인 가족이 아주 파격적인 가격으로 연말에 도미니카의 휴양지에서 일주일 휴가를 즐기고 온 것을 보고 부러워한 적도 있다. 러시아인들이 가장 많이 즐겨 찾는 곳은 이집트 홍해 지역과 터키였다. 날씨나 기후도 좋고 물가도 적당한 수준이어서 그렇다. 이집트와 터키를 찾는 러시아인들이 워낙 많다 보니 저렴한 전세기가 수시로 운항하게 된 것이다. 그런데 하필 내가 부임한 직후 사달이 났다. 이집트와 터키에서 사고가 난 것이다.

2015년 10월 31일 이집트 시나이 반도에서 러시아 여객기가 추락해 탑승객 224명이 전원 숨졌다. 11월 7일부로 모든 여객기의 이집트 운항이 잠정 중단됐다. 11월 17일 추락 사고를 조사해온 러시아 정부는 비행 도중 사제 폭탄이 폭발했다면서 이 사건을 IS의 테러로 규정했다. 그러면서 시리아에서 대IS 공습 작전을 한층 강화했다. 일각에선 러시아가 시리아 내전에 뛰어든 대가를 치르는 것이라는 분석도 있었다. 2015년 연말연시에는 러시아가 테러 타깃 0순위라는 흉흉한 첩보가 나돌면서, 사람들이 많이 모이는 장소에는 나가지 말라는 지인들의 당부가 이어졌다.

그런가 하면 2015년 11월 24일에는 터키—시리아 국경 지역에서 러시아 공군의 Su-24 전투 폭격기가 임무 수행 중 터키 공군의 F-16 전투기의 미사일 공격을 받고 추락하는 사건이 벌어졌다. 발끈한 러시아는 이 사건에 대한 보복으로 터키에 대한 제재에 착수해, 자국 여행사들의 터키 여행 상품 판매를 금지하고 관광객들을 운송하는 전세기 운항을 중단시키는 조치를 취했다. 나아가 12월에는 터키가 IS의 석유 밀거래에 관여했다는 증거를 러시아가 폭로하면서 양국 관계가 한층 악화됐다. 당시 푸틴 대통령은 "터키는 러시아 전투 폭격기 격추 사건을 두고두고 후회하게 될 것이다."라며 철저하게 보복할 것이라고 밝힌 바 있다.

◆ 겨울 바이칼 호수 전경

그래서 결국은 내가 내심 점찍어놓았던 이집트 홍해와 터키 여행은 갈 수가 없었다. 그해 겨울에는 많은 사람들이 러시아의 겨울을 피해 동남아시아로 몰려갔다.

바이칼 호수 위를 달리는 자동차

"우와~~ 참, 바다 같은 호수다."

바이칼 호수를 처음 본 사람들이 느끼는 감회이다.

'시베리아의 진주'로 불리는 바이칼 호수는 세계에서 가장 깨끗하고, 가장 깊고(수심이 가장 깊은 곳은 1,742m), 가장 오래된(2,500만 년) 호수이다. 초승달 모양으로 생긴 바이칼 호수의 남북 길이는 636km, 둘레는 2,200km이며, 면적은 3만 1,700㎢로 남한 땅의 1/3에 달한다.

바이칼 호수로 가는 관문인 시베리아 이르쿠츠크까지는 한국에서 비행

◆ 바이칼 호숫가의 고드름과 얼음

기로 4시간, 모스크바에서는 6시간이 걸린다. 이르쿠츠크에서 다시 차로 4시간 정도를 달리면, 바이칼 호수에 있는 25개 섬 중 가장 큰 섬인 알혼섬에 이른다. 세계 최대의 담수호인 바이칼 호수는 전 세계 인구가 40년을 마실 수 있는 천연 광천수를 담고 있다.

나는 2016년 2월 바이칼 호수를 처음 찾아가보았다. 영하 30도를 오르내리는 한겨울에 모든 것이 얼어붙었는데 그 얼음 빛깔이 참으로 신기하게도 에메랄드빛이 났다. 호숫가 절벽 바위틈마다 10m에 달하는 거대한 고드름이 줄줄이 생겨났다. 장난기 많은 사람들은 적당한 크기의 고드름을 떼어내 미니 칼싸움을 즐기기도 한다. 물결치던 그 모습 그대로 얼어붙은 얼음 조각들도 있다. 마치 판유리를 켜켜이 쌓아놓은 듯한 얼음들도 보인다. 그야말로 장관이 따로 없었다.

바이칼 호수는 워낙 물이 깨끗해서 얼음 밑으로 물고기도 보이고, 밑바닥이 보이기도 한다. 물 밑 가시거리는 40m를 넘기도 한다. 얼음 밑으로 보

◆ 얼음 위를 달리는 자동차

◆ 미니버스 '우아즈'

이는 호수는 푸른색이 대부분이라 보기에도 참 예쁘다. 익살맞은 사람들은 큰대자로 호수 위에 널브러져 그 오묘한 색깔을 배경으로 사진 찍기에 바쁘다. 그런데 제법 수심이 깊은 곳으로 이동할 경우 갑자기 물 밑 색깔이 시커멓게 변해버리는 바람에 순간적으로 공포감을 불러일으키기도 한다.

한겨울 얼어붙은 바이칼 호수의 얼음 두께는 50cm에서 최대 1m에 달한다. 얼어붙은 호수 위를 자동차들이 거침없이 달려간다. 뭍에서 알혼 섬까지는 통상 배로 20분 정도 걸린다. 호수가 얼어붙으면 배 대신 호버크라프트*가 손님들을 운송한다.

선착장 근처에는 얼음이 깨질 수 있으니 자동차를 타고 함부로 호수 위를 다니지 말라는 경고문이 쓰여 있다. 그러나 노련한 섬사람들은 자동차를 타고 거침없이 호수 위를 내달린다. 섬사람들에게는 모처럼 지름길이 생긴 셈이다. 뭍에 사는 친지를 방문하거나 급히 병원에 갈 일이 있거나 기타 볼일이 생기면 차를 타고 호수 위를 달린다. 알혼 섬에서 뭍까지 40분 정도 걸린다. 그렇다고 아무 곳이나 다니는 것은 아니다. 그 광활한 호수 위로 그 나름대로 도로가 있다. 섬사람들은 중간중간 차를 세우고 얼음이 자동차가 다닐 만큼 두꺼운지 여부를 살핀 뒤 안전한 '길'을 찾아서 여행을 계속한다. 바이칼 호수 위 자동차들의 질주는 4월까지 계속된다.

관광객들을 주로 실어 나르는 차는 '우아즈(УАЗ, 영어로는 UAZ)'라고 불리는 미니버스이다. 우아즈는 군용 트럭을 개조한 것인데 차 안이 꽤 넓어서 7~8명은 충분히 태울 수 있다. 게다가 차 밑바닥이 높아서 어지간한 비

---

* 호버크라프트(hovercaft) : 배의 바닥에서 압축 공기를 수직으로 분사할 때 생기는 높은 압력의 힘으로 물 위나 땅 위를 닿을락 말락 하게 떠서 나아가는 수륙 양용 배.

포장도로나 눈길, 얼음길도 큰 어려움 없이 돌파한다. 한겨울에는 주로 중국인, 한국인 관광객들이 많다. 특히, 바이칼 호수 일대가 한민족의 시원지라는 말이 널리 알려진 뒤 한국인 관광객들이 부쩍 늘었다.

바이칼 호수 위에서 마라톤과 골프를

눈과 얼음 위에서 마라톤을 하고 골프를 한다면 과연 잘될까? 결론부터 얘기하자면 평지를 달리거나 그린에서 골프를 하는 것보다 몇 배는 힘들다. 하지만 기분은 상쾌하고 그지없이 즐겁고 행복하다고 한다. 왜? 장소가 바이칼 호수이기 때문이다.

이 바이칼 호수에서 2005년부터 해마다 3월 초면 아이스 마라톤 대회와 아이스 골프 대회가 열린다. 2017년 3월 나는 13번째 아이스 마라톤 대회를 취재하러 바이칼 호수를 다시 찾았다.

3월 7일 아이스 마라톤 대회가 열린 곳은 바이칼 호수의 남쪽 끝부분, 탄호이 마을에서 리스트비얀카까지 직선거리 42.195km이다. 얼어붙은 호수 위를 달려가는 것이다. 겨울철 바이칼 호수의 얼음 두께가 0.6~1m에 달하기 때문에 가능한 일이다.

출발에 앞서 선수 대기실을 찾았다. 2017년에는 32개국에서 205명의 선수들이 참가해, 가장 많은 국가와 가장 많은 선수들이 참가한 것으로 기록됐다. 대회 사상 처음으로 한국인도 2명이나 참가했다. 날씨는 화창했지만 기온은 영하 15도를 밑돌았다. 다들 방한 복장을 완벽하게 갖췄다. 모자에 입마개, 장갑에 옷을 3~5벌 겹겹이 껴입었다. 신발 밑바닥에는 미끄럼 방지용 스파이크를 박았다. 얼굴에 동상 방지용 테이프를 덕지덕지 붙인 선수들도 보였다.

대기실에서 여러 선수들을 인터뷰하는 와중에 뜻하지 않은 인물을 만났다. 74세의 재미 교포 김명준 씨이다. 그는 '7대륙 최고봉 최고령 완등자'로 2007년 기네스북에 오른 산악인이다. 2003년부터는 북극과 남극 마라톤을 포함해 8개 대륙의 대표적인 마라톤을 모두 완주하기도 했다. 바이칼 마라톤은 처음이라고 하는데, 연세가 있는 만큼 완주하는 동안 별일은 없을까 약간 염려되었다.

드디어 출발. 200여 명이 한꺼번에 달려 나가는 모습을 공중에서 드론으로 촬영한 영상을 보니 가히 장관이다. 광활한 바이칼 호수는 눈으로 덮여 있다. 사방을 둘러봐도 온통 눈밭인데 그 가운데로 마라톤 코스가 나있다. 주최 측이 눈을 쓸어내 길을 만든 것이다. 끝도 없이 이어진 눈길을 선수들은 묵묵히 달린다. 평지를 달리는 것보다 눈길을 달리는 것은 당연히 힘들 수밖에 없다. 네덜란드에서 온 에릭 선수는 "때로 눈이 너무 많아서 발을 디디기도 힘들다. 발목에 심각한 무리가 오기도 한다."라고 말했다. 그런데도 선수들은 시종일관 웃음을 잃지 않고 밝은 표정이다. 무엇보다 신선한 공기와 때 묻지 않은 자연환경 때문이란다. 세계 최고의 청정 지역인 바이칼이 주는 묘한 매력이 선수들에게 무한 행복감을 선사하지 않았을까.

골인 지점에 도착한 선수들의 모습은 각양각색이다. 피곤에 지쳐 큰대자로 뻗은 채 한동안 일어나지 못하는 사람, 샴페인을 터뜨리며 완주를 축하하는 사람,…… . 올해는 날씨가 화창해서 그런지 기록이 지난해보다 좋았다. 올해 우승자는 폴란드의 마제르스키 선수로 2시간 53분 26초를 기록했다. 지난해 우승자는 3시간 55분 51초였다. 마제르스키 선수는 지난해

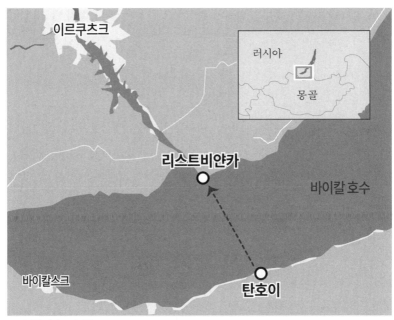

◆ 바이칼 아이스 마라톤 코스

◆ 재미 교포 김명준 씨

에도 참가했었는데, 올해는 날씨가 환상적으로 좋아서 더 빨리 뛸 수 있었다고 말했다. 김명준 씨도 4시간 25분의 기록으로 여유롭게 완주했다. 그는 "아주 즐기면서 잘 뛰었다. 바이칼 경치를 즐기면서 뛰었고, 특별히 힘든 건 없다."라고 완주 소감을 밝혔다.

대회 주최 측 알렉세이 대표는 "대회의 모토는 '깨끗한 물을 지키자'이다. 10여 년 전 2회 마라톤 대회를 개최할 때 일이다. 당시 '트랜스네프트'라는 석유 회사가 바이칼 호숫가에 석유 수송 파이프라인을 건설하려고 했는데 마라톤 참가 선수 전원이 대통령에게 파이프라인 건설에 반대하는 탄원서를 써서 결국 무산시킨 적이 있다. 우리는 대회 참가자들이, 자연은 사람보다 더 살아 움직인다는 사실과 깨끗한 물의 가치를 알게 되기를 바란다."라고 말했다.

3월 17일에는 리스트비얀카에서 아이스 골프 대회가 열렸다. 아이스 골프 대회는 9홀, 총 길이 2,020m를 최저타 방식으로 도는 경기이다. 티 오프, 즉 경기 시작 때는 눈 위에 매트를 깔지만 그다음부터는 사방이 온통 눈밭이다. 하얀 눈밭에서 찾기 쉽도록 빨간색 형광 골프공을 사용한다고 하지만, 공을 찾는 것이 말처럼 쉬운 일이 아니다. 러시아 선수 콘스탄틴은 눈밭에서 공을 찾기란 거의 불가능에 가깝다고 너스레를 떨었다. 매 홀마다 홀컵 주변은 퍼팅을 쉽게 하도록 눈을 말끔히 치워 얼음이 드러나 있다. 여기서는 공이 너무 잘 튀어 문제가 된다. 러시아 선수 알렉산드르는 "(홀컵 근처로 공을 올려놓기 위해) 칩샷을 매우 정교하게 하지 않으면, 공이 아스팔트 위에서처럼 통통 튀기 때문에 생각보다 더 멀리 굴러간다."라고 애로 사항을 털어놓았다.

이렇게 우여곡절이 많은데도 참가자들은 마냥 즐거워했다. 장엄한 바이

◆ 아이스 마라톤 대회, 출발

◆ 우승자 세리모니

◆ 눈 위에서 골프

칼의 풍경들이 모든 스트레스를 날려주는 모양이다. 한국 선수 김성진 씨
는 "바이칼 호수가 너무 깨끗하고 너무 시원해서 좋다. 너무나 좋은 환경에
서 다른 나라 선수들과 친교를 다지는 것이 너무나 행복하다."라고 말했다.
아이스 골프 대회에는 한국, 중국, 러시아, 벨기에 등에서 45명이 참가했는
데 한국 선수가 나란히 1, 2위를 차지했다. 지난해 대회에서도 한국 선수
가 1등을 차지한 바 있다.

　바이칼 호수에서는 3월 말까지도 겨울 스포츠 행사가 가능하다. 그만큼
얼음이 두껍게 얼기 때문이다. 노수로프 아자트 이르쿠츠크 기상청장은 "겨
울 바이칼의 얼음 두께는 보통 55~105cm에 달한다. 4월까지 얼음이 계
속 두꺼워지는데, 보통 최고 두께는 3월 말에서 4월 초에 형성된다. 그래
서 3월 내내 바이칼 얼음 위에서 걷고 달릴 수 있고 심지어 차가 달릴 수
도 있다. 그만큼 안전하다."라고 말했다. 여기서 바이칼 사람들의 역발상이
빛을 발휘했다. 겨울이 7개월 이상 지속되는 러시아. 여름보다는 추운 겨

울에 관광객이 적은 게 사실이다. 지난 2002년부터 바이칼 사람들은 '짐니아다'로 불리는 문화·관광·스포츠 축제를 고안해냈다. 아이스 마라톤 대회와 아이스 골프 대회는 그 축제의 일환이다. 결과는 성공적이었다. 2012년 겨울 시즌에 7만 5,800명이던 외국 관광객이 2016년에는 15만 6,800명으로 늘었다. 예카테리나 이르쿠츠크 관광청장은 "지난 5년 동안 바이칼을 찾은 관광객이 80% 가까이 급증했다. 짐니아다 축제 덕분에 겨울 관광객이 늘어난 것이다. 해마다 평균 20%씩 겨울 바이칼을 찾는 관광객이 늘고 있다."라고 밝혔다. 세계 최고의 청정 지역인 바이칼 사람들은 다양한 스포츠로 긴 겨울을 이겨내면서 동시에 관광객을 불러 모으는 데도 성공했다. 평창 동계올림픽 이후의 관광 수요를 걱정하는 우리에게는 타산지석이 아닐까 싶다.

그러나 세계 최고의 청정 지역, 천혜의 생태 보고인 바이칼 호수가 요즘 환경 오염 문제로 고민이 많아지고 있다. 관광객들과 캠핑객들이 버린 쓰레기와 사람들이 마구 버린 그물들이 강바닥에 여기저기 얽혀 있어서 바이칼 호수의 부영양화를 일으키고 있다고 한다. 부디 이 천혜의 자연인 바이칼이 깨끗하게 유지될 수 있는 지혜를 러시아가 찾기를 바라는 마음이다.

바이칼 호수 근처 부랴트 공화국 사람들

매주 목요일 오후에 외신 기자들을 상대로 러시아 외무부 대변인이 정례

---

* 짐니아다(Зимниада) : 지마(Зима : 겨울)와 올림피아다(Олимпиада : 올림픽)를 합쳐 만든 단어로, '겨울에 하는 스포츠 축제'라는 뜻이다.

정책 브리핑을 실시한다. 2016년 10월 13일 마리야 자하로바 외무부 대변인이 브리핑에서 한국과 관련해서 독특한 문제를 언급했다. 한국 공항에서 입국을 거부당하는 러시아인들을 언급한 것이다. 자하로바 대변인의 말이다. "이미 러시아 외무부 웹사이트에 공지했지만, 다시 한번 한국 공항에서 입국을 거부당하는 러시아 시민들에 대해 언급하겠다. 최근 한러 간 비자 면제 협정을 이용해 한국으로 일하러 가는 러시아인들이 부쩍 늘었다. 다시 한번 강조하지만, 2013년 11월 체결된 한러 간 비자 면제 협정은, 일할 목적으로 한국에 입국하는 러시아인에게 비자를 면제해주는 것이 아니다. 공항에서 입국을 거부당할 경우, 돌아오는 비행기 편 등 모든 비용은 본인이 부담해야 한다는 것을 명심해야 한다. 노파심에서 당부하는데, 취업 비자 없이도 별문제 없이 입국장을 통과할 수 있다고 말하는 (한국 측) 비양심적인 고용주나 에이전트의 말을 절대 믿어서는 안 된다. 다시 한번 주의를 주는데 모든 법적 책임은 여행자 본인에게 돌아간다."

한러 간 비자 면제 협정은 2014년 1월 1일부터 발효됐고, 양국 국민들은 60일 이내에 한해 비자 없이 상대국을 방문할 수 있게 됐다. 일할 목적으로 상대국을 방문할 경우엔 당연히 미리 취업 비자를 받아야 한다. 그런데, 이 제도를 이용해 취업 비자 없이 입국하려는 사람들이 많아졌다는 얘기이다. 한국 공항 입국장에서는 행색이 특이하거나 수상쩍은 사람은 꼬치꼬치 숙박지나 향후 일정 등을 캐물어 취업 목적으로 입국하려는 사람들을 가려내 본국으로 돌려보낸다는 말이다.

한국 출입국관리사무소에 문의해보니, 이런 식으로 입국을 거부당한 러시아인들이 2015년엔 1,000명 미만이었는데 2016년 8월에만 이미 3,000명을 넘어섰다고 한다. 갈수록 입국을 거부당하는 러시아인들이 늘고 있다

◆ 러시아 외무부 정례 브리핑

는 말이다.

러시아는 현재 75개 정도 나라들과 비자 면제 협정을 체결한 상태이다. 독립국가연합과 중앙아시아, 남미 국가들이 대부분이고, 아시아에서는 한국, 홍콩, 몽골, 베트남, 인도네시아 정도이다. 우크라이나 사태에 따른 서방의 경제 제재와 유가 하락 등으로 러시아 경제가 심각한 불황에 빠져 러시아 젊은이들이 일자리가 부족해지자 더 나은 일자리를 찾아, 입국이 쉬워진 한국을 대거 찾고 있다는 분석이다.

러시아의 유명 TV 채널인 '러시아 24'는 9월 17일, 러시아의 극동 이르쿠츠크 주의 바이칼 호수 근처에 있는 부랴트 공화국 사람들이 한국에서 일하고 있는 실태를 특집 프로그램으로 방송했다. 바이칼 호수는 종종 한민족의 시원지로 언급되는데, 바이칼 호수 근처에 사는 부랴트 사람들은 한국 사람과 외모가 비슷한 몽골족의 후예로 알려져 있으며, 한국 사람과 선뜻 구별하기 힘들 정도로 거의 똑같이 생겼다.

'러시아 24'는 부랴트 공화국 가용 노동력의 70% 정도인 13만 명 정도

◆ '러시아 24' 보도 화면

가 한국에서 일하고 있다고 소개했다. 젊은 여성들은 식당 종업원으로, 나이 든 여성들이나 남성들은 공장, 건설 현장, 과일·채소 농장에서 일하고 있다고 한다. 부랴트에서 월평균 임금은 2만 9,000루블(52만원)인데 비해, 한국에서는 9만~20만 루블(160만~360만원)을 받는다고 한다. 러시아 연방 정부가 부랴트 공화국에 지급하는 보조금이 연간 130억 루블(2,300억 원)인데, 한국에서 일하는 부랴트 사람들이 본국에 송금하는 금액이 연간 40억 루블(720억 원)에 달한다고 한다.

이들 대부분이 취업 비자 없이 무비자로 한국을 방문하고 있다고, '러시아 24'는 전했다. 또 다른 러시아 언론 '라이프 뉴스'도 8월 16일 자 특집 기사에서, 부랴트 사람들의 한국 취업 실태를 보도했다. 비자 면제 협정이 발효되자 부랴트 사람들이 대거 한국으로 몰려들었고, 한국 당국에서는 부랴트에서 입국하는 사람들을 면밀히 검토하기 시작했다고 전했다. 귀국

항공편은 있는지, 단순 관광객인지 아니면 취업 노동자인지 등을 까다롭게 따지기 시작해서, 입국을 거부당해 되돌아가는 부랴트 사람들이 20% 정도라고 소개했다. 라이프 뉴스는 "현재 한국은 '이민 위기'에 직면해 있다."라고 전했다.

05
잊지 못할
취재

가장 힘들고 위험했던 체르노빌 취재

모스크바 특파원 3년 동안 가장 힘들었던 취재가 무엇이었느냐고 묻는다면, 나는 단연 체르노빌 원자력 발전소(이하 원전) 취재를 꼽는다. 힘든 취재로 말한다면야 영하 50도 이하의 강추위가 몰아치는 야쿠티아 공화국도 있고 섭씨 50도가 넘는 카스피 해 근처 칼미크 공화국도 있었다. 하지만 그곳에서 겪은 육체적 고통보다는 체르노빌 원전을 취재하며 겪은 정신적 스트레스가 훨씬 견디기 어려웠다.

체르노빌 원전 사고는 인류 역사상 최악의 원전 사고 중 하나로 기록돼 있다. 그곳은 아직도 방사능에 오염돼 있다. 우리 몸에 영향을 미치는 방사능 물질인 세슘-137과 스트론튬-90의 반감기＊는 30년, 플루토

＊ 반감기(半減期) : 방사성 원소나 소립자가 붕괴 또는 다른 원소로 변할 경우, 그 원소의 원자 수가 최초의 반으로 줄 때까지 걸리는 시간.

늄-239의 반감기는 2만 4,300년에 달한다. 방사능은 눈에 보이지 않기 때문에 공포감이 더욱 증폭되는 경향이 있다. 나는 이라크 전쟁과 캄보디아 지뢰밭 등 분쟁 위험 지역을 여러 번 취재한 경험이 있지만, 방사능 오염 지역 취재는 처음이었다. 나를 위협하는 상대가 테러리스트나 총알, 폭발물 같이 눈에 보이는 것이 아니라 눈에 보이지 않는 방사능이라는 것이 공포스러워 스트레스가 더욱 가중됐다.

2016년 4월은 우크라이나의 체르노빌 원전 사고가 발생한 지 꼭 30년이 되는 해였다. 그런 만큼 한국 사람들에게 원전 사고에 대한 경각심을 불러일으키고 싶었고, 또 개인적으로는 체르노빌의 현재 상태가 어떤지 궁금하기도 했다. 우크라이나는 내가 관할하는 지역이니 본사에 취재 계획을 알렸다. 사고 발생일인 4월 26일 직전 일주일 정도를 취재 기간으로 정하고 체르노빌 원전 측과 벨라루스 고멜 시에 취재 협조 공문을 보내는 등 취재 일정을 짰다.

여기까지는 용감하게 했는데 그 이후에 방사능에 대한 공포가 스멀스멀 피어오르더니 머리를 꽉 채웠다. 보이지 않는 방사능 위협에 대체 어떻게 대처한단 말인가? 우선 회사 안팎으로 체르노빌을 다녀온 기자들을 수소문해서 자문을 받았다. 그들이 전해준 조언을 정리해보자면 다음과 같다.

우선 방사능 오염 지역으로 들어서면 내 마음대로 행동해서는 안 된다. 특히 깊은 숲속이나 그늘진 곳 등은 아직도 방사능이 고농도로 농축돼 있으니 접근하지 않는 것이 좋다. 또 한 가지 중요한 조언은, 오염 지역 취재를 마치고 나오면 머리끝부터 발끝까지 몸에 걸쳤던 모든 옷가지와 신발을 버리라는 것이다. 혹시나 방사능이 묻어 있을지도 모르기 때문이다. 취재 후 지역 온천이나 사우나에서 깨끗이 목욕하는 일도 잊지 말아야 할 조언이다. 마지막 조언은 취재를 마친 뒤 서울 원자력병원에서 방사능 오염 여부 검사를 받는 일이다. 특히 염색체 변형 여부 검사가 중요하다는 조언을 받았다. 과거에 체르노빌 취재를 다녀온 기자들 중에는 염색체 변형이 발견된 사람도 있었다. 염색체 변형이 일어나면 암이나 백혈병 등의 질병이 발생할 위험이 높아진다. 예를 들어 100mSv*에 노출될 때 백혈병 발생 위험이 1% 증가하는 것으로 알려져 있다.

그런데 이런 조언을 받으니 오히려 공포심과 두려움이 더 커졌다. 귀한 조언에 따라 원전 취재 당일 입을 겉옷과 속옷, 신발 등은 버려도 덜 아까울 낡은 것들로 챙겨서, 4월 15일 체르노빌 취잿길에 올랐다.

1986년 4월 26일 새벽 1시 23분. 우크라이나의 수도 키예프에서 북쪽으로 104km 거리에 있는 체르노빌 원전에서 강력한 폭발이 일어났다. 원전 직원이 전력 통제 시스템을 시험하다 원자로가 폭발하는 바람에 방사성 물질 10톤 이상이 대기 중으로 방출됐다. 1945년 일본 히로시마에 원자 폭탄이 떨어졌을 때보다 400배나 더 큰 '핵 오염' 사고였다. 이 사고로 정부 추산 10만 명, 민간 추산 100만 명가량이 숨지고 33만 명 정도가 피난길에 올랐다.

30년이 지난 현재 체르노빌은 어떤 모습일까?

체르노빌 원전 반경 30km 지역은 여전히 출입 통제 구역이었다. 원전을 30km 앞둔 곳에 검문소가 있었다. 방문 희망자는 우크라이나 정부로부터 사전 허가를 받아야 하고 이곳 검문소에서부터 안내인과 동행해야 했

---

* 시버트(Sv) : 방사선이 인체에 흡수된 수치인 '피폭량'의 단위. 밀리시버트(mSv), 마이크로시버트(μSv) 등이 있다.

다. 검문소에서 '방문자 수칙'이라는 것을 고지받았다. "출입 통제 구역에서는 최대한 온몸을 가리는 옷과 신발을 착용한다. 통제 구역에서는 아무 데나 앉거나 만지지 않는다. 정해진 루트를 절대 이탈하지 않는다. 어떤 물건이든 반출하

◆ 방사선 계측기

지 않는다." 등 지켜야 할 준수 사항과 금지 사항 등 10여 가지가 넘는 조항들을 읽고 사인해야 했다.

안내인이 방사선 계측기를 가져와서 대기 중의 방사능 정도를 보여줬다. 검문소에서 원전까지 가는 길에서는 대략 0.12~0.4 μSv/h 정도였다 (1 μSv/h는 시간당 1 μSv만큼의 방사능이 나온다는 의미다. 0.1~0.4 μSv/h는 일상생활에서도 검출되는 양이다.). 그런데 원전으로 가까이 갈수록 계측기에서 요란하게 소리가 나는 동시에 수치가 올라갔다. 나의 심장 박동 수도 덩달아 상승했다. 사고가 난 원전 4호기 근처는 5.0~6.0 μSv/h 수준이었다. 체르노빌 전역에서 지금도 길옆 숲속이나 물웅덩이 근처에서는 일상 수준의 20~30배 이상으로 계측기 수치가 급상승한다고 했다.

원전 4호기가 있는 곳으로 가는 동안 안내인이 체르노빌 원전에 대한 이런저런 이야기를 들려주었다. 다음은 그가 들려준 이야기이다. 사고 당시 체르노빌에는 4개의 원전이 가동 중이었고, 5·6호기가 건설 중이었으나 사고 직후 5·6호기 건설은 중단됐다. 나머지 원전은 2000년까지 가동하다가 이제는 폐로 작업이 진행 중이다. '폐로 작업(Decommision)'이란 원전 등 핵 시설물의 영구 정지 후 방사성 오염 물질과 시설을 철거하고 원전이

들어서기 이전의 자연 상태로 되돌리는 전 과정을 말한다.

폐로 작업에서 가장 처리하기 힘든 것이 '사용 후 핵연료'이다. 사용 후 핵연료는 사람이 1m 거리에 17초만 있어도 한 달 안에 사망할 수 있는 치명적인 물질이다. 체르노빌 원전의 1·2·3호기에서 사용 후 핵연료를 모두 수거해 단지 내 사용 후 핵연료 저장소로 옮겨놓았다고 했다. 현재 사용 중인 사용 후 핵연료 저장소는 소련 시절 지은 습식 저장소인데, 이것은 지진 등 강한 외부 충격 시 문제가 발생할 소지가 있어 최근 건식 저장소로 바꾸는 작업이 진행 중이라고 했다.

안전하고 신속한 폐로를 원하지만, 결국은 돈이 문제이다. 체르노빌 원전의 폐로 작업에는 총 40억 달러가 소요될 예정이고, 한국 등 40여 개 나라에서 기부했지만 아직도 전체 소요 금액의 60% 정도밖에 안 된다고 했다. 돈이 부족하면 작업이 더딜 수밖에 없고, 또다시 치명적인 위험에 노출될 수도 있다.

이야기를 들으며 걷다 보니 사고가 난 원전 4호기가 있는 곳에 다다랐다. 원전 4호기는 30년 전과 마찬가지로 여전히 을씨년스런 모습이었다. 그 현장을 2,600여 명의 작업자들이 분주히 오가고 있었다. 안내인이 새로운 철제 방호벽을 건설하는 사람들이라고 말해주었다.

4월 26일 폭발이 일어난 뒤 7개월이 지나서야 소련 당국은 폭발한 원자로 4호기 잔해와 오염 물질을 콘크리트로 덮어씌우는 응급 처치 작업을 끝내고 방사능 물질 유출을 차단했다. 하지만 시간이 흐르면서 콘크리트 구조물에 금이 가는 등 붕괴 우려가 커지고 방사능 물질 유출 위험이 고조됐다. 4호기 원자로에는 아직도 방사능 물질의 95%가 그대로 남아 있어서 원전 당국은 원전 옆에 철제 방호벽을 새로 설치할 필요를 느꼈던 것이다.

◆ 사고 당시 체르노빌 원전

◆ 체르노빌 검문소

◆ 체르노빌 원전 4호기

　새로운 철제 방호벽은 높이 109m, 너비 260m, 무게 3만 톤의 스테인리스 강철로 만드는 중이었다. 새 방호벽의 목적은 기존 방호벽 내 방사능 물질로부터 주변 환경을 보호하는 것인데, 앞으로 100년 동안 방사능 물질의 유출을 차단한다고 했다.

　2010년 새 방호벽 제작에 착수했는데, 워낙 덩치가 커서 2개로 나누어 제작한 뒤 2015년에 하나로 합쳤다. 이렇게 만들어진 방호벽을 원전 4호기로 이동시키는 중이었다. 구조물의 하단에 설치한 대형 유압식 동력 장치를 이용해서 3만 6,000톤의 거대한 철제 구조물을 이동시키는 것이다. 동력 장치를 한 번 작동하면 방호벽이 60cm 이동한다고 했다. 원전 4호기까지 거리는 327m이다. 원전 측은 방호벽을 이동시키는 데 걸리는 시간을 5일 정도로 보고 있었다.

　체르노빌 원전 측은 "새로운 철제 방호벽은, 이제껏 지상에서 만들어진

◆ 건설 중인 철제 방호벽

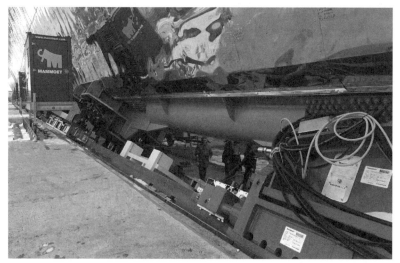

◆ 유압식 동력 장치

이동식 구조물 중에서 가장 큰 규모"라고 설명했다. 방호벽을 제작하는 데 들어간 비용은 15억 유로, 우리 돈으로 1조 8,800억 원이 넘는다. 쉐크스텔로 원전 PR 매니저는 "새 방호벽의 수명 기한(100년) 내에 4호기 원자로 안에 있는 방사능 물질을 제거할 것"이라고 밝혔다.

이렇게 원전 취재를 한 지 3년이 지난 2019년 7월 10일 드디어 사고 원자로를 덮어씌운 추가 방호벽이 본격적인 가동에 들어갔다. 철제 방호벽 가동식에 참석한 볼로디미르 젤렌스키 우크라이나 대통령은 기념사를 통해 체르노빌 원전 사고 지역을 관광 중심지로 개발하겠다면서 일반인 관광객들의 체르노빌 원전 지역 출입을 수월하게 하는 대통령령에 서명했다. 젤렌스키 대통령은 참사 장소인 체르노빌 원전에 사람들이 접근하지 못하도록 겁을 줄 것이 아니라 이 지역을 학술 및 관광 중심지로 만들어야 한다고 강조했다. 아울러 소개 구역 내 사진 촬영 금지 등 다른 제한 조치들도 해제할 것이라고 말했다.

원전 북쪽 2km 지점에 프리퍄트(Припят, 영어로는 Pripyat)라는 마을이 있다. 지금은 폐허로 변해버린 유령 도시이지만, 사고 당시 원전 근로자 5만여 명이 살던 지역이다. 숲으로 둘러싸여 있고 대형 쇼핑몰과 놀이 시설 등이 갖춰져 1986년 당시 소련에서 가장 앞선 최첨단 계획 도시였다. 삶의 질이 높은 쾌적한 도시였건만, 사고 이튿날 주민 전부가 다른 지역으로 피난을 떠났다. 주민 가운데 4만 4,000여 명은 수도 키예프 동쪽 외곽 발자크 거리로 이주했다.

발자크 거리로 이주한 65세 트리셰바 씨는 두통, 심장병, 고혈압 등 30여 가지 질병에 시달리고 있었다. 남편은 1998년에 심장병으로 숨졌고, 딸은 갑상선 질환을 앓고 있었다. 지난 30년 동안 프리퍄트에서 이주해온 주민

◆ 키예프 발자크 거리

가운데 40% 정도가 각종 질병으로 숨졌다고 했다. 이들을 돕고 있는 시민 단체 '짐리끼'에 따르면, 이주민들이 우크라이나 정부로부터 받은 지원은 일인당 4,000루블, 가구당 1만 루블이 전부라고 했다. 각종 질병에 시달리고 있는 현재, MRI 등 각종 의료 진단비나 병원 치료비는 전부 개인이 알아서 지불해야 한다고 했다. 이들은 우크라이나 정부의 지원은 한계가 있다며 국제 사회의 도움을 호소했다.

위험에 노출된 관광객

체르노빌 원전을 취재하며 인상적이었던 것은 무시로 돌아다니는 관광객들이었다. 우크라이나 정부는 2012년부터 본격적으로 관광객들에 원전 사고 현장을 개방했다. 재난 현장을 관광 상품으로 만든 이른바 '다크 투어리즘(dark tourism)'의 하나이다. 일인당 비용은 250달러 정도라고 했다. 이들은 원전 4호기 근처와 폐허로 변한 프리퍄트 마을 등을 둘러본다. 취재

◆ 프리퍄트 마을을 찾은 관광객들

도중 만난 관광객만 30명이 넘었다. 방사능 공포 때문에 올 수 있을까 싶었는데 의외로 많은 사람이 보러 오는 것이다.

발트 해 리투아니아에서 온 관광객은 방사능 공포가 없는 것은 아니지만, 우크라이나 정부가 개방했을 때는 믿을 만한 구석이 있지 않겠느냐며 오히려 나를 안심시켰다. 프라하에서 온 관광객은 체르노빌 방문이 자신의 버킷 리스트[*] 중의 하나였다고 말했다. 일본 관광객들도 다수 눈에 띄었는데, 자신들도 후쿠시마 원전 사고를 겪었기 때문에 동병상련의 심정으로 찾았다고 했다. 다행히 원전을 방문한 뒤 방사능으로 피해를 본 관광객들은 아직 보고된 바 없다.

체르노빌 관광을 전문으로 하는 여행사 측은 "지난해 관광객이 7만 명

---

* 버킷 리스트(bucket list) : 죽음을 앞둔 사람이 죽기 전에 하고 싶은 일을 적은 목록.

이었으며 올해는 10만 명을 넘을 것으로 예상하고 있다."라고 밝혔다. 관광객의 90%가 미국과 유럽에서 온 외국인들인 것으로 알려졌다. 하지만 일각에선 사고 원전 지역의 안전 조치가 충분히 확보되지 않은 상태에서 일반인 관광을 확대하는 것은 위험할 수 있다는 우려의 목소리도 제기되고 있다.

체르노빌 원전 사고로 피해를 입은 이웃 나라 벨라루스를 취재하러 갔을 때 관광 허용 문제를 물었더니, 벨라루스에서도 관광객들을 받는 문제를 장시간 토론했으나 결국 안전 문제 때문에 허용하지 않는 것으로 결론냈다고 말했다.

남은 사람들의 고통

30년 전 사고는 우크라이나 땅에서 발생했지만, 방사능 구름이 강한 바람을 타고 이동하는 바람에 이웃 나라 벨라루스가 더 큰 피해를 입었다. 벨라루스는 지금도 국토의 25%가 방사능에 오염돼 있다. 가장 오염이 심한 곳이 우크라이나 국경 근처 폴레스키 공원 지역이다.

무려 216만 2,000ha의 땅이 출입 금지 구역으로 묶여 있는데, 암을 유발하는 세슘의 농도가 다른 지역보다 20배 이상 높아 사고 당시 2만여 명의 주민들이 피난을 떠났다. 이곳에서는 현재 100여 마리의 말을 키우면서 방사능이 동물에게 미치는 영향을 연구 중이다. 또 사과나무 등을 심어 오염된 땅에서 깨끗한 농작물을 수확하는 방안 등을 집중 연구 중이다.

벨라루스에서 체르노빌 원전 사고로 피해를 입은 환자는 154만 명에 달한다. 벨라루스 남부 고멜 시에는 이들을 치료하고 임상 시험과 연구도 진행하는 국립 원자력 병원이 있다. 환자들은 일 년에 한 번 병원에 들러 각종 검진과 치료를 받는다. 치료비는 전액 국가가 지급한다. 벨라루스는 원전 사고 직후 방사능 연구소와 병원을 설립해 국가 차원에서 사후 처리에 총력을 기울였다고 한다.

고멜 시에는 체르노빌 원전 사고 수습을 총괄하는 부서가 있다. 그 부서의 부대표인 리시우크를 인터뷰할 때, 그녀의 책상 위에는 일본 기자들의 명함이 수북이 쌓여 있었다. 아마도 일본 기자들은 2011년 3월 11일 발생한 후쿠시마 원전 사고와 관련해 체르노빌 사고에서 타산지석의 교훈을 얻기 위해 취재하러 오는 것 같았다. 일본 기자들은 대체로 어떤 질문들을 하느냐고 물었더니, 3가지 정도라고 대답했다.

"첫째는 오염된 땅에서 어떻게 깨끗한 농작물을 재배할 수 있는가? 둘째 오염 물질은 어떻게 처리하고 있는가? 셋째 (방사능 공포에 대한) 사람들의 심리 치료는 어떻게 진행하고 있는가? 등이다. 실제로 벨라루스에서는 30년이 지난 지금도 피해 지역 주민들의 심리 치료에 주력하고 있다."

30년 전 인류 최악의 원전 사고로 우크라이나, 벨라루스, 러시아 3개국이 집중적으로 피해를 봤지만, 사실 유럽 전체가 피해를 입은 것으로 보고되고 있다. 수백만 명이 아직도 본인은 물론 후손들까지 방사능으로 인한 각종 병으로 고통받고 있다. 방사능은 정상 복구까지 몇백 년, 몇천 년이 걸릴지 모른다. 그 보이지 않는 공포 때문에, 체르노빌 원전 사고는 여전히 현재 진행형이다.

◆ 벨라루스 폴레스키 공원

◆ 벨라루스 고멜 원자력 병원

◆ 체르노빌 사고 추모비

◆ 유리 가가린 우주센터의 우주 정거장 모형

우주에서 가장 오래 머문 우주인

겐나디 파달카라는 우주인이 있다. 그는 지금까지 5차례의 우주 비행 임무를 완수했다. 생애 통산 879일, 무려 2년 5개월을 우주 공간에 머물러 이 분야 신기록을 세웠다. 2차례 우주 비행에서는 각각 200일 정도를 우주 정거장에 머물렀다.

그 비좁은 공간에서 어떻게 그렇게 긴 시간 동안 견딜 수 있었을까? 결론부터 얘기하자면, 강인한 정신력과 체력이 뒷받침해주지 않으면 안 된다고 한다. 2016년 4월 우주 공간에서 가장 오래 머문 사나이, 겐나디 파달카(57세)를 만나기 위해 '유리 가가린 우주비행사 훈련센터(이하 우주센터)'를 찾았다.

유리 가가린 우주센터는 1960년 1월 11일 설립됐다. 1년 뒤 첫 졸업생이 배출됐고, 1961년 4월 그중 한 사람인 유리 가가린이 세계 최초로 우주 비

◆ 오른쪽이 겐나디 파달카

◆ 소유스 우주선 모형

행에 성공해, 인류 최초의 우주인이 됐다. 그의 이름을 따서 '유리 가가린 우주센터'로 명명되었다. 이 우주센터에는 국제우주정거장 모형, 소유스 우주선 모형, 중력 가속도 체험 장비, 우주복 착용 실험실 등 다양한 우주비행사 체험 장비들이 갖춰져 있다. 우주비행사 한 명을 배출하는 데는 최소 6년의 훈련 기간이 필요하다고 한다. 1층 복도에는 그동안 이 우주센터를 거쳐 간 세계 각국 우주인들의 사진이 걸려 있다.

재미있는 것은, 미국의 우주인조차 국제우주정거장에 가기 위해 러시아의 소유스 우주선을 이용한다는 사실이다. 미국은 챌린저 호 폭발 사고 이후, 2011년 7월을 마지막으로 우주 왕복선 사업을 접었다. 지상에서는 이념의 차이로 다투고 상처를 주지만, 우주 공간에서는 같은 목표를 놓고 서로 협력하는 것이다.

다음은 파달카와 가진 인터뷰 전문이다.

파달카와 가진 인터뷰 전문

Q. 우주 정거장에서 하루 일과는 어떻게 진행되는가?

A. 지구에서처럼 아침 6시나 6시 반에 일어나면서 하루 일과가 시작된다. 일어나서 면도, 양치질, 세수를 하고 아침 식사를 한다. 아침 식사 후에는, 모스크바, 휴스턴, 츠쿠바 센터 등 지구상 각국의 컨트롤 센터와 하루 일과를 배정하는 화상회의를 한다. 그런 다음 하루 일과를 시작하는데, 보통 과학 실험, 장비 교체, 우주유영 준비 등 각자가 고유한 업무를 수행한다. 점심 식사 전에는 운동을 한다. 반드시 하루에 2시간 반 정도 운동을 한다. 러닝 머신도 있고, 체력 측정용 자전거 등이 있다. 운동하지 않으면 살아남을 수 없다. 운동 후 점심을 먹고 다시 일과를 계속한다. 하루 일과는 저녁 6시나 7시쯤 끝나는데, 마무리 회의를 하고 나면 보통은 자유 시간이다. 영화를 보기도 하고, 인터넷을 검색하기도 한다. 우주 정거장에 와이파이(Wifi)가 있어서 원하는 자료를 다운로드할 수 있다. 지구상 어느 곳과도 연결되는 전화가 있어 화상 통화를 하기도 한다. 음악을 듣기도 하고 사진을 찍기도 한다. 우주 정거장 창문을 통해 지구의 모습을 촬영하면 아주 선명하게 찍힌다.

◆ 우주 정거장 모듈

Q. 무중력 상태에선 어떤 느낌인가? 불편한 점은 없는가? 잠은 잘 오는가?

A. 무중력 상태에선 무거운 화물을 옮기기 쉽다, 지구에선 하기 힘든 일인데. 그러면 쉽지 않은 일은? 무엇이든 고정시켜야 한다는 것이다, 밥 먹을 때도. 그렇지

않으면 날아가버리니까. 잠자는 것은? 여기서는 위아래 개념이 없다. 때로는 거꾸로 서서 잠자기도 한다. 처음에는 정신적으로 이런 것에 적응하기 매우 힘들다. 그러나 습관이 되면 괜찮다. 물론 적응 단계를 거쳐서 말이다.

Q. 우주 공간에 오래 머물다 보면 외로움, 우울증 같은 것은 없는가?

A. 물론, 우주 정거장은 폐쇄된 공간이고, 아주 한정된 사람들과 생활하는 곳이다. 그래서 정신적 지원을 해주는 그룹이 있다. 의사나 심리학자들과 화상으로 개별 면담을 갖기도 한다. 중요한 것은, 개개인이 어떤 극한 상황에서도 견뎌낼 수 있을 만큼 정신적으로 강해야 한다는 것이다. 여기서는 한 가지 금언(golden rule)이 있다. "절대 다른 사람과 벽을 쌓지 말 것." 당신의 자유가 다른 사람의 자유를 침해해서는 안 된다. 승무원 전체의 생명이 각각의 사람에게 달려 있다. 그래서 안전이 최우선이긴 하지만, 선내 분위기는 민주적이어야 한다. 그것이 우리가 외로움을 극복하는 길이다.

Q. 우주에서 바라본 지구의 모습은 어떤가?

A. 지구만큼 아름다운 '공(ball)'은 없는 것 같다. 북극의 오로라와 남극의 오로라는 색깔이 다르다. 북극의 오로라는 녹색이고, 남극의 오로라는 자주색이다. 도시의 야경은 정말 아름답다. 낮에는 스모그가 끼어 별로인데, 밤에는 중국·한국의 도시들 야경이 환상적이다. 일몰과 일출도 아름답다, 물론 순식간에 지나가버리지만.

Q. 우주 공간에서 그리웠던 것은?

A. 지구적인 것들이 그리웠다. 비, 바람 소리 등 자연적인 것들이 무척 그리웠다

다. 풀 냄새도 그리웠다. 우주 정거장에는 온도가 항상 일정하니까 덥거나 추운 것도 그립고.

Q. 최근 영화 「마션」에서 작물을 재배하는 장면이 나오는데, 가능한 일인가?

A. 사실이다. 우주 정거장에 온실이 있어서 작물을 재배한다. 나는 땅콩, 무, 밀을 키웠다. 내 동료는 샐러드 잎을 키워서 실제로 먹기도 했다. 우리에겐 올리브 오일도 있어서 지구에서와 같은 샐러드 맛을 느껴보기도 했다.

Q. 우주 개발에 있어 국제 협력은 어떻게 가능한가?

A. 이것은 소유스 우주선 모형이다. 소유스 우주선은 국제우주정거장까지 우주인을 데려다줄 교통수단이자 유사시에는 탈출선 역할을 한다. 미국 우주인도 러시아 소유스 우주선을 이용한다. 오늘날 소유스 우주선이 유일한 교통수단이어서, 우주에서 국제 협력의 아주 좋은 사례가 되고 있다. 지상에서는 정치적으로 몇 가지 의견 충돌이 있다는 점을 나도 이해한다. 그 때문에 러시아가 제재를 받고 있기도 하다. 그러나 러시아는 우리 파트너들에게 값을 매길 수 없는 도움을 제공하고 있지 않은가. 정말 하늘에 감사할 일이다. 우리의 지도자들과 파트너들의 지도자들이, 지상에서 의견 충돌이 일어나더라도 우주 개발에 영향을 미치지 않는 지혜를 갖고 있다는 사실이 말이다. 따라서 우리가 협력하면 장거리 우주 비행도 충분히 가능해진다.

Q. 한국과 러시아가 우주에서 협력할 수 있을까?

A. 나는 한국과 러시아가 미래의 파트너가 되기를 희망한다. 한국은 전자 분야가 아주 잘 발달돼 있다. 러시아는 좋은 로켓이 있다. 한국과 러시아는 우주 개발 프

로젝트뿐만 아니라 환경 분야, 특히 우주 쓰레기를 처리하는 문제에서 잘 협력할 수 있다. 한국으로부터 값을 매길 수 없는 도움을 받을 수 있을 것 같다.

◆ 겐나디 파달카와 소유스 우주선 내부

◆ 우주복

06
소련과
러시아

소련에 대한 향수

1989년 12월, 미국과 소련은 정상회담을 통해 "냉전이 끝났다."라고 선언했다. 미국은 소련에 대한 봉쇄 정책을 종결하겠다고 했고 소련은 핵무기 감축에 동의했다. 개혁과 개방이라는 소련의 새로운 대외 정책이 가져온 결과였다. 소련의 지도자 고르바초프는 앞으로 동유럽에 개입하지 않을 것이라 선언했고, 소련 내에서도 공산당 이외의 정당을 허용하고 민주적인 선거를 통해 새로운 정치 질서를 만들겠다고 약속했다.

1989년 헝가리를 시작으로 동유럽 모든 국가에서 민중들이 봉기했다. 공산당 정권은 무너졌고, 동독이 서독에 흡수되는 형태로 독일이 통일되었다.

1991년 8월 모스크바에서 쿠데타 시도가 일어난 뒤 소련 공산당은 급격히 위축되었으며, 그 권력과 특권도 붕괴되었다. 1991년 12월에는 소련이 러시아를 비롯한 15개 공화국으로 분리되면서 세계 최초 사회주의 혁명

◆ 미하일 고르바초프

(1917년)을 통해 형성된 소련이 70여 년 만에 역사 속으로 사라졌다.

1991년 12월 25일, 소련 대통령 미하일 고르바초프는 "독립국가연합(CIS)이 창설됐기 때문에 저는 소련 대통령으로서의 활동을 마칩니다." 단 한 장의 간단한 성명서와 함께 사임을 하고 소련은 역사의 뒤안길로 사라졌다. 이에 앞서 1991년 12월 8일 러시아 대통령 보리스 옐친과 우크라이나 대통령 레오니드 크라브추크, 벨라루스 대통령 스타니슬라프 슈시케비치가 벨라루스 브레스트에 모여, 소비에트 사회주의 공화국 연방이 더는 존속하지 않는다는 데에 합의했다.

러시아 대통령 옐친에게 소련과 소련 지도자 고르바초프는 불편한 존재로 남아 있었다. 전자를 없애면 후자도 자연히 따라서 사라지게 되며, 러시아 연방 내에서 옐친의 권력을 확고하게 해줄 것이었다. 그는 CIS가 소비에트 연방을 대체하고 세계에서 소련이 차지해왔던 지위를 유지할 것이라고 생각했다. 그러나 소비에트 연방 소속이었던 공화국 대다수, 특히 우크라이나는 CIS가 러시아에의 종속을 끝낼 수 있는 수단에 불과하다고 생각했다. 심지어 발트 3국(에스토니아, 라트비아, 리투아니아)은 아예 CIS 가입을 거부했다.

많은 러시아인들은 소련이 소유했던 힘의 상실을 아쉬워했고, 우크라이나가 영구적으로 떨어져나갔다는 사실을 수용하지 못했다. 러시아와 전 소련 회원국들과의 관계는 항상 불편했으며, 이들 중 다수는 러시아가 자국의 내정에 간섭한다고 분노했다. 이들 나라에 거주하는 2,500만 러시아인들은 하루 아침에 외국인이 되어버렸으며, 종종 심각한 차별 대우를 받았다.

러시아 연방 내에 있는 민족 가운데 일부도 독립 투쟁에 나섰다. 1994년 체첸*이 독립을 선언하자 야만적인 전쟁이 발발했다. 러시아 내부에서는 극단적인 민족주의 세력이 등장하여 인종 차별적인 폭력 행위를 서슴지 않았다. 지금도 전 소련 회원국들은 많은 러시아인이 잃어버린 제국을 되찾기를 꿈꾸고 있다는 사실을 너무나 잘 알고 있다.

2016년 12월 25일, 소련 해체 25주년을 맞아 나는 모스크바 시민들을 만나 25년간의 변화와 소련에 대한 평가를 들어봤다. 상당수 러시아인들, 특히 노년층은 옛 소련에 강한 향수를 느끼고 있었다.

71세 류드밀라 쥬라블료바 씨는 전직 회계사로 지금은 연금 생활자이다. 그녀는 "소련 시절에는 모두가 평등했으나 지금은 부자와 가난한 자가 생겼다. 나는 즐거움과 미소, 행복함으로 소련 시절을 회상한다. 우리는 빈곤하게

---

* 체첸: 러시아는 대부분 슬라브족이고 러시아 정교회를 믿는 반면, 체첸은 주로 체첸족과 인구시족으로 구성되어 있으며 국민 대다수가 이슬람교(수니파)를 믿는다. 또한 체첸은 고유 언어인 체첸어를 사용한다.

◆ 모스크바 강변

살았지만 서로에게 모두 친절했다. 그 친절함, 다정함이 그립다. 지금은 나쁜 일을 저지르는 사악한 인간들이 너무 많다.”라고 말했다.

역시 연금 생활자로 일자리를 찾고 있는 50대의 이리나 씨는 “나도 긍정적인 측면 때문에 소련 시절을 때때로 그리워한다. 그 시절에는 국가가 우리를 필요로 하고, 우리가 국가에 중요하다는 사실을 느꼈었다. 그런데 지금은, 모두가 그렇게 생각하는 것은 아니겠지만 적어도 내 느낌은, 국가가 일부 사람들에게 무관심하다는 것이다.”라고 심경을 털어놓았다.

유럽부흥개발은행과 세계은행이 공동 조사해 2016년 12월 14일 언론을 통해 보도한 내용을 보면 소련 시절보다 현재의 삶이 더 나아졌다고 느끼는 러시아인은 전체의 15%에 불과했다. 현재의 시장 경제 체제에 만족하지 못하고 있기 때문인 것으로 분석된다.

모스크바 국립 국제관계대학의 엘레나 포노마료바 교수는 "소련이 해체된 후 사람들은 엄청난 부자들(super-rich)과 최빈층(super-poor), 극단적 사회 양분화는 물론 이른바 신빈곤층(new-poor)의 등장을 목도하며 고통스러워하고 있다. '신빈곤층'이란 잘 교육받은 엔지니어, 의사, 선생님들이 돈을 많이 벌지 못하기 때문에 사회 낙오자가 되어가는 현상을 말하는 것이다. 러시아 문명은 결코 돈만으로 평가받지 않았고 세계관이나 도덕성, 사회 정의 등으로 평가받았다."라고 역설했다.

포노마료바 교수는 "러시아인들에게는 제국 경영 국가, 세계 경영 국가의 기억이 남아 있다. 그런데 이제 그 힘의 상실감이 우리 사회의 가장 큰 문제인 것이다. 젊은 세대와 구세대 모두 러시아가 표트르 대제가 이룩한 러시아 제국과 같지 않다는 점을 가슴 아파하고 있다. 국제적 위상도 예전 같지 않다는 점이 고통스럽기도 하다. 그래서 사람들은 소련을 회고하고 그때의 장점을 취하고 부정적인 측면은 바꾸기를 원하고 있다. 러시아인들이 푸틴 시대에 들어 '강한 러시아'를 추구하는 정부 방침을 지지하는 것도 이 같은 배경 때문이다."라고 설명했다.

냉전 시대에 세계의 절반에 영향력을 미치던 소련은 15개 나라로 조각났지만 최근에는 러시아를 중심으로 카자흐스탄, 벨라루스, 키르기스스탄, 아르메니아 등 독립국가연합(CIS) 내 5개국이 '유라시아 경제연합(EAEU)'을 결성하는 등 경제적 통합 움직임을 보이고 있다. 또 '위대한 러시아 재건'을 부르짖는 푸틴 대통령이 등장한 이후에는 우크라이나 사태, 크림 병합, 시리아 내전 개입 등 국제 무대에서 러시아의 영향력을 확대하는 양상이다. 여기에 푸틴이 최근 전략 핵무기 강화를 연설한 데 대해 트럼프도 핵 능력 확장을 언급하고 나서 미러 간 핵 경쟁이 부활할 수 있다는 우려까지 나오고 있다.

사회주의 혁명 100주년

2017년 11월 4일, 러시아 사회주의 혁명 100주년 기념일(11월 7일)을 사흘 앞두고 혁명이 일어났던 상트페테르부르크[*]에서 화려한 '빛의 축제'가 펼쳐졌다. '빛의 축제'란 건물 외벽에 직접 영상을 투영하는 이른바 3D 비디오 매핑^{**}을 일컫는 것으로, 황제의 겨울 궁전이었던 에르미타주 박물관과 구(舊) 참모본부 건물로 둘러싸인 '궁전 광장'에서 펼쳐졌다. 박물관 건물의 외벽과 구 참모본부 건물의 외벽이 대형 스크린으로 변한 것이다. 특히 구 참모본부 건물의 외벽은 6,700㎡로 축구장 면적에 해당한다.

구 참모본부 건물 외벽에는 1917년 혁명의 한 해가 13분 영상물로 압축돼 투영됐다. "우리에게 빵을 달라."라는 굶주린 백성의 외침과 2월 혁명, 마지막 황제 니콜라이 2세의 퇴위, 스위스 망명에서 돌아온 레닌의 혁명 전술 4월 테제, 그리고 10월 혁명까지……. 격동의 세월이 파노라마처럼 흘러갔다.

네바 강 건너편에 전시돼 있는 순양함 오로라 호에서도 현란한 3D 비디

<small>* 상트페테르부르크 명칭 변천사: 1703년 표트르 대제가 건설하고 성 베드로의 도시라는 뜻으로 독일식 표현인 '상트페테르부르크'라고 명명했다. 그러나 1914년 제1차 세계대전 중 적성국인 독일식 표현이라는 이유로 '페트로그라드'로 개칭되었다. 사회주의 혁명 이후 1924년 레닌이 사망하자 이 도시는 다시 그의 이름을 기념하여 '레닌그라드'로 바뀌었다. 이후 소련이 해체된 뒤 레닌과 스탈린에 대한 불온한 기억을 지워버리자는 운동이 일어나면서 1991년 주민 투표를 통해 본래의 이름인 '상트페테르부르크'를 되찾았다.</small>

<small>** 3D 비디오 매핑(3D video mapping): 건물이나 조형물 등을 3D로 스캔한 뒤 표면의 굴곡에 따라 영상물을 제작해 해당 외벽에 직접 영상을 투영해 미디어 기능을 구현하는 것.</small>

◆ 궁전 광장

오 매핑이 상영됐다. 오로라 호에서 발사된 대포 한 발은 10월 혁명의 시작을 알리는 신호탄이었기에, 오로라 호는 10월 혁명의 상징으로 알려져 있다. 이곳에서는 1917년부터 지금까지 100년간의 역사가 압축적으로 소개됐다. 이번 빛의 축제를 총감독한 예카테리나 갈라노바는 "과거로부터 배우고, 과거를 재평가하고, 미래엔 실수하지 말아야 한다는 것을 모두가 알았으면 좋겠다."라고 말했다.

빛의 축제를 본 시민들은 대체로 혁명의 불가피성은 인정하면서도 그 결과에 대해선 그다지 긍정적이지만은 않은 반응이었다. 모스크바 시민인 시스템 분석가 아나스타샤는 "나는 혁명에 대해 부정적이다. 당시 모든 것이 나아질 것이라는 기대가 표출됐지만, 실상은 거짓이었다."라고 말했다. 연금 생활자인 류드밀라는 "이제 시대는 달라졌고 관점은 바뀌는 법이다. 혁명의 진행 과정에 있었던 많은 일에 대해 아직 논쟁 중이다."라고 말했다. 대학생 비카는 "최근에 황제 일가의 최후에 대해 읽었다. 혁명이 일어나지

◆ 궁전 광장 빛의 축제

◆ 오로라 호 빛의 축제

말았어야 한다고 말하고 싶지는 않지만, 황제 일가에게 벌어진 일들은 끔찍하다."라고 밝혔다.

다수의 시민들은 더는 혁명이나 혼란이 없었으면 좋겠다고 말했다. 어쩌면 러시아 마지막 황제 니콜라이 2세에 대한 평가의 변화야말로 러시아인들이 겪는 혼란을 단적으로 보여주는 예일지도 모른다. 니콜라이 2세와 그의 일가는 1917년 혁명에서 총살됐지만, 소련 해체 후 2000년에 러시아 정교회는 니콜라이 2세 일가를 성인으로 시성했다. 공산주의자들이 행한 정치 탄압의 희생양이 됐다는 이유에서이다.

혁명 100주년을 맞은 11월 7일 오후 러시아 공산당은 모스크바 중심가 거리를 행진했다. 레닌과 스탈린, 쿠바 혁명가 체 게바라의 사진을 든 공산당원들이 푸시킨 광장에서부터 마르크스 동상이 있는 혁명 광장까지 행진하며 혁명 100주년을 기념했다. 혁명 광장에서 열린 기념집회에서 주가노프 러시아 공산당 당수는 "레닌과 스탈린의 20년 근대화는 우리나라의 능력을 70배 향상시켰다. 10월 혁명으로 탄생한 소비에트 국가는 전 세계 생산의 1/5을 생산했다. 나는 사회주의 깃발이 다시 러시아와 전 세계에 휘날릴 것이라고 확신한다."라고 연설했다.

볼셰비키의 맥을 이은 러시아 공산당은 현재 전체 450개 의석인 러시아 하원에서 42석을 차지해 집권당인 '통합 러시아당'(343석)에 이어 두 번째 위치를 차지하고 있다. 공산당 소속 레베데프 하원의원은 혁명이 추구했던 사회주의 이념은 여전히 살아 있으며, 공산당은 세력을 키워가고 있다고 주장했다. 레베데프 의원은 "공산당은 미래를 확신한다. 수천 명의 젊은 이들이 입당하고 있다. 그 이유는 오늘날 일자리를 얻기 힘들고 소련 시절 주어졌던 각종 특혜들을 이젠 아무도 주지 않기 때문이다. 우리는 일반 대

◆ 공산당 모스크바 거리 행진

중 30%의 지지를 받고 있다."라고 말했다.

　혁명에 대한 평가를 질문하자 레베데프 의원은 "혁명 이후 적군과 백군 간 내전이 벌어져 수많은 사람들이 피를 흘렸다. 또 스탈린 독재 기간에 과도한 행동들이 있었다. 그 점은 누구도 부정하지 않는다. 하지만 동시에 어마어마한 진보가 있었다. 우주 개발에 나섰고, 제2차 세계대전을 승리로 이끌었으며, 대규모 건설로 국민의 85%가 무상으로 집을 받았다. 이것은 역사상 유례가 없는 일이다."라고 주장했다.

　혁명 100주년을 맞았지만 러시아 정부 차원에선 이렇다 할 행사나 공식 성명조차 없었다. 11월 7일 오전, 모스크바의 심장부 크렘린 궁 앞 붉은 광장에서는 5,000명의 군인들이 참가한 군사 퍼레이드가 성대하게 펼쳐졌지만, 이 퍼레이드는 혁명과는 상관이 없는 것이었다. 이것은 '1941년 대독일 출정식 76주년 기념' 열병식이었다. 모스크바로 진격해 오는 나치 독일과 전쟁 중이던 1941년 11월 7일, 소련은 군인들과 국민들의 사기를 진작시키기 위해 붉은 광장에서 대규모 군사 퍼레이드를 벌였다. 전제 권력을 무너뜨린 민중 혁명 대신, 나치 독일에 맞선 소련 국민들과 군인들의 영웅적 애국정신을 기념한 것이다.

소련 시절에는 11월 7일을 휴일로 지정하고 붉은 광장에서 대대적인 퍼레이드 행사로 혁명을 기념했다. 하지만 지난 2005년 러시아 당국은 11월 7일을 공휴일에서 제외하고 대신 16세기 말 폴란드의 간섭으로부터 국가를 지킨 것을 기념하는 11월 4일을 '국민통합의 날'이라는 기념일로 지정하고 공휴일로 만들었다. 그래서 2017년에는 11월 4일(토)부터 6일(월)까지 3일 연휴였건만 정작 11월 7일(화)은 평일이었다.

혁명기념일 11월 7일은 옐친 시절인 1996년 '동의와 화합의 날'로 이름이 바뀌는 등 수난을 겪다가 결국 2005년에 공휴일에서 제외됐다. 소련 해체 후 90년대를 집권했던 옐친 대통령은 러시아에 자본주의와 민주주의를 뿌리내리게 하면서, 여러 분야에 걸쳐서 러시아 혁명과 소련 지우기에 나섰다. 그런데 그 이면에는 소련 해체 이후에도 당시 최대 야당으로 옐친 대통령의 최대 정적이었던 러시아 공산당을 견제하기 위한 측면이 컸다는 분석도 나온다.

푸틴 대통령이 혁명기념일에 침묵하는 이유에 대해선 여러 가지 해석이 분분하다. 우선 본인이 2000년 이후 20년째 장기 집권 중이기 때문에 '혁명'이란 단어 자체가 부담스러울 것이라는 분석이다. 2014년 이후 계속되는 대러 서방 제재와 국제 유가 하락 등으로 악화된 경제난에 불만을 품

---

* 2017년에는 11월 4일이 토요일이었으므로 11월 6일이 대체 공휴일이 되어 3일 연휴가 되었다.

◆ 붉은 광장 군사 퍼레이드

은 반정부 민심이 혁명 기념 분위기를 타고 반정부 시위 등으로 표출되는 것을 우려하기 때문이라는 분석도 나온다. 푸틴 대통령의 65번째 생일이 었던 2017년 10월 7일에 그의 고향인 상트페테르부르크에서 3,000여 명의 시민들이 푸틴의 장기 집권에 반대하는 시위를 벌이기도 했으므로 그런 우려가 나올 법도 했다.

한편으로는, 혁명 100주년을 바라보는 러시아인들의 입장이 모호하다는 점도 이 같은 사회적 현상과 무관치 않다. 전(全) 러시아 공론연구센터가 지난 10월 실시한 여론 조사에서, 10월 혁명에 대한 긍정적·부정적 견해가 각각 46%로 나타났다. 즉 "누구의 관심 속에 혁명이 발발했느냐?"라는 질문에 46%는 "대중의 관심 속에 혁명이 일어났다."라고 확신한 반면, 다른 46%는 "소수 혹은 몇몇 크지 않은 단체에 의해 발발했다."라고 응답한 것이다. 또 응답자의 92%는 "오늘날 러시아에 혁명을 허용해서는 안 된다."라고 답했다.

　여론 조사 기관인 레바다 센터의 구드코프 소장은 "대다수는 혁명이 불가피했다고 인식하지만 혁명의 결과는 평가하기 어려운 점이 많았다고 생각하고 있다."라며 "혁명의 이중성 때문에 여전히 러시아인들이 혼란스러워한다."라고 말했다. 구드코프 소장은 "혁명은 소비에트 체제와 스탈린식 근대화, 급속한 산업화를 만들어냈다. 단기간의 변혁으로 소련을 핵무장한 슈퍼 파워로 만들었고, 우주 개발도 성공시켰다. 그런데 한편으로는 새로운 특권층, 관료주의가 득세하면서 결국 스탈린 독재로 이어져 수많은 사람들이 고통을 겪었다."라고 말했다.

　사회주의 혁명 100주년. 20세기 최대의 체제 실험은 좌절된 것으로 평가되고 있지만, 사회적 불평등과 분배의 형평성 문제 등을 제기하면서 '자본주의의 방부제'라는 사회주의의 역할은 여전히 현재 진행형이라는 주장도 있다.

07

푸틴과
러시아

러시아에서 제일 유명한 남자, 블라디미르 푸틴 대통령

러시아 하면 제일 먼저 떠오르는 사람은 아마도 푸틴 대통령일 것이다. 나는 2018년 3월 러시아 대선 당시 왜 러시아 국민들이 푸틴을 지지하는지를 취재했다.

2018년 3월 18일 대통령 선거에서 푸틴은 기대 이상의 압승을 거뒀다. 득표율 76.66%. 푸틴을 지지한 유권자 수는 5,620만 명을 넘었다. 푸틴이 얻은 득표율은 역대 선거에서 그가 얻은 최고의 기록이다. 푸틴은 2000년 대선에서는 53%, 2004년 대선에서는 71.3%, 2012년 대선에서는 63.6%를 얻었다.

푸틴이 가장 존경하는 인물은, 제정 러시아 당시 40년 가까이 통치하며 러시아를 서유럽식으로 완전히 개조한 표트르 대제라고 한다. 스탈린에 이어 러시아 현대사에서 두 번째 장기 집권자로 등극한 푸틴에게 '21세기 차르'라는 별명이 붙었다.

푸틴의 지지율은 총리로 부임한 뒤인 1999년 10월 이후 60% 아래로 떨어진 적이 한 번도 없었다. 그 비결은 무엇일까? 이른바 '애국주의 마케팅'으로 '강한 러시아'를 그리워하는 유권자들의 마음을 푸틴이 사로잡는 데 성공했기 때문이라는 게, 대내외적으로 일치된 분석이다. 서방에 포위당했다는 러시아 국민들의 피해 의식을 자극하고, 소련 해체 이후 경기 침체와 국제적 위상 약화로 무력감에 빠진 러시아인들에게 다시 강한 러시아가 되었다는 자부심을 안겨주었다는 것이다.

러시아인 중 30대 이상은 1991년 소련 해체 이후 옐친 대통령 시절의 끔찍했던 경제난을 기억한다. 경제난의 원인은 자유주의 세력과 올리가르흐가 결탁해 부패와 부정을 저지른 탓인데, 2000년 푸틴이 집권한 뒤 경제는 안정을 찾았다. 2018년 3월 18일 모스크바 투표장에서 만난 키슬로바(여)는 푸틴에게 투표했다면서, "푸틴의 정책 때문에 우리는 러시아 국민임을 자랑스러워하기 시작했다. 1990년대 우린 러시아인이라는 게 부끄러운 때가 있었다."라고 말했다.

스트롱맨 푸틴

이름 '블라디미르 블라디미로비치 푸틴'.

직업은 제7대 러시아 연방 대통령. 1952년 10월 7일 레닌그라드(지금의 상트페테르부르크)에서 출생했으니 제7대 대통령으로 선출된 2018년 당시 66세였다. 1975년 상트페테르부르크 대학교 법학부 국제법학과를 졸업한 뒤 소련 국가안보위원회(KGB) 해외정보국 요원으로 독일에 파견돼 활동하다 1980년대 말 귀국했다. 1991년 상트페테르부르크 시장 아나톨리 소브

◆ 2018 대선 승리를 축하하는 푸틴

차크의 특별보좌관으로 정계에 입문한 뒤 크렘린 궁 제1부실장, KGB 국장
을 거쳐 1999년 8월 총리에 임명됐고, 12월 보리스 옐친 대통령에 의해 대
통령 직무대행으로 지명되었으며, 2000년 3월 대통령에 당선됐다.

- 2000년 5월~2004년 5월 : 러시아 연방 3대 대통령
- 2004년 5월~2008년 5월 : 러시아 연방 4대 대통령

대통령의 3연임을 금지한 러시아 헌법 때문에 2008년 자진해서 총리직
을 맡았다. 2009년 헌법을 개정해 대통령의 임기를 4년에서 6년으로 늘리
고, 기존처럼 연임도 가능하도록 만들었다.

- 2008년 5월~2012년 5월 : 러시아 연방 10대 총리

- 2012년 5월~2018년 5월 : 러시아 연방 6대 대통령
- 2018년 5월~2024년 5월 : 러시아 연방 7대 대통령

2018년 3월 치러진 대선에서 푸틴은 76%가 넘는 득표율로 무난히 재선에 성공했다. 총리 시절까지 합하면 푸틴은 2020년 현재 20년째 러시아를 통치하는 중이다. 현대 러시아의 지도자 가운데 소련 시절 이오시프 스탈린 서기장(29년)을 제외하면 최장기 재임 기간이다.

푸틴은 '위대한 강대국 러시아의 부활'을 외치며, 중국 시진핑 주석의 '중국몽(中國夢)'에 버금가는 러시아식 부국강병 정책을 폈다. 특히 대규모 군 개혁과 현대화를 추진 중인데 2007년부터 2016년 사이 러시아의 국방비는 2배가량 증가해, 2016년에는 700억 달러(러시아 GDP의 5.3%)에 달했다.

또 우크라이나 동부 내전, 크림 병합, 시리아 내전 군사 작전 등 국제 지정학적 이슈마다 적극 개입함으로써, 국제 무대에서 '키 플레이어(key player)' 역할을 톡톡히 해냈다. 주요 분쟁 지역에 러시아의 영향력이 미치면서, 푸틴의 존재감은 더욱 강해졌다. 여론 조사 기관인 레바다 센터의 자료를 보면, 푸틴의 강경 외교 정책이 곳곳에서 마찰을 빚고 있지만, 러시아가 옳은 방향으로 간다고 보는 답변이 55%에 이른다.

앞으로 남은 임기 동안에도 서방과의 관계 악화나 대러 제재에도 불구하고 푸틴은 러시아의 전략적 이해를 관철하는 강력한 대외 정책을 펼칠 것으로 예측된다. '강대국 러시아'는 하나의 국가 이념이 될 것으로 보인다. 푸틴의 사상적 배경이라고 하는 '유라시아주의'는 러시아가 옛 소련 국가들을 아울러 유럽과 아시아까지 포괄하는 유라시아의 제왕이 되기 위

한 경쟁력을 갖추는 것이라고 한다. 한마디로 강한 러시아를 만들어 세계 패권을 잡겠다는 의도로 풀이된다. 푸틴은 앞으로도 북대서양 조약기구(NATO)의 군사력 강화나 전진 배치, 미국의 대러 공세, 서방의 대러 경제 제재 등을 러시아에 대한 '포위 공격'으로 주장하면서, 대내적인 단합을 강조할 것이다.

푸틴에 대한 러시아인들의 평가

푸틴이 잘한 일은 무엇일까? 이와 관련해 나는 최근 러시아에서 유학 또는 거주했거나 현재 거주 중인 한국인들에게 "푸틴 대통령이 잘했다고 생각하는 점이 있다면 무엇인가?"라는 질문을 던졌다. 그랬더니 재미있는 대답들이 돌아왔다. 그들의 답변에는 한국인으로서 느낀 점도 있겠지만, 러시아인들의 생각과 시각도 혼재돼 있을 것이다.

자존감 회복, 국가 이미지 제고

그들의 대답은 '강대국으로서의 자긍심'을 갖게 해준 것이 가장 큰 업적이라는 평가가 주를 이뤘다. 소련 해체 이후 바닥으로 떨어졌던 '강대국 러시아의 국민'이라는 자부심을 다시 회복시켜준 이가 푸틴이라는 것이다. 푸틴 집권 전 러시아 국민들은 극심한 자기 비하와 국가에 대한 원망 등이 엄청났고 대외적으로 보이는 국민성도 대단히 수준 이하였고 자존감도 바닥이었다고 한다. 그런데 푸틴 집권 후 '위대하고 강력한 러시아'를 기치로 국민들에게 러시아 국민임을 자랑스러워해야 하는 여러 가지 타당성을 제시하면서 국민 자존감이 상승했고, 러시아인들도 위대하고 강력한 러시아에 걸맞는 삶을 살자는 생각들로 바뀌면서 사람들의 성향도 바뀌었다는 설명이다.

또 소련 시절 이후 추락한 국가 위상을 다시 '빅3(미·중·러)'에 복귀시켰다는 평가도 있다. 일방적으로 미국과 중국의 눈치를 보지 않고 특히 극동 지역 패권이 중국과 미국 사이에서만 조율되는 상황에서 벗어나 러시아가 개입하기 시작했다는 것이다. 이런 일을 해낸 대통령에 대한 국민들의 높은 지지는 어찌 보면 당연해 보인다.

영토 확장

러시아 남서부의 영토 분쟁, 즉 체첸 전쟁을 종식시키고 우크라이나의 크림 반도를 병합한 것을 말한다. 강한 러시아를 보여주며, 영토적 통합성 문제에서는 추호의 양보를 보이지 않은 점이 평가를 받았다. 이 답변은 다분히 러시아인들의 시각이 반영된 것으로 보인다.

2014년 3월 러시아가 크림 반도를 병합한 뒤 푸틴의 인기는 단박에 20% 포인트 상승했는데, 지금도 러시아인들 사이에서는 푸틴이 제정 러시아의 예카테리나 여제 이후 '영토를 확장한 왕'이라는 농담이 돌고 있다. 또 1999년 12월 체첸 진압 작전은, 1991년 독립을 선언했던 체첸 공화국을 다시 러시아의 품으로 돌려놓았다.

1999년 8월 총리 임명 당시 푸틴의 지지율은 2%에 불과했고, 9월 여론 조사에서도 대통령 후보 1위는 프리마코프 전 수상, 2위는 루시코프 모스크바 시장, 3위는 주가노프 공산당 위원장이었고 푸틴은 그 뒤에 있었다. 그런데 푸틴이 주도한 체첸 전쟁에서의 승리는 불과 반년 만에 무명의 정치인을 대통령 자리에 앉히는 마술을 부린 것이다.

푸틴의 향후 거취

그런데 2018년 대선 직후만 해도 81.1%에 달하던 지지율이 2019년 4월 7일에는 65.3%로 15% 이상 하락했다. 4년 만에 최저치였다. 그 사이 도대체 무슨 일이 있었던 것일까?

국민들의 불만이 가장 컸던 것은 연금 개혁이었다. 2018년 6월 월드컵이 한창이던 기간 러시아 정부는 연금 수령 나이를 남성은 60세에서 65세로, 여성은 55세에서 63세로 단계적으로 높이는 내용의 개혁안을 기습적으로 발표했다. 그러자 정부의 연금 개혁을 규탄하는 대규모 시위가 한 달 넘게 이어졌다. 세계보건기구(WHO)의 조사에 따르면 러시아 남성의 평균 수명이 66세에 불과해 러시아 남성의 40%, 여성의 20%가 65세까지 살지 못하는 상황인데 죽기 직전에나 연금을 받으라는 것이냐는 불만이 터져 나온 것이다. 반발이 거세지자 푸틴 대통령은 여성의 연금 수령 나이는 60세까지만 높이겠다고 한 발 물러섰고, 크렘린 궁이 적극적인 홍보에 나선 덕분에 국민들의 분노가 상당히 누그러졌다.

2019년 3월에는 '언론 탄압' 논란을 불러일으킨 두 건의 법안에 푸틴 대통령이 서명했다. 하나는 가짜 뉴스를 금지하는 법안이고, 다른 하나는 국가 상징물이나 공공 기관 등을 모욕하는 콘텐츠를 차단하도록 하는 법안이다. 특히 '공공기관 모욕금지 법안'은 사회, 국가, 국가 상징물, 당국을 노골적으로 모욕하는 게시물을 인터넷에 올리면 최대 10만 루블(약 170만 원)의 벌금형을 받을 수 있고, 상습범의 경우 벌금이 배로 올라가거나 15일간 구금될 수 있게 했다. 인터넷에서 푸틴 대통령이나 정부 관료를 조롱할 경우 그 행위자를 최장 15일 동안 가둘 수 있다는 말이다. 당장 야권은 전

근대적이고 시대 역행적인 전체주의적 발상이며 심각한 언론 통제라고 비난했다. 소련 시절의 '소련체제 훼손활동 금지법'과 '반(反)소련 캠페인·선전 금지법'을 거의 그대로 재현했다는 비판도 나왔다. 비판론자들은 당국이 반정부 성향의 언론을 탄압하는 데 악용할 소지가 매우 크다고 우려하고 있다. 지지율과는 별개로 신뢰도(public trust)라는 것이 있는데, 공교롭게도 푸틴 대통령에 대한 신뢰도가 13년 만에 최저치인 33.4%로 하락한 뒤 이들 법안이 발의됐다.

지지율과 신뢰도가 하락했다고 해서 푸틴의 권력 기반에 큰 영향을 줄 정도는 아니라는 게 일반적인 관측이긴 하지만, 푸틴을 바라보는 미국 등 서방 세계의 시각은 곱지 않다. 장기 집권 독재자, 정적(政敵) 살해자, 우크라이나 영토 침략자 등 부정적인 시각이 지배적이다.

그렇지만, 푸틴에 대한 러시아 국민들의 긍정적인 평가는 여전히 높다. 현재도 60% 이상의 높은 지지율을 기록하고 있다.

2018년 대선이 끝나자마자 나온 얘기들은, 푸틴이 차차기 선거, 즉 2030년 대선에 출마할 것인가였다. 러시아 헌법은 3연임을 금지하고 있는데, 푸틴은 이미 2012년부터 2018년까지 한 차례 대통령직을 수행했고 2018년부터 2024년까지의 이번 임기는 연임이다. 그래서 헌법이 바뀌지 않는다면 2024년 대선에는 나올 수 없기 때문에 그다음인 2030년에 다시 대권에 도전할 것인가 하는 질문이었다. 때마침 2018년 3월 18일 저녁 기자 회견장에서 한 기자가 푸틴에게 이런 내용의 질문을 던졌다.

기자: 헌법이 바뀌지 않는다면 2030년에 다시 대통령에 도전할 것인지 명확하게 확인하고 싶습니다.

◆ 푸틴의 국정 연설, 2020년 1월 15일

푸틴: 꽤 재미있는 질문입니다. 세어봅시다. 제가 100살까지 여기에 앉아 있을 거로 생각하는 겁니까? 아닙니다.

러시아 내부에서도 푸틴이 개헌을 통해 종신 집권을 시도하지는 않을 것으로 보는 관측이 우세하다. 그렇다고 2024년 퇴임 이후에 모든 권력을 내려놓고 한가한 노후를 보낼 것으로 보는 사람은 드물다. 후계자를 키우는 동시에 군사나 안보 관련 고위 기구를 만들어 본인의 영향력을 유지하는 방안을 모색할 것으로 보는 시각이 많다. 카네기 모스크바 센터의 바우노프 선임연구원은 "아마도 일부 개헌을 통해 푸틴을 위한 자리를 만들지 않을까 전망된다. 그래서 푸틴이 계속 중요한 이슈에 대해 영향력을 행사하고 정치적 탄압으로부터 자신을 보호할 수 있도록 조치를 취할 것 같다."라고 예상했다.

러시아 헌법이 대통령의 3연임을 금지하고 있기 때문에, 임기 중반에 접어드는 어느 시점에 푸틴이 어떤 식으로든 개헌과 관련한 입장을 표명할 것으로 전망됐다. 푸틴이 '3연임 금지' 조항을 없애고 장기 집권의 길로 나서지 않을까 하는 것이 초미의 관심사였다.

아니나 다를까 2020년 1월 15일 국정 연설 자리에서 푸틴 대통령이 드디어 일부 개헌안을 발표했다. 개헌안의 핵심은 대통령의 권한을 줄이고 의회의 권한은 강화하는 것이다. 우선 '대통령 3연임 금지'가 눈에 띈다. "같은 사람이 계속해서 두 번 넘게 대통령직에 오를 수 없다."라는 현재 헌법 조항에서 '계속해서'라는 표현을 삭제하자는 내용이다. 이는 예전처럼 잇따라 3번 연속 연임하는 것을 금지한 것은 물론, 2번 연임 이후 물러났다가 다시 오를 수도 없도록 한 것이다. 같은 사람은 무조건 2번만 하도록 하겠다는 것이다. 또 대통령 후보 자격도 '러시아에서 25년 이상 거주하고 외국 국적이나 영주권을 한 번도 가진 적이 없는 사람'으로 제한하자는 내용이 담겼다.

반면 현재 대통령이 가지고 있는 총리와 각료 지명권을 두마(하원)에 내주고, 의회가 지명하는 총리나 각료 후보를 대통령이 거부하지 못하도록 하자고 제안했다. 또 상원에는 연방판사를 해임할 수 있는 권한을 주자고 했다. 푸틴은 이를 두고 대통령의 권한을 줄이고 3권 분립을 강화하는 것이라고 했는데, 전반적으로 의원 내각제 성격이 강해지는 것이라는 평가도 나오고 있다.

푸틴의 개헌안 발표 직후 메드베데프 총리는 내각 총사퇴를 발표했다. 무언가 큰 지각 변동이 있으려나 싶었지만, 1월 21일 공개된 새 내각을 보면 기존 체제가 거의 유지된 모습이다. 총리와 9명의 각료가 바뀌고 경제·외교 안보 라인 등 12명의 각료는 유임됐다. 새 총리에는 정치 경험이 전무한

◆ 미하일 미슈스틴 신임 총리

미하일 미슈스틴 연방국세청장이 내정됐다. 메드베데프는 신설될 국가안보
회의 부의장 자리를 제안받았다.

　당초 쇼이구 국방장관과 라브로프 외무장관 등 외교 안보 라인의 장관
들도 모두 퇴진을 각오했지만, 푸틴 대통령이 잔류를 명령했다고 한다. 라
브로프 외무장관의 경우 2004년 3월 외교 수장이 된 뒤 무려 16년째 자
리를 유지하고 있다. 콜린 파월부터 마이크 폼페이오까지 6명의 미국 국무
장관을 상대하고 있는 라브로프는 두 달 후인 3월이면 70세가 되고, 러시
아 현행법상 각료는 70세면 은퇴하도록 돼 있다. 굳이 이런 조항이 아니더
라도 라브로프 장관은 나이가 들어 전 세계를 출장 다니는 게 너무 힘들
다며 몇 년 전부터 퇴진하고 싶다는 뜻을 비쳤다고 한다. 그럼에도 불구하
고 푸틴이 라브로프를 유임시킨 배경은 무엇일까? 아마도 그가 오랜 기간
서방을 상대하는 데 이골이 난 데다 미국의 일방주의에 반대해 쓴소리를
아끼지 않은 인물이기 때문이 아닐까. 개헌을 비롯해 안정적인 국정 운영

을 하기 위해서는 강력한 외교 정책이 뒷받침되어야 할 것이다. 시리아 사태, 이란 사태 등 중동 문제를 비롯해 국제 무대에서 러시아의 역할과 존재감이 높아지고 있는 상황에서 푸틴으로선 더욱 노련한 전략가들이 필요할지도 모르겠다.

이번 개헌안을 보는 서방 언론의 평가는 한마디로 "푸틴의 영구 집권 계획이 시동을 걸었다."라는 것이다. 모양새는 그렇게 흘러가는 양상이다. 푸틴의 개헌안에 대해 하원의원 발렌티나 테레슈코바(세계 최초 여성 우주인)는 3월 10일, '푸틴 대통령의 기존 임기 소멸론'을 제안했다. 2024년 대선 때 출마자의 모든 선수(選數)를 0(제로)으로 만들자는 것이다. 즉, 2기로 제한된 대통령 연임 규정은 그대로 두되 처음부터 다시 적용하자는 것이어서, 푸틴이 다시 출마할 수 있게 된다. 이에 따르면 푸틴이 두 번 더 대통령을 할 수 있어 그의 나이 84세인 2036년까지 집권할 수 있게 된다. 푸틴이 존경하는 표트르 대제의 집권 기간(43년)보다는 짧지만, 소련의 스탈린 전 서기장의 집권 기간(30년)보다는 길게 된다.

개헌안은 러시아 의회(상·하원)의 승인을 거쳐 3월 17일 헌법재판소의 합헌 판결을 받았고, 7월 1일 국민투표를 통해 확정됐다

푸틴 신뢰도 13년 만에 최저치

푸틴 대통령에 대한 국민의 신뢰도가 13년 만에 최저치로 급락했다. 현지 여론 조사 전문 기관인 전(全) 러시아 여론연구센터(브치옴)가 2019년 5월 13~19일 7일간 전국의 성인 남녀 1,600명을 대상으로 '정치인 개인에 대한 신뢰도'를 조사했는데, 푸틴은 여전히 1위를 달렸지만 신뢰도는 31.7%로 하락했다. 신뢰도 조사는 "중요한 국가적 문제 결정을 누구에게 믿고 맡길 수 있겠는가?"라는 질문으로 이뤄졌는데 조사를 실시하기 시작한 2006년 이후 최저치를 기록했다. 신뢰도 2위는 14.8%인 세르게이 쇼이구 국방장관, 3위는 13%인 세르게이 라브로프 외무장관이었다. 메드베데프 총리는 7.6%에 그쳤다. 2018년 5월 같은 조사에서는 푸틴에게 47.4%의 신뢰도를 보였는데 1년 만에 15% 포인트 이상 급락한 배경에는 연금법 개정안에 대한 반발이 있다. 푸틴 대통령은 2018년 10월 연금 수령 나이를 남성은 60세에서 65세로, 여성은 55세에서 60세로 단계적으로 늘리는 내용을 담은 연금법 개정안에 최종 서명한 바 있다.

대통령의 국정 지지도 역시 65.8%에 머물고 있는데, 2018년 5월 80%를 넘던 국정 지지도는 연금법 개정 과정에서 60%대로 떨어져서 그 상태로 머물고 있다.

브치옴의 발레리 표도로프 소장은 신뢰도가 추락한 것은 국민 소득 향상과 생활 수준 향상에 대한 국민의 믿음이 없기 때문이라고 진단했다. 표도로프 소장은 "언제 잘살게 될지를 모르기 때문에 신뢰도가 떨어지는 것이다. 통계에 따르면 최근 5년 동안 소득은 증가하지 않고 있다. 심각한 경제 위기는 2016년에 끝났지만 최근 3년 동안 생활 수준은 나아지지 않았다."라고 지적했다. 그는 "가장 큰 문제는 사람들이 내일이 오늘보다 살기좋아질 것이란 점을 믿지 않는다는 것"이라면서 연금법 개혁과 관련해 "앞으로 우리가 같은 돈을 받으면서 더 많이 일하게 될 것임을 의미한다. 이는당연히 비관주의를 크게 더 심화시켰다."라고 꼬집었다.

러시아 국민의 실질 가처분 소득*은 2014년 이후 거의 매년 감소 추세를 보여 2014년에는 0.7%, 2015년 3.2%, 2016년 5.8%, 2017년 1.2% 감소했다. 2018년 0.1% 성장세로 돌아서기도 했으나 2019년 들어서는 다시 감소세가 되살아나 2019년 1분기에는 전년 동기 대비 2.3% 하락했다.

푸틴의 지지율은 총리로 부임한 뒤인 1999년 10월 이후 60% 아래로 떨어진 적이 없었으니 최근 급락한 지지율이 위기감을 불러일으킬 만하겠지만 사실 나는 공고한 푸틴의 지지 기반에 균열이 가고 있다는 징조를 2년

---

* 실질 가처분 소득: 명목 소득에서 세금과 이자 비용 등을 공제한 가처분 소득을 소비자 물가 지수를 반영해 조정한 것으로, 개인 소득의 실질적 구매력을 표시한다.

전부터 목격하고 있었다.

잇따른 반정부 시위

첫 번째는 잇따라 일어나고 있는 반정부 시위이다.

"사기꾼, 훔치지 마라!"
"푸틴 없는 러시아!"
"푸틴을 탄핵하라!"

2017년 3월 26일 일요일, 러시아 전역에서 울려 퍼진 구호이다. 극동 블라디보스토크에서 시베리아 예카테린부르크, 노보시비르스크, 옴스크 등을 거쳐 제2의 도시 상트페테르부르크까지 전국 주요 도시에서 동시다발적으로 대규모 반정부 시위가 벌어졌다. 공직자 부패 척결을 주장하는 사람들이 모스크바에서만 만여 명, 상트페테르부르크에서 5,000여 명, 다른 도시에서도 수백여 명씩 거리로 쏟아져 나왔다. 이들은 평화적인 거리 행진을 시도했으나 이를 불법 집회로 규정해 가로막은 경찰과 곳곳에서 크고 작은 몸싸움을 벌였다.

모스크바에서만 시위대가 500명 넘게 경찰에 연행됐고, 다른 도시들에서도 수십 명, 수백 명씩 체포됐다. 이번 시위를 주동한 대표적 야권 운동가 알렉세이 나발니도 체포됐고, 그가 이끄는 '반부패 펀드' 사무실도 경찰이 급습해 직원 17명을 연행했다. 3월 27일 열린 재판에서 나발니는 체포 당시 경찰에 불응하고 저항했다는 이유로 15일의 구류를 선고받았다.

◆ 상트페테르부르크 시위, 2017년 3월

◆ 체포되는 시위대

◆ 동영상 속 나발니

　2017년 당시 41세였던 알렉세이 나발니는 변호사이자 정치 활동가이다. 러시아 민족우호대학교에서 법학 학사 학위를 취득했고 러시아연방지원 금융대학교에서 증권과 환전을 공부했다. 2009년 이후 러시아 정부의 부패 문제와 푸틴에 대한 비판 등으로 주목을 받았다. 2013년 모스크바 시장 선거에 출마해 27.24%를 득표하며, 러시아 정계에 돌풍을 일으키기도 했다. 2011년 로이터 통신과의 인터뷰에서 러시아에서도 5년 이내에 '아랍의 봄'과 같은 반정부 시위가 일어날 수 있다고 말했다.

　2017년 시위는 지난 2012년 부정 선거를 규탄하는 대규모 시위 이후 최대 규모로 기록됐다. 일부 언론은 시위에서 연행된 참가자 숫자가 지난 2012년 시위 때의 연행자 숫자와 비슷한 규모라고 평가했다.

　이번 시위를 촉발한 단초는, 2018년 대선 출마를 선언한 나발니가 발표한 메드베데프 총리의 부정 축재 보고서, 이른바 '나발니 보고서'였다. 이 보고서라는 것은 유튜브에 공개된 49분 분량의 동영상을 말한다.

◆ 「그를 디몬이라 부르지 말라(Он вам не димон)」, 메르베데프 총리

「그를 디몬이라 부르지 말라(Он вам не димон)」

이것이 동영상의 제목이다. 러시아 원문을 직역하자면, "당신들에게 그는 디몬이 아니다."라고 해석된다. 영어판에선 'Don't call him 〈Dimon〉(그를 디몬이라 부르지 말라)'으로 돼 있다. '디몬'이란 총리의 이름 중 드미트리의 약칭*이다. 제목에는 메드베데프 총리는 '디몬'이라고 약칭으로 불러도 될 만큼 친근하거나 바보 같아 보이는 사람이 아니라는 뉘앙스가 담겨 있다. 러시아인들에게는 메드베데프 총리가 다소 바보 같아 보이는 측면이 있는데, 이 동영상의 메시지는 "메드베데프 총리가 바보처럼 보이지만 바보가 아니고 나라 돈으로 엄청 잘살고 있다."라는 것이다.

메드베데프 총리의 약력은 다음과 같다.

---

* 약칭 : 러시아 이름도 영어처럼 약칭이나 애칭이 많다. 알렉산드르는 사샤, 나탈리야는 나타샤 등으로 생활 속에서는 애칭이나 약칭으로 흔히 부르곤 한다.

▶ 드미트리 아나톨리예비치 메드베데프

- 1965년 9월 14일: 러시아 상트페테르부르크 출생
- 1990년: 레닌그라드 국립대학 법과대학 법학박사
- 1990~1999년: 상트페테르부르크 국립대학 조교수
- 1999년 11월: 총리실 부실장
- 2000년 6월~2003년 10월: 대통령 행정실 제1부실장
- 2003년 10월~2005년 11월: 대통령 행정실장
- 2005년 11월~2008년 5월: 제1부총리
- 2008년 3월~2012년 5월: 러시아 연방 5대 대통령
- 2012년 5월~2020년 1월: 러시아 총리
- 2020년 1월 ~ : 국가안보회의 부의장.

보고서는 메드베데프 총리가 국내외에 대규모 땅, 대저택, 포도 농장, 요트 등을 보유하고 있다고 폭로했다. 메드베데프의 대학 동창인 옐리세예프(당시 가스프롬방크 이사회 부의장)를 중심으로 그의 부인과 상트페테르부르크 대학 동창 인맥들이 동원돼, 러시아 신흥 재벌인 올리가르흐, 특히 석유 재벌인 우스마노프의 뇌물을 받아 재산을 축적했다고 비판했다. 나발니 보고서에 따르면, 메드베데프는 지난 대통령 시절(2008~2012년)과 현 총리직을 이용해, 자신의 최측근을 통해 공기업의 자금과 러시아 재벌들의 뇌물을 받아 각종 회사와 펀드를 설립·조성했다. 옐리세예프가 설립한 회사 이름으로, 모스크바와 소치, 그리고 메드베데프 총리의 할아버지 고향에까지 대저택들을 구입하고, 와인 생산을 위한 포도 농장들을 국내

외에서 구입했으며, 최고급 요트도 2대나 사들였다. 모든 구입은 회사 명의로 돼 있으나, 이 회사들의 실질적인 소유주는 메드베데프 총리라고 보고서는 비판했다.

나발니는 공직자 월급으로는 도저히 구매할 수 없는 이 같은 고가의 자산들을 축적한 배경을 조사할 것을 당국에 촉구했다. 또 메드베데프를 고발하면서 푸틴 역시 다르지 않을 것이라며 2018년 대선에서 이 같은 부정부패를 척결하자고 촉구했다. '나발니 보고서'는 유튜브에서 1,200만 회 이상의 조회 수를 기록했으나 당사자인 메드베데프 총리는 이에 대해 적절한 해명을 하지 않았고, 당국도 조사 의지를 보이지 않았다. 이에 나발니는 자신의 지지자들에게 부패 조사를 촉구하는 대규모 시위를 벌일 것을 촉구했고 그를 따르는 지지자들이 거리로 쏟아져 나와 푸틴을 탄핵하라며 반정부 시위로까지 확산된 것이었다.

이 시위의 가장 큰 특징은 참석자의 상당수가 10대나 20대의 젊은 층이라는 점이다. 대학생도 많았지만, 오히려 고등학생들이 더 많았다. 이들은 어린 시절부터 푸틴 이외의 권력자를 경험해보지 못한 세대로 경제 후퇴와 부패 문제에 민감하다. 또 친(親)푸틴 인사들이 장악한 방송이나 신문보다는 SNS나 인터넷을 통해 정보를 얻고 있다는 점도 푸틴에겐 위협이 될 수 있다. 러시아의 비정부 연구 기관이자 여론 조사 기관인 레바다 센터의 레프 구드코프 소장은 "이번 집회는 정부의 허락을 받지 못했고 강제 연행 등 강력한 법 집행이 예정돼 있었기 때문에 나이 든 사람들이 참석하지 못했다. 대신 SNS가 효력을 발휘했다. 이른바 나발니 보고서는 인터넷을 통해 확산됐는데, 알다시피 SNS 사용자들은 대부분 젊은이들이다. 그래서 시위 참가자들의 분포가 달라진 것이다."라고 진단했다. 그는 또 "18년 동안 푸틴만 보고 자란 젊은 세대는 처음엔 푸틴 지지층이었지만 지금은 달라지고 있다. 크렘린이 장악한 미디어가 아닌 SNS를 통해, 생활 수준이나 평균 소득이 줄고 있다는 정보를 정부가 밝힌 수치보다 더 정확히 알고 있는 것이다. 따라서 불만이 증폭되고 있다."라고 말했다.

"한국의 촛불 집회처럼 하자"

지난 박근혜 대통령의 탄핵 과정에서 나타난 한국의 촛불 집회 문화가 주변 나라들에 큰 영향을 미쳤다고 분석되는데 이 점은 러시아에서도 확인되고 있다. 모스크바에서는 2019년 7월 20일부터 매주 토요일마다 '공정 선거'를 요구하는 시위가 열렸다. 9월 8일 실시되는 모스크바 시의회 선거를 앞두고 러시아 당국이 야권 운동가 나발니 지지자 등 야권 인사의 후보 등록을 대거 거부한 것이 시발점이었다. 보통 무소속 후보들은 5,000명 이상의 지지 서명을 받아야 후보 등록이 가능한데, 야권 후보들이 제출한 유권자 서명이 가짜이거나 사망자의 서명으로 드러났다면서 후보 등록을 거부한 것이었다.

7월 20일에는 2만여 명, 8월 10일에는 6만여 명이 시위에 참석해 2011년 이후 최대 규모였다고 주최 측은 밝혔다. 그런데 시위 양상이 갈수록 진화하는 중이다. 우리들에게 낯익은 모습, 유명 가수들이 무대에 올라가 사전 분위기를 띄우는 '시위 콘서트'도 등장했다. 러시아에서 가장 인기 있는 래퍼 중 한 명인 '옥시미론'은 당국에 체포된 대학생의 얼굴이 인쇄된 티셔츠를 입고 집회에 참석했다. 또 다른 래퍼 '페이스'는 무대에 올라 "선택의 자유를 위해 여기서 공연하겠다."라고 말했다.

이 와중에 한 장의 사진이 전 세계인의 시선을 사로잡았다. 중무장한 진

Francesca Tacchi @jackdaw_writes · 8월 4일
The courage of #OlgaMisik really gives me hope for the future of Europe.

◆ '헌법 소녀' 올가 미시크, 2019년 7월

압 경찰에 둘러싸여 도로 한복판에 앉아 책을 읽고 있는 소녀. 그녀의 이름은 올가 미시크. 당시 17세, 평범한 시콜라(초중고 11학년제) 학생. 우리로 치면 고등학교 졸업반인 그녀가 읽은 책은 1993년 개정된 러시아 헌법책이다. 그녀는 평화 시위에 관한 조항, 언론과 표현의 자유에 관한 조항 등 4개 조문을 읽었다고 말했다.

이 사진은 SNS를 통해 급속히 퍼져나갔다. 과거 중국 천안문 사태 당시 혼자 탱크를 막았던 '탱크맨'에 빗대 그녀를 '헌법 소녀'라고 부른다. 그런가 하면 시위 현장에 어린 자녀들을 데리고 나오는 부부도 늘었다고 한다. 대부분의 시위가 불법 집회로 규정돼 경찰이 강제 해산·연행에 나서기 때문에 어린이들과 함께 있으면 경찰의 추적에서 빠져나가기가 비교적 쉽다는 이유 때문이라고 한다.

그런데 지금 나타나는 진화된 시위 양상들은 사실 2017년 3월부터 시작

된 것이라고, 나는 생각한다. 최순실 국정 농단 사태를 계기로 2016년 말부터 들불처럼 번진 한국의 촛불 집회가 러시아에서 화제가 됐기 때문이다. 러시아 야권이 한국의 촛불 집회에서 깊은 영향을 받지 않았을까 하고 유추할 만한 대목이다. 실제로 집회 과정에서 한국의 촛불 집회를 언급한 발언이 나오기도 했다. 집회 주최 측은 3월 26일 시위 과정에서 '디몬'이라고 불리는 팟캐스트 방송을 생중계로 진행했다. 방송 진행자인 레오니트 볼코프는 다음과 같이 발언했다. "모스크바 중심가 집회가 오후 2시부터 시작되는데 한국의 촛불 집회처럼 평화적이고 자유롭게 진행하자 한군데 모여 있지 말고 산책하듯이 인도를 따라 계속 네모를 그리며 돌라. 한국에서도 유모차 끌고 아이들 손잡고 피크닉처럼 했다."

볼코프는 집회 직후 경찰에 연행돼서 나는 그에게 무슨 생각으로 이 같은 발언을 했는지 물어볼 수도 없었다. 다만, 주최 측이 집회 신고를 했음에도 불구하고 러시아 당국이 허가를 해주지 않았기 때문에, 시위를 강행했을 경우 발생할 불상사를 예방하기 위해 최대한 평화적인 시위를 종용했으며, 이 과정에서 한국의 촛불 집회를 예로 들어 설명했을 것이라는 추론이 가능하다. 결국, 이번 시위의 주최 측이 한국의 평화적인 시위 방법을 벤치마킹한 것으로 풀이된다. 또 대다수 시위 참가자들이 "그동안 오랫동안 말하지 못했던 부패 척결에 대해 이야기하려고 이 자리에 나왔다."라고 말한 점이나, 심지어는 "한국에서는 부패한 대통령을 탄핵했는데 우리라고 못 할 게 있나?"라고 말한 참가자도 있다고 전해지는 점으로 미루어 볼 때 한국의 촛불 집회에 러시아 사람들이 영향을 받았다고 표현해도 지나치지 않은 것 같다.

이 같은 시위에도 불구하고 2017년 3월 당시 푸틴 대통령은 여전히

80% 이상의 높은 지지도를 보였다. 러시아 당국은 이번 시위를 2018년 대선을 앞두고 지지자들을 결집하려는 야권의 도발이라고 규정했다. 러시아 주요 언론들도 이번 시위가 불법 집회였다는 점만 전달할 뿐, 집회에서 참가자들이 주장하는 내용에 대해서는 침묵을 지켰다. 러시아 야권의 반정부 시위는 이듬해 대선까지 꾸준히 이어졌다. 석 달 뒤인 2017년 6월에는 부패 연루 공직자 처벌을 요구하며 100개 이상의 도시에서 동시다발적인 시위를 벌였고, 대선을 두 달 앞둔 2018년 1월에는 '선거 보이콧'을 촉구하는 시위를 벌였다. 대통령 선거에 10명 이상이 도전장을 내밀었지만 푸틴 대통령의 유일한 대항마로 꼽혔던 야권 운동가 나발니의 후보 등록이 좌절되자 전국 80개 이상의 도시에서 대선을 보이콧하자는 시위를 벌인 것이었다. 앞서 나발니는 집을 나서다 괴한에게 화학 물질 테러를 당해 한쪽 눈이 실명 위기까지 간 적도 있었다. 또 대선이 끝나고 푸틴의 공식 취임을 앞둔 2018년 5월에도 전국 90개 도시에서 반정부·반푸틴 시위가 벌어지는 등 나발니를 중심으로 한 야권의 반정부 시위는 집요하게 계속됐다.

이 같은 시위가 벌어질 즈음에 시위 장소나 시간 등의 정보가 SNS를 통해 나발니 지지자들에게 전달이 되는데 나 같은 해외 특파원들에게까지 알려져서 때맞춰 취재를 할 수 있었다. 내가 야권의 반정부 시위에 지속적으로 관심을 가진 것은 장차 러시아 사회에 미칠 파장이 엄청날 것으로 믿었기 때문이다. 러시아 전문가들도 비슷한 분석과 평가를 내리고 있었다. 카네기 모스크바 센터의 안드레이 콜레스니코프 연구원은 "내가 보기에 러시아인들에게는 두 푸틴이 존재하는 것 같다. 첫 번째 푸틴은 러시아의 상징, 크림 반도를 병합한 지도자이다. 이는 국가 브랜드로서 80% 이상의 국민들로부터 지지를 받고 있는 상징이다. 두 번째는 개인 푸틴인데, 사람들은 그에게 나쁜 말을 하지 못한다는 것이다. 부정부패 소식이 들려도 사람들은 푸틴을 제외한 그 밑에 관료들일 것이라고 믿는다는 것이다. 그래서 러시아 옛말, 즉 'Good tsar(차르), bad boyar(보야르)*' 황제는 훌륭한데 그 밑의 귀족·관료들이 나쁘다는 기제가 작동하는 것이다."라고 분석했다. 그는 이어 "그렇지만 부식이나 침식이 분명히 존재한다. 그 침식은 젊은 층에서 발생하고 있다. 민주화를 향한 점진적인 과정이 진행되고 있다는 점에서 현 체제의 미래를 생각해보면 매우 중요한 사항이다. 그런데 이 같은 변화가 러시아 사회에서만 그렇고 정부 당국은 전혀 개혁할 준비가 되어 있지 않고, 민주화로 가기엔 너무 요원하다."라고 평가했다. 레바다 센터의 레프 구드코프 소장도 "당장은 별 영향을 주지 않을지라도 반정부 시위는 결국 체제 악화를 유발한다. 한계점을 넘어서면 체제는 붕괴된다. 그게 언제일지 모르지만 역사적 경험으로 비춰보면 아주 빠르게 일어난다. 마치 낙타 등에 지푸라기가 하나둘 쌓이다가 마지막 지푸라기가 떨어지면 낙타가 쓰러지듯이."라고 말했다.

---

* 보야르(boyar) : 10~17세기 러시아 봉건 귀족 최상층.

09
푸틴의
극동 개발 전략

러시아 극동 문제

지금까지 러시아는 대외적으로는 유럽 국가들과 협력해왔고, 대내적으로는 러시아의 중부 지역에 관심을 뒀었다. 이제는 중부 지역이 어느 정도 개발이 완료되었고 인구도 충분한 데 반해 극동 지역은 사정이 여의치 않다. 극동 지역의 인구는 660만 명, 러시아 전체 인구의 5% 정도로 가장 낮은 인구 밀도를 보이고 있다. 면적은 617만㎢(남북 거리 4,500㎞, 동서 거리 3,000㎞)로 러시아 국토의 36%이며, 러시아 자원 중 다이아몬드 98%(야쿠츠크), 백랍 80%, 황금 50%, 어류·수산물 40%, 러시아 삼림 30%가 이 지역에 있어 원자재의 보고이다.

푸틴이 집권한 2000년부터 러시아는 극동 지역을 개발하기 위한 전략을 모색했다. 극동 지역은 동북아시아에서의 영향력 확보는 물론 아시아 태평양(이하, 아태) 지역 국가들과의 경제 협력을 위해서도 중요한 의미를 지닌다. 극동과 시베리아 지역 개발과 아태 경제권으로의 편입이라는 과제에

◆ 블라디보스토크

직면하면서 러시아 중앙과 지방이 윈윈할 수 있는 개발 정책을 꾸준히 추진해왔다. 러시아 중앙 정부는 2012년 블라디보스토크에서 열린 '아시아 태평양 경제협력체(APEC) 정상회담'을 계기로 블라디보스토크를 아태 지역 국제협력센터의 중심지로 육성하려 했다. 국제 정치와 경제의 중심지가 아태 지역으로 이동하고 있기 때문에 낙후된 러시아의 극동 지역을 개발해 이러한 국제 질서 변화에 적극적으로 대처하려고 했다.

푸틴 대통령은 극동 지역을 선도적으로 개발하되 단기간이 아니라 21세기 내내 관심을 갖는 프로젝트가 되도록 하라고 지시했다. 빅토르 고르차코프 연해주 입법의회 의장은 2016년 7월 국내 언론과의 인터뷰에서 "연방 차원에서 100년간 보장되는 개발 사업으로 보면 된다. 연방 정부에 극동개발부가 신설된 것도 그 일환이다. 또 푸틴 대통령이 극동에서 추진 중인 사업 가운데 변경된 건 전무하다. 불황으로 지원 예산이 삭감된 지역이 많지만 극동 러시아만은 한 푼도 줄지 않았다."라고 설명했다.

러시아가 극동 지역을 개발하면서 자원 조달 문제와 노동력 부족 문제 등 다양한 문제들이 발생하고 있다. 이에 러시아는 자원 조달 문제는 동북아 주요 국가의 참여 유도로 해결하려 하고, 노동력 부족 문제는 중국, 북한 등 옛 사회주의 형제국들의 노동력 유입으로 해결하려 한다. 특히 러시아의 극동은 지역 개발에 필요한 인구가 절대적으로 부족한 실정이다. 극동 지방의 인구는 지난 1992년부터 2001년까지 10년 동안 100만 명 정도가 줄었다. 인구 감소의 주원인은 출산율 저하와 외부로의 인구 유출이 꼽힌다. 육체노동을 꺼리는 현지 주민들의 노동 의식도 한몫 작용하고 있어 지역 개발을 위해서는 외국 노동력을 수입해야 하는 상황에 직면해 있다. 실제로 상당수 외국인 노동자들이 유입되고 있다. 이 가운데 중국인 노동자의 진출이 절대적으로 많다. 2005년을 전후한 시기에 극동에 체류 중인 중국인 노동자가 80만 명 정도인 것으로 추산됐다. 그런데 상당수 러시아인들은 중국인 이주가 국가 안보에 심각한 위협을 초래할 수 있고 최악의 경우 중국인들에게 러시아 영토의 일부가 상실될지도 모른다는 두려움을 갖고 있다고 한다.

이에 극동으로 파견되는 북한 노동자들이 러시아의 고민을 다소 덜어주는 역할을 한다고 한다. 러시아 입장에서 본다면, 근면한 북한 노동자들은 중국 노동자들의 노동 현장 및 지역 시장 잠식을 어느 정도 제어하면서, 러시아가 우려하는 극동 지역의 '중국화' 문제를 해결하는 데 긍정적 역할을 한다는 것이다. 그래서 러시아의 고민은 자연스럽게 북한 및 한반도에 대한 관심으로 이어졌고, 북한과의 관계를 통해 문제 해결에 접근하려 한다. 북한과의 관계는 지역 안보와 북한 노동력 유입, 그리고 북한을 통한 한국의 투자 유치 문제로 구체화되고 있다.

◆ 연해주의 북한 건설 노동자

동방경제포럼

푸틴 대통령은 2012년 연방 정부 내에 '극동개발부'라는 부처를 신설하고 극동 개발에 박차를 가하고 있다. 2015년 9월에 처음 열린 '동방경제포럼(Eastern Economic Forum)'은 그 연장선상에 있다. 나는 9월 3일부터 5일까지 블라디보스토크에서 열린 동방경제포럼을 취재했다.

국내에선 대수롭지 않게 지나갔는지 모르겠지만, 러시아 내에서는 대단히 큰 규모의 행사였다. 푸틴 대통령이 참석해서가 아니라, 이 포럼을 기획·추진한 당사자가 푸틴이기 때문이다. 최고 지도자가 의지를 갖고 밀어붙이니 밑에서 움직이지 않을 수 없는 것이다. 트루트네프 러시아 부총리겸 극동연방지구 대통령 전권대표가 총감독이 되고, 극동개발부가 발로 뛰어 만든 작품이다. 러시아의 극동 지역에서 이렇게 초대형 경제 포럼이 열린 것은 2015년 당시가 처음이다. 동방경제포럼은 한마디로 외국 투자 유

◆ 1차 동방경제포럼 개최지인 극동연방대학

치 설명회라고 할 수 있겠다. 러시아는 투자하기 힘든 곳이라는 고정 관념을 깨는 파격적인 조치들이 대거 발표됐다. 그중 핵심은 '선도개발구역 조성'과 '블라디보스토크 자유항 선포'이다.

▶ 선도개발구역

극동에 분야별로 특화되고 경제자유구역(FEZ: Free Economic Zone)과 비슷한 여러 개의 산업 기지를 조성해, 정부가 인프라를 구축해주고 각종 행정 및 세제상의 특혜를 부여함으로써 국내외 업체들을 끌어들여 입주시키려는 사업이다.

☞ 연해주의 나데즈딘스키 선도개발구역(경공업, 식품 공업, 운송-물류) 등 9개 선도개발구역 지정

▶ 블라디보스토크 자유항

블라디보스토크뿐만 아니라 남쪽 포시예트 항, 자루비노 항, 동쪽으로 나홋카 항, 북쪽으로 우수리스크, 한카이스키 군 등 15개 지자체가 포함돼 면적은 2만 8,400㎢에 이른다. 이 지역을 홍콩, 싱가포르 등과 유사한 세계적 자유항으로 개발하려는 계획이다. 앞으로 70년 동안 자유항의 지위를 누리게 되는데, 자유항 방문객들에게는 입국 시 8일 동안 비자가 발급된다. 거주자들을 위해 관세 및 세금을 감면받을 수 있는 관세자유지역이 설치된다.

이 같은 프로젝트에 투자하는 외국 기업들에는 최초 5년간 법인세, 재산세, 토지세 등을 면제해주겠다는 것이다. 참으로 달콤한 제안이 아닐 수 없다.

'비자 절차 간소화, 행정 규제 완화, 각종 세제상의 혜택'이라는 이 달콤한 제안에 대한 한국 기업들의 반응은 어땠을까? 한마디로 기대 반 관망 반이었다. 우선 파격적인 제안은 환영하는 분위기이다. 우리 측 관계자는, "러시아의 입장은, 이렇게까지 했는데도 당신들이 투자를 안 할 거요?"라고 설명했다. 러시아를 오랫동안 지켜본 김승동 LS 네트워크 대표이사는 무엇보다 극동개발부 사람들이 마음에 들어 기대가 된다고 했다. 김승동 대표이사는 "극동개발부 사람들은 장관, 차관부터 젊고 일하는 것도 아주 적극적이다. 어떤 때는 한국 사람들보다 더 빠릿빠릿하게 일한다. 이 사람들을 보면 무언가 가능성이 보인다. 그래서 지금이 우리 기업들이 러시아의 극동 지역에 진출할 수 있는 절호의 기회가 아닌가 생각한다."라고 했다. 그런가 하면 신중론도 있다. 연해주에서 오랫동안 사업을 하고 있는 장민석 유

◆ 한러 비즈니스 대화, 2015년 9월 5일

니베라 러시아 법인장은, "블라디보스토크 자유항 지정 법안만 해도 세부적인 규정은 현재 계속 검토 중이고, 10월 초에나 발효된다. 그때 가봐야 우리 기업들에게 구체적으로 어떤 혜택이 돌아오는지 알 수 있다. 그때 가서 각자의 입장을 정해도 늦지 않을 것이다."라고 했다.

러시아가 워낙 복잡한 행정 절차 등으로 악명이 높아서, 그런 타성이 쉽게 고쳐질지 회의하는 목소리도 있다. 9월 5일 동방경제포럼 마지막 날, 한러 비즈니스 대화가 열린 자리에서 한국 측 위원장인 송용덕 호텔롯데 대표이사는 그동안의 애로 사항을 털어놓았다. 송용덕 대표이사는 "2010년 모스크바에 호텔을 지을 당시 각종 인허가 과정이 100여 개나 되었는데, 그걸 승인받는 데 1년이 넘게 걸렸다."라고 말했다. 이 말을 들은 오시포프 러시아 극동개발부 제1차관은, "극동 지역에선 행정 절차를 대폭 줄이겠다. 다시는 호텔롯데 같은 일이 일어나지 않을 것이다."라고 서둘러 진화에 나섰다.

◆ 윤상직 장관(왼쪽)과 리용남 대외무역상(오른쪽)

　최초로 열리는 동방경제포럼에 러시아가 남북한을 동시에 초청했고, 우여곡절 끝에 장관급 인사들이 참석했다. 남북한 대표가 공식 회담은 갖지 못했으나 자연스럽게 만난 적은 있었다. 9월 3일 저녁, 트루트네프 부총리가 예고 없이 각국 대표단을 초청해 상견례를 겸한 행사장 견학 일정을 마련한 자리였다.

　윤상직 산업통상자원부 장관과 리용남 북한 대외무역상은 이 자리에서 30분간 회동했다. 두 사람은 "안녕하십니까?"라는 간단한 인사말을 건넨 뒤 별다른 의견 교환 없이 주최 측이 마련한 행사장 견학을 마쳤다고, 윤상직 장관 측은 전했다. 그나마 이 같은 만남 때문인지 그 이튿날 전체 회의에서 윤상직 장관이 리용남 대외무역상을 다시 만난 자리에서는, 북한 나선 지구의 홍수 피해를 잘 마무리하시라고 덕담을 전했다고 한다. 이번에 남북한 회동이나 남북러 3자 회동이 이뤄졌더라면, 나진-하산 복합물류 프로젝트나 한반도 가스관 연결 사업 등 이미 벌여놓은 각종 사업들을 전반적으로 재점검해보는 기회가 됐을 것이란 생각이 든다. 결국 남북러 3각 협력 사업이 제 궤도에 오르기 위해서는, 남북 간에 순풍이 불어야 하겠구나 하는 생각이 새삼 들었다.

　이듬해인 2016년 제2차 동방경제포럼이 블라디보스토크에서 9월 2일과 3일 이틀 동안 열렸다. 2015년에는 3일 동안 열렸는데, 2016년에는 기간을 이틀로 단축하고 대신 내실을 기했다. 한국과 일본의 정상들을 초청해 주가를 한층 올렸다. 오히려 한러·러일 정상회담 때문에 주인격인 경제 포럼이 뒷전으로 밀린 듯한 느낌마저 들었다. 아무튼, 이틀간 포럼에서 214건, 1조 8,500억 루블(약 31조 원) 상당의 계약이 체결됐다고, 러시아 극동개발부 공보처가 밝혔다.

　앞서 지적했듯이 시베리아와 극동 지방의 석유·가스·전력 생산은 세계 최상위권을 차지하지만, 인구가 현저히 적고, 자본·기술이 부족한 게 문제이다. 중러 국경 너머로 중국의 동북 3성에는 1억 3,000만 명이 바글대는데, 러시아의 연해주 인구는 고작 600만 명 정도이다. 이번 포럼 전체 회의에서 사회를 봤던 케빈 러드 전 호주 총리는, "극동의 영토 크기는 호주 정도인데, 인구는 싱가포르 정도이다."라고 비유했다.

　극동 지역의 산업 구조 변화도 요구된다. 현재 1차 산업 중심의 구조를 고부가 가치 산업을 도입해 다변화할 필요가 절실하다. 여기에 한국·중국·일본의 자본과 기술이 필요한 것이다. 따라서 동방경제포럼은 아태 국가들에 극동 지역 진출을 위한 멍석을 깔아주는 자리이다. 이번엔 각국 정상들까지 초청해 제법 성대한 행사를 치른 이유이다. 한국과 일본 역시 각각 안보·영토 문제가 걸려 있으니 이해관계가 맞아떨어졌다.

　9월 3일 오후 열린 전체 회의에서 한러일 정상들이 기조연설을 했다. 박

◆ 한러 비즈니스 대화에 참석한 박근혜 대통령, 2016년 9월 3일

◆ 동방경제포럼에 참석한 한러일 정상들

근혜 대통령은 기조연설에서 한러 기업 간 협력을 통한 교통·항만 등 극동 지역 인프라 확충, 북극 항로 개발, 극동지역 고속도로 건설사업 등을 제안했다.

박근혜 대통령은 연설의 상당 부분을 북핵 문제 해결의 시급성에 할애했다. 푸틴 대통령은 이에 대해 "평양의 자칭 '핵보유국 지위'를 인정할 수 없다."라고 답했다. 또 러시아는 한반도 긴장 상황을 협상 국면으로 돌리기 위해 북한을 최대한 설득할 것이라고 답했다.

아베 일본 총리의 연설에서는 러시아의 환심을 얻고자 하는 의도가 그대로 드러났다. 어떻게 들으면 아첨에 가깝게도 들릴 정도였다. 아베 총리는 "저는 이번에 블라디보스토크를 처음 방문했습니다. 저는 전용기를 타고 왔지만, 이곳은 항구가 아름다운 도시이기 때문에 배를 타고 와야 할 것입니다. 100년 전 노르웨이 출신 탐험가 프리드쇼프 난센은 블라디보스토크를 보며 이렇게 말했죠. 여기보다 아름다운 곳이 어디에 있을까?"라며 한껏 블라디보스토크의 경치를 칭찬했다.

아베 총리는 또 동방경제포럼장이 있는 루스키 섬으로 들어오는 세계 최장의 사장교(길이 3km)를 일본 기업이 건설한 점을 상기시키면서, 아름다운 도시 건설에 일본 기업을 동참시켜달라고 말했다. 아베 총리는 이와 함께 러일 간에 평화 협정이 체결되지 않았다면서 이 같은 비정상적인 상황에 종지부를 찍자고 강조했다. 그러면서, "일 년에 한 번 이곳에서 정례 회담을 하자."라는 새로운 제안도 내놓았다.

물론 푸틴 대통령이 당장 아베 총리의 구애에 화답할 것 같지는 않다. 당시 언론들은 아베가 푸틴을 자주 만나려고 하는 속셈은, 러시아와 일본 간의 영토 문제, 즉 쿠릴 열도를 반환받기 위한 것이라고 해석했다. 그러나 푸틴 대통령은 전체 회의에서 이렇게 말했다. "영토 문제는 러시아의 국익에 관계된 것이다. 그리고 이 문제에 대한 러시아와 일본의 시각이 다르다. 현재의 러시아가 이 문제를 만든 것이 아니다. 1956년*에 이 문제가 해결되었어야 하는데 아쉬움이 있다." 푸틴은 또 "당시에는 일본이 거절했다. 당시의 제안에 대해서 일본이 다시 검토해보아야 한다. 러시아와 일본에 서로에 대한 신뢰가 필요하다."라고 답했다.

그러면 푸틴 대통령은 왜 극동 개발에 열을 올리는 걸까? 푸틴은 2000년 7월 집권 1기 대통령에 당선되자마자 북한을 방문했다. 소련 시기를 포함하여 러시아 정상이 평양을 방문한 것은 그때가 처음이었다. 그때부터 극동 개발에 박차를 가한 뒤 15년 만의 결실이 이번 동방경제포럼이라고 할 수 있다. 극동 개발의 목적은 결국 아시아 태평양으로의 진출로 요약된다. 푸틴 대통령은 포럼 개막식 연설에서, "아태 국가들은 지금 세계 경제를 이끄는 견인차 역할을 하고 있다. 아태 국가들과 긴밀히 유대 관계를 맺는 것은 러시아의 전략적 이해관계에 맞아떨어진다."라고 설파했다. 러시아와 중국은 이미 자루비노 항**의 항만 현대화에 합의한 바 있다. 우리 측 관계자는, 시베리아 횡단열차가 동해안을 따라 부산항에 이르러 아시아·태평양으로 진출하는 것이 러시아의 목표일 것이라고 말했다.

---

* 1956년 소련-일본 공동선언에서 소련은 시코탄과 하보마이 등 쿠릴 열도 4개 섬 중 2개 섬을 일본에 돌려주겠다고 제안한 바 있다.
** 자루비노 항: 블라디보스토크에서 남쪽으로 230km 위치. 중국 국경과 가깝다.

10
북극
개발

러시아의 북극 시대

북극권에서 액화 천연가스(LNG)가 생산되는 시대가 열렸다. 2017년 12월 8일, 러시아 서부 시베리아 야말 반도에 세운 '야말 LNG 기지'에서 사상 첫 북극산(産) LNG가 생산된 것이다. 나는 이것을 취재하기 위해 2017년 12월 영하 30도 강추위 속에 야말 반도 LNG 생산 기지를 찾았다.

사실 야말 반도를 찾은 것은 그때가 두 번째였다. 2016년 5월에도 야말 LNG 프로젝트의 진척 상황을 취재했었다. 당시에는 65%의 공정률을 보이고 있었다. 두 번의 취재를 통해 나는 북극권에서 LNG를 생산하는 것의 의미를 대략적으로 이해할 수 있었다.

북위 71도, 시베리아 야말-네네츠 자치구에 있는 야말 반도는 일 년에 7월과 8월 두 달을 제외하곤 눈과 얼음으로 뒤덮인 툰드라 지대이다. 겨울에는 영하 60도까지 내려가고 한여름에도 영하 20도를 오르내리는 극한 지대다.

야말 LNG 기지에서 LNG가 생산된 것은 야말 LNG 프로젝트의 결실이다. '야말 LNG 프로젝트'란 2014년 4월 시작된 프로젝트로, 러시아 시베리아 최북단 야말 반도에 매장된 약 1조 2,500㎥의 천연가스전을 개발하여 연간 1,650만 톤의 LNG를 생산하는 사업이다. 야말 반도의 천연가스 매장량은 러시아 전체의 80%, 전 세계의 17%에 해당한다. 이 지역의 천연가스 매장량은 9,260억㎥로, 향후 30년 동안 생산이 가능하다고 한다.

270억 달러(약 30조 원)가 투입된 대단위 국책 사업이다. 러시아의 최대 민영 가스 회사인 노바텍(Novatek), 프랑스의 토탈(Total), 중국의 중국 석유천연가스공사(CNPC) 등 세계 유수 기업이 참여하는 대규모 프로젝트로 푸틴 대통령도 관심을 쏟고 있다. 지분 구성은 러시아의 노바텍 50.1%, 프랑스의 토탈 20%, 중국의 CNPC 20%, 중국 실크로드 기금 9.9%로 돼 있다. 러시아와 프랑스, 중국의 다자간 협력체인 것이다. 프로젝트 초기 주요 보직에 프랑스의 토탈의 파견자와 프랑스 LNG 전문가들이 포진해 있었다고 한다. 2014년 우크라이나 사태로 서방의 대러 제재가 시작되면서 야말 LNG 프로젝트는 좌초 위기에 몰렸으나 이들의 지원 덕분에 살아났다.

예를 들어, 프랑스 토탈사 CEO인 마르주리는 서방의 대러 제재 조치가 불공정하고 비생산적이라며 반대 입장을 밝혔고, 야말 LNG 프로젝트의 성공을 이끄는 데 중심 역할을 했다. 그런 이유로 최초로 북극산 LNG를 운반한 선박의 이름은 그의 이름을 따서 '크리스토프 드 마르주리'라고 지었다고 한다.

또 야말 프로젝트에 쓰일 '쇄빙 LNG 운반선' 15척을 우리 기업이 수주했었는데 그중 14척에 중국 금융권이 돈을 댔고, 러시아 금융권은 단 한

◆ 야말 반도 사베타 항

척에만 돈을 댔다고 한다. 당시 대러 제재 때문에 서방 금융권은 개점휴업 상태였다고 한다.

야말 LNG 프로젝트의 홈페이지에 따르면 첫 트레인은 2017년 12월 5일 가동을 시작했으며, 8일 17만㎥의 LNG를 처음으로 선적했다. 야말의 연간 가스 생산량은 우리나라가 사할린-2 프로젝트 지역에서 들여오는 연평균 LNG 도입량 20억㎥의 10배가 넘는 규모이다. 천연가스 추정 매장량은 1조 2,500억㎥ 정도인데, 이는 우리나라가 60년 가까이 사용할 수 있는 양이다.

2017년 12월 8일, 야말 반도 사베타 항에서는 북극산 첫 LNG가 운반 선박에 선적되는 역사적 순간을 축하하는 성대한 기념식이 열렸다. 푸틴 대통령이 기념식에 참석해 축사하고 선적 버튼을 눌렀다. 푸틴은 축사를 통해 "우리는 이제 북극 항로를 개발해야 하는 중차대한 과제에 직면했다."

◆ 야말 LNG 기지   ◆ 세계 최초 쇄빙 LNG 운반선

라고 강조했다. 이 말은 난관을 헤치고 어려운 야말 프로젝트를 성공시켰으니 이제는 얼음 바다 북극 항로를 본격적으로 개발해나가자는 의미이다.

얼어붙은 시베리아 벌판에서 어떻게 LNG를 생산해내는지에 대해 현장 엔지지어로부터 대강의 설명을 들었다. 발밑을 파내면 곧바로 영구 동토층이 나온다. 영구 동토층의 깊이는 340m에 이르고 영하 4도를 유지한다. 그 위로 거대한 LNG 생산 시설이 들어선 것이다. 수백 미터 지하에서 뽑아 올린 천연가스를 보관하는 초대형 LNG 저장 탱크는 높이 52m, 직경 80m에 달한다. 이 시설을 유지하기 위해 언 땅에 수백 개의 파일을 박았는데, 이 중엔 열 안정기도 있다. 열 안정기의 역할은 냉장고와 같아서 영구 동토층이 녹지 않도록 온도를 낮게 유지하는 것이다.

마나코프 야말 LNG 프로젝트 제1부감독은 이런 극한의 장소에 생산 기지를 세움으로써 두 가지 이점이 생긴다고 설명했다. 첫째, 생산 기지가 가스전 바로 근처에 위치하기 때문에 운송비가 덜 든다는 것이다. 둘째, 영하 50~60도의 낮은 온도가 생산성에 도움을 준다는 것이다. 낮은 기온 때

◆ 야말의 버스들

◆ 하늘로 치솟는 광선, 무리 현상

문에 천연가스가 더 쉽게 액화되면서 10%의 비용 절감이 되고, 더 많은 LNG를 생산하게 된다는 것이다.

야말 LNG 생산 기지 근처에는 사베타 항과 사베타 공항이 있다. 둘 다 생산된 LNG 운반과 기지 종사자들을 위한 기반 시설이다. 일 년 내내 영하권을 맴도는 기후 때문에 운송 수단도 독특했다. 사람들을 실어 나르는 버스가 꼭 직사각형 철제 상자를 대형 트럭 위에 얹어놓은 모양새이다. 눈과 얼음으로 덮인 도로를 달려야 하기 때문에 대부분 트럭의 바닥이 매우 높다. 즉 높이 1.5m쯤 되는 계단을 올라서 철제 상자에 타야 하는 것이다. 날씨가 추우니 두꺼운 외투를 입고 장갑을 껴서 몸이 둔한 데다 이렇게 높이 오르내려야 하니 버스 몇 번 타고 나면 기진맥진해질 지경이었다.

또 북극 지역은 해를 보기 힘들다. 해가 떠봐야 오전 10시 반 정도에 뿌옇게 밝아지다 2시간 뒤에 곧바로 다시 어두워진다. 낮 시간이 2시간 정도밖에 안 되는 것이다. 하루 종일 어둠이 지속된다. 그런데 이게 거의 일 년 내내 지속된다. 우울증이 안 걸리는 게 이상할 정도이다.

그 와중에 신기한 현상을 발견했다. 기지 한복판에서 하늘을 향해 일직선으로 쭉 뻗어 올라가는 흰 광선이 보였다. 현장 관계자들에게 물어보니 가스를 태우는 과정이란다. LNG를 생산할 때 생기는 안 좋은 가스를 빼서 태워버리는데 이때 강한 불빛이 발생한다고 했다. 추운 북극 지방에서는 이것이 미세한 얼음 입자에 반사돼 마치 광선처럼 보인다고 해서 '무리(Halo, Light pillar) 현상'이라고 부른다고 했다. 현장 관계자들은 우리 취재팀이 정말 운이 좋다고 말했다. 이런 현상은 일 년에 한두 번 볼까 말까 한 진기한 장면이라는 것이다.

야말 LNG 프로젝트의 의의

야말 LNG 프로젝트는 러시아에 어떤 의의가 있을까? 전문가들은 다음과 같은 세 가지로 진단한다.

러시아의 천연가스 수출 확대

러시아는 이 프로젝트를 통해 천연가스 수출 패러다임의 변화, 즉 파이프라인(PNG) 중심에서 LNG로 변화를 모색했다. 러시아는 그동안 파이프라인을 통해 가스를 수출했고 LNG는 사할린-2 프로젝트 지역에서만 생산했었는데, 수출 방식에 엄청난 변화를 가져온 셈이다. 크림 병합 등으로 우크라이나와 갈등 관계이면서도 러시아에서 유럽으로 가는 파이프라인은 여전히 가동 중이다. 또 흑해 해저를 통해 터키와 남동부 유럽 국가들에 러시아산 가스를 제공하는 새로운 가스관 '터키 스트림(Turk Stream)'도 2020년 1월 공식 개통했다.

러시아는 이제 기존 유럽 중심의 PNG 수출과 함께 LNG 수출 확대를 통해 경쟁력 강화를 꾀하고 있는 것이다. 아시아를 중심으로 폭발적으로 늘고 있는 천연가스 수요를 노린 것이다. 에너지 시장 조사 회사인 블룸버그 뉴에너지 파이낸스(BNEF)에 따르면 2030년 세계 LNG 수요는 2016년보다 86% 증가한 4억 7,900만 톤에 이를 것으로 보인다. 특히 중국은 심각한 대기 오염 문제를 타개하기 위해 석탄 화력에서 가스 화력으로 급격히 이동 중이다. 미켈슨 노바텍 사장은 KBS와의 인터뷰에서 "2020년까지 아시아 LNG 시장의 증가율이 73% 정도로 예측된다."라고 말했다.

문재인 정부는 현재 19% 정도인 LNG 발전 비중을 2030년엔 37%까

◆ 쇄빙 LNG선

지 높이려 하고 있다. 소비자인 우리나라 입장에선 누가 가장 싸게 안정적으로 공급해주느냐가 관건인데 호주산과 미국산 LNG는 비싼 편이다. 국제에너지기구(IEA)는 러시아가 2040년까지 미국, 아프리카 국가들과 함께 LNG 주요 수출국으로 부상할 것이라고 전망했다. IEA는 보고서에서 "현재 전 세계 LNG 수출의 약 60%를 카타르와 호주가 맡고 있다." 하지만 2040년까지는 미국과 사하라 사막 이남 아프리카 국가들이 LNG 수출을 약 900억㎥ 늘릴 것으로 예상되며 러시아도 600억㎥를 더 수출할 것으로 전망된다."라고 밝혔다. 그러면서 이들 3대 공급원이 전 세계 LNG 수출에서 차지하는 비중이 현재 23%에서 2040년까지는 40%로 증가할 것이라고 전망했다.

북극 가스전 잠재력 촉발

러시아는 이 프로젝트를 통해 잠재된 방대한 러시아 북극 가스전 개발을 촉발했다. 러시아는 이 프로젝트의 성공에 힘입어 야말 반도 건너편 기단 반도에 또 다른 LNG 생산 기지 건설 사업인 '북극-2 LNG 프로젝트'를 추진 중이다. 2022년쯤 생산을 목표로 야심차게 추진 중인 이 프로젝트의 최대 목표 생산량은 연간 7,000만 톤에 이른다. 이는 LNG 수출량을 대폭 늘리고 있는 미국의 10년 뒤 총생산량인 6,200만 톤을 능가하는 규모이다. 개발에 예상되는 자금은 1,100억 달러(약 119조 원). 천문학적인 이 자금을 조달하기 위해 노바텍은 LNG 의존도가 높은 일본과 한국 등 아시아 국가들에 적극적으로 투자 제안을 하고 있다.

북극 항로 사용 현실화

러시아는 이 프로젝트를 통해 그동안 비현실적이라고 여겼던 쇄빙 LNG 운반선을 이용한 북극해 자원 천연가스의 수출을 현실화하고, 북극 항로의 상업 운항 가치를 재발견했다. 북극 항로는 일 년에 절반 이상 두꺼운 얼음에 덮여 있어 통상 얼음을 깨는 쇄빙선이 앞장서고 그 뒤를 LNG 운반선이 따라가는 방식이었다. 그래서 경제성이 떨어지는 측면도 있었다. 야말 LNG를 북극해를 통해 운반하려면 쇄빙 기능과 LNG 운반 기능을 동시에 갖춘 선박이 필요했는데 한국의 대우조선해양이 이 갈증을 해결해줬다.

대우조선해양이 만든 '아크(ARC)-7급 쇄빙 LNG선'은 스스로 얼음을 깨면서 나가는 LNG 운반선이다. 길이 299m, 폭 50m로 우리나라 전체가 이틀간 사용할 수 있는 17만 3,600㎥의 LNG를 싣고 최대 2.1m 두께의 얼음을 깨면서 항해할 수 있다. 대우조선해양이 수주한 LNG 쇄빙선 15척은 총 48억 달러(약 5조 원) 규모이다. 이 LNG 쇄빙선들은 야말 반도 사베타 항에서 북극 항로를 통해 중국 등의 아시아와 북유럽 지역으로 LNG를 운송하게 된다.

러시아의 북극 개발 비전

막대한 규모의 지하자원이 매장되어 있다는 점, 세계 물류의 중심을 현재의 남부에서 북부로 이동시킬 수 있다는 점, 지구상 마지막 남은 청정 식수원이라는 점 등 여러 가지 잠재력 때문에 북극 개발은 러시아 국가 발전 전략의 중요한 축이 되고 있다. 북극 항로는 유럽과 동남아시아 사이의 최단 이동 경로로서, 인도양과 수에즈 운하를 통하는 기존 남부 경로보다 이동 시간이 1/3가량 단축된다.

현재 북극 지방 영토의 약 40%를 러시아가 점유하고 있다. 이 지역에 거주하는 러시아인들은 전체 러시아 인구의 약 2%이며 GDP는 전체 GDP의 약 10% 수준이다. 하지만 매장돼 있는 지하자원이 엄청나다. 러시아 전체 니켈과 코발트 생산량의 95%가 북극에서 생산되고 있다. 가스는 80%, 구리는 60%, 중정석 및 인회석은 100%, 해산물의 15%가 북극 지역에서 개발·생산되고 있다. 미국 지질학자들은 러시아, 노르웨이, 그린란드, 미국 및 캐나다에 매장돼 있는 천연가스의 90% 이상이 러시아 북극에 집중돼 있는 것으로 보고 있다. 니켈은 세계 매장량의 약 10%, 백금류 금속은 약 19%, 아연은 3% 이상이 북극에 매장돼 있는 것으로 추정된다.

러시아의 북극 개발은 19세기에 기온이 비교적 온화한 무르만스크와 아르한겔스크 지역에서 시작됐다. 하지만 진정한 의미에서의 북극 개발은 1930년대 보르쿠타 지역의 석탄 채굴, 노릴스크 지역의 비철금속 채굴, 그리고 북극의 동쪽과 서쪽을 잇는 고속 도로(Transpolar Highway)를 통해 본격적으로 이뤄졌다고 볼 수 있다. 그 이후 러시아 북극 지역에 러시아 군사 시설이 주둔하고, 인구가 증가하면서 안정적으로 성장하기 시작했다.

푸틴 대통령은 2013년 러시아 북극 지역 개발 전략을 승인했으며, '2020년 러시아 극지방 사회경제 개발정책'을 2025년까지 연장했다. 러시아 정부는 이 정책을 추진하기 위해 150개 프로젝트를 지정하고 향후 몇 년간 5조 루블을 투자할 계획이다. 5조 루블 중 1조 루블은 정부 예산으로 지원하며, 4조 루블은 외부 투자 등으로 조달할 계획이다.

온 가족이 즐기는 군사 훈련

"탱크 바이애슬론?"

처음엔 탱크 배틀(Tank Battle)로 잘못 알아들었다. 그런데, 알고 보니 탱크 바이애슬론(Tank Biathlon)이었다. '바이애슬론'이라면, 크로스컨트리 스키에 사격을 더한 동계 올림픽 종목을 말한다. 그런데, 여기선 탱크들이 들판을 질주하다 사격을 한다.

탱크 바이애슬론은 탱크들이 언덕을 오르고 강을 건너고 요철을 지나고 사격을 하는 등 10여 가지 장애물을 통과하며 우위를 가리는 대회이다. 내가 2015년 7월 모스크바 특파원으로 부임한 뒤 받아본 보도 자료 중에서 가장 눈에 띈 것이 이 탱크 바이애슬론이었다. 말하자면 '탱크 달리기 대회'인데 군사 분야를 많이 취재해본 기자에겐 호기심이 당기는 이슈였다.

2015년 8월 1일, 모스크바 동남쪽 40km 거리에 있는 알라비노 기지에서 대회가 열렸다. 개막식에선 미그-29, 수호이-27 전투기 편대와 공격 헬

◆ 탱크 바이애슬론

기 Ka-52의 축하 비행이 펼쳐졌는데, 어지간한 에어쇼를 능가할 만큼 현란한 기교를 선보여 박수갈채를 받았다. 특히, Ka-52 헬기는 고난도 기동을 마친 뒤 정지 비행을 하면서 관중석을 향해 마치 꾸뻑 절을 하는 양, 머리를 아래로 내리는 모습을 연출해 감탄을 자아냈다.

대회에 출전한 탱크들은 색깔도 다양했다. 노란색, 녹색, 갈색 등. 마치 비디오 게임을 보는 듯한 착각이 들 정도였다. 이번 대회에는 러시아는 물론 중국과 인도, 베네수엘라, 카자흐스탄, 몽골 등 17개 나라가 참가했다. 모든 나라가 러시아제 T-72B 탱크를 출전시켰는데, 중국만 유일하게 자국 제품인 96A형 탱크를 가져왔다. 대회 첫날부터 해프닝이 벌어졌다. 베네수엘라 탱크는 강을 건너다 갑자기 고장이 났는지 물속에 잠겨 나오지 못하다가 결국 견인 탱크에 끌려 나왔다. 타지크스탄 탱크는 기관포가 고장이 나 한동안 사격을 하지 못하기도 했다.

◆ 출전한 탱크들

　　대회 일주일 전 주최 측이 기자 브리핑을 했다. 그런데, 장소가 러시아 방송국이었다. 통상 국방부 회견장일 텐데 무슨 이유일까? 알고 보니 러시아 국방부와 러시아 방송사가 공동으로 주관하는 행사였다. 러시아 방송사(채널 1, 2, 24)가 대회 전반을 촬영해서 8월 말에 다큐멘터리로 제작한다고 했다. 이번 대회에 카메라를 60대 이상 동원하고, 항공기와 고프로를 동원하는 등 다양한 촬영 기법을 사용한다고 했다.

　　대회 개막식 날, 일반 관람객들이 1,000명 넘게 모여드는 광경이 볼만했다. 일반 관람객들은 기지 밖 주차장에 차를 대고, 군인들이 이들을 군용버스로 대회장까지 실어 날랐다. 아이들 손을 잡고 가족 단위로 오는 사람들도 있었고, 데이트하는 젊은 남녀도 보였다. 다들 소풍이라도 나온 듯한 경쾌한 분위기였다. 러시아 팀이 출전하자 관람석에서 일제히 "러시아, 러시아." 를 외치며 열띤 응원전을 펼치기도 했다. 군사 분야를 오락처럼 즐기는 이들의 정신세계를 어떻게 이해해야 할까? 군사 분야에서는 미국과 대적할 만큼 강력한 힘을 갖고 있다는 자부심의 발로일까, 혹은 제2차 세계

◆ 미그-29 전투기와 경주 차 대결

대전 당시 히틀러의 나치 군대를 막아낸 역사의 산물일까?

기자 브리핑에서 아나톨리 안토노프 러시아 국방부 차관은, 미국과 나토 회원국들에게도 이번 대회에 참가할 것을 제안했지만 그들이 거부했다고 소개했다. 그러면서, 내년 대회에는 미국 등도 참가해 함께 기량을 겨뤄보자고 말했다. 그리고 주최 측이 강조한 것은 이 대회가 게임으로만 끝나는 것은 아니라고 했다. 엄연히 군사 훈련의 일환이라는 것이다. 실제로, 이 같은 대회를 통해 수집된 각종 정보들은 탱크나 장갑차 등 장비들의 성능을 업그레이드하는 데 활용된다고 설명했다. 이번 취재는 러시아의 독특한 군사 문화를 접해볼 수 있는 좋은 경험이었다.

전투기 vs 경주 차, 어느 것이 더 빠를까?

2015년 8월 25일부터 30일까지 '막스(MAKS) 2015'가 러시아 모스크바 근교 주콥스키에서 열렸다. MAKS는 다음과 같은 러시아 단어 4개의 머리글자를 따서 만든 말이다.

Международный (메즈두나로드니 = International)

Авиационно (아비아치온노 = Aviation)

Космический (코스미체스키 = Space)

Салон (살론 = Exhibition)

영어로는 International Aviation & Space Exhibition, 우리말로는 '국제 항공우주 박람회'나 '국제 항공우주 쇼' 정도 되겠다. MAKS는 2년마다 열리는 러시아 최대 규모의 항공우주 박람회이다. 이 자리에 러시아의 첨단 항공기와 관련 제품을 전시하고, 외국 바이어와 상담을 벌인다. 올해는 독일, 프랑스, 이탈리아 등 25개 나라에서 150여 개 기업들이 참가해, 각자의 첨단 항공우주 기술을 선보였다.

어느 나라나 항공우주 쇼의 꽃은 '에어쇼'이다. 그런데 이번에는 색다른 것이 눈에 띄었다. 이른바 '속도 페스티벌'이다. 전투기와 헬기, 경주용 자동차 간 속도 경쟁이라는 이벤트를 마련한 것이다. 속도 경쟁은 비행기 활주로에서 펼쳐졌다. 길이 1.5km의 타원형 코스 3바퀴를 누가 먼저 돌고 결승점에 골인하느냐를 겨루는 것이었다. 드넓은 활주로 주변에는 대형 전광판을 설치해, 출발점과 결승점은 물론 경주 전 과정을 실시간으로 생중계했다.

속도 경쟁에 참가한 기종은 경비행기, 야크-52 전투기, 중형 헬기, 소형 헬기, 미그-29 전투기이다. 경주용 자동차는 일본의 닛산 쥬크(Nissan Juke) R, 스페인의 세아트 레온(Seat Leon), 독일의 메르세데스(Mercedes) AMG C63, 러시아의 바즈(VAZ) 2102, 일본의 스바루(Subaru) BRZ 등이

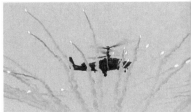

◆ MAKS 에어쇼

다. 한 번에 2대씩 경주한 결과는 경주 차 > 경비행기, 경주 차 > 소형 헬기, 야크-52 전투기 > 경주 차, 중형 헬기 > 경주 차, 미그-29 전투기 > 경주 차이다.

특히, 미그-29 전투기는 코너를 돌 때는 회전 반경이 워낙 커서 불리해 보였지만, 직선 코스를 달리는 때는 속도가 워낙 빨라 압도적인 차이로 경주 차보다 먼저 결승점에 들어왔다.

첨단 전투기들이 선보이는 에어쇼는 언제 봐도 흥분되는 명품 볼거리이다. 이번 에어쇼에는 미그-29, 미그-35, 수호이-27, 수호이-30, 수호이-35C, 수호이-34, T-50 등 러시아 공군이 보유하고 있는 첨단 기종들이 대거 참가했다. 특히 러시아가 최근 개발한 스텔스 전투기인 T-50은 약간 몸을 사린다고나 할까, 아무튼 비싼 몸값 티를 낸다는 느낌이 들었다. 다른 전투기들은 관객들 머리 위까지 날아와 현란한 곡예비행을 예사로 하는 반면에, T-50은 카메라에 잡기 어려울 만치 높이 솟구쳐서 에어쇼를 마치고 돌아갔다.

첨단 전투기들이 자랑하는 에어쇼는 항공 기술과 속도의 향연이다. 한 마리 새처럼 푸른 하늘을 자유자재로 휘젓는 모습이 신기에 가까울 정도이다. 에어쇼 와중에 장내 아나운서가 쉴 새 없이 중계 멘트를 날렸는데,

◆ 코브라 기동

종종 들리는 말이 '코브라 기동'이라는 것이었다. 수호이-27 이상의 수호이 계열 전투기들은 무리 없이 소화해내는 고난도 기동인데, 러시아가 보유한 첨단 항공 기술에 대한 자부심이 은근히 묻어나는 대목이었다.

'코브라 기동'이란 위쪽 그림처럼 고속으로 날아가던 전투기가 급감속하여 날개각을 올렸다가 공중에서 정지한 후 다시 기체를 수평으로 하여 전진하던 방향으로 다시 비행하는 기법을 말한다. 1989년 '파리 에어쇼'에서 러시아 수호이 사(社)의 테스트 파일럿 빅토르 푸가초프가 Su-27 전투기로 처음 선보여 세계를 깜짝 놀라게 한 뒤로 '푸가초프 코브라 기동'으로 불리기도 한다. 한국에서도 2004년 서울 에어쇼에서 Su-35가 코브라 기동을 선보인 바 있다. 공중 근접전에서 꼬리가 잡힐 경우 유용해 보일 수도 있겠지만, 실전 경험이 없어서 군사 전문가들 사이에서도 입장이 서로 다르다. 미국 전투기 중에선 F-15가 이론상 가능하다고는 하는데, 실제 F-22 랩터만이 가능한 것으로 알려져 있다.

지상에는 100여 대의 각종 전투기, 헬기, 민간 항공기들이 전시돼 관람객들의 눈을 즐겁게 했다. 길이 2km가 넘는 활주로 양편에 항공기들이 전시돼 있는데 마치 거대한 항공기 박물관에 들어선 착각이 들 정도였다. 나날이 진화하는 무인기뿐만 아니라, 각종 방공 무기들도 한쪽을 차지하고

◆ MAKS 지상 전시장

있어 전시회의 무게를 더했다. 첫날 전시장을 방문한 푸틴 대통령은 러시아가 항공우주 분야에서 기업들 간 상호 협력에 개방적이라고 강조했다. 러시아는 전투기 판매는 물론 민간 항공기 판매에도 열을 올리고 있다는 얘기이다. 사우디아라비아 국왕, 요르단 국왕, 이집트 대통령 등이 전시장을 직접 방문하고 돌아갔는데 전시회가 끝나기도 전에 수호이 Superjet-100 항공기 판매 계약이 10억 달러 이상 이뤄졌다는 소식이 전해졌다. 국내에서도 여러 차례 에어쇼를 취재해본 경험이 있지만, 전혀 차원이 다른 규모와 깊이를 느꼈던 항공우주 쇼였다.

러시아 승전기념일이 항상 맑은 이유

2017년 5월 9일, 한국에서는 역사적인 19대 대통령 선거 투표 개표로 바쁜 와중에, 러시아에서는 제2차 세계대전 승전 72주년 기념행사로 전 국이 북새통을 이뤘다. 승전기념일 행사의 하이라이트는 모스크바 크렘린 궁 앞 붉은 광장에서 오전 10시에 펼쳐진 군사 퍼레이드였다. 군사 퍼레이드는 제2차 세계대전 때 나치 독일을 물리친 러시아 국민의 자존감을 확인하고 첨단 무기 등 러시아의 군사력을 대내외에 과시하려는 데 목적이 있다.

푸틴 대통령은 축하 연설에서 "러시아 국민을 굴복시킬 수 있는 세력은 예전에도 없었고 지금도 없으며 앞으로도 없을 것이다."라고 말했다. 푸틴 대통령의 연설에 이어 군사학교 생도, 국가근위대 등 1만여명의 군인들이 질서 정연하게 광장을 행진했다. 뒤이어 제2차 세계대전에서 활약한 T-34 탱크를 시작으로 100여 대의 각종 무기들이 광장을 지나갔다.

지난 2015년 첫선을 보인 최신형 탱크 '아르마타', 신형 대륙간 탄도 미사일(ICBM) RS-24 '야르스', 신형 전술 미사일 '이스칸데르', 첨단 방공 미사일 S-400, 각종 장갑차가 선보였다. 특히, 2017년 군사 퍼레이드에는 처음으로 러시아 북극해를 방위하는 방공 부대가 참석했다. 방공 부대는 방공 미사일 시스템 'Tor-M2DT'와 대공 방어 시스템 '판치리'를 선보였는데, 흰색 바탕에 회색과 검은색 무늬가 있는 차량에 포효하는 북극곰이 그려져 있는 게 인상적이었다.

군사 퍼레이드가 끝난 뒤 정오쯤에는, 모스크바 시민들이 제2차 세계대전에 참가했던 친인척들의 사진을 들고 거리를 행진하는 '불멸의 연대' 행진을 벌였다. 푸틴 대통령도 제2차 세계대전에 참전한 아버지의 사진을 들고 붉은 광장 입구에서 대열에 합류해 광장 끝까지 시민들과 함께 행진했다.

러시아의 군사 퍼레이드는 그 규모 면에서 독보적이다. 2016년 승전기

넘일 기념행사에는 전국적으로 2,400만 명(러시아 인구의 1/6)이 넘는 인파가 참여했다. 전승 70주년이었던 2015년에는 퍼레이드를 치르는 데 8억 1,000만 루블(약 160억 5,000만 원)이 들었고, 2016년에는 2억 9,500만 루블(약 58억 5,000만 원)이 들었다.

서유럽이나 미국은 제2차 세계대전 종전을 대규모 군사 퍼레이드로 기념하지 않고, 중국도 2015년에 제2차 세계대전 종전 70주년을 맞아 대규모 열병식을 가졌지만, 일회성 행사였다. 그런데, 유독 러시아에서 수천 명이 참여하는 군사 퍼레이드를 해마다 개최하는 이유가 무엇일까?

이와 관련해, 러시아 언론인 '러시아 포커스'가 흥미로운 기사를 올렸다. 러시아 역사에서 가장 자랑스러운 순간이 언제냐는 사회학자들의 질문에 러시아인들은 20년 넘게 '1941~1945년 대조국 전쟁(제2차 세계대전을 러시아에서 이렇게 부른다)에서의 승리'를 가장 많이 꼽고 있다는 것이다. 나치 독일에 대한 승전기념일이 서로 다른 시각을 가진 다양한 사람들을 하나로 뭉치게 만드는 전 국민적 축제의 하나라는 것이다.

역사학자인 드미트리 안드레예프는 '러시아 포커스'와의 인터뷰에서, 러시아에서 승전기념일은 러시아를 하나로 묶어주는, 실제 효과가 증명된 몇 안 되는 '접착제' 중 하나로 중요한 의미를 갖는다고 말했다. 안드레예프는 "승전기념일과 이를 둘러싼 기억 공간은 국민적 화합과 합의를 이끌어내는 자극제 역할을 한다."라고 설명했다. 군사 퍼레이드와 '불멸의 연대' 행진 등은 공동의 기억을 통해 사람들을 하나로 단합시키는 역할을 하기 때문에 당국은 이러한 역할을 최대한 활용하기 위해 행사를 성대하게 치른다는 것이다.

그런데 역설적으로 대조국 전쟁에서 승리를 거둔 소련 시절 승전 기념

◆ ICBM RS-24 '야르스'

◆ 방공 미사일 'Tor-M2DT'

◆ '불멸의 연대' 행진

군사 퍼레이드는 현대 러시아보다 훨씬 약소하게 치러졌다고 한다. 스탈린이나 흐루쇼프는 대조국 전쟁을 승리로 이끈 군사령관들이 정치적으로 강해지는 것을 두려워해서, 1965년까지 승전기념일은 공휴일로 지정되지도 않았다고 한다. 브레즈네프 서기장에 이르러서야 승전기념일을 국가적 차원에서 전국적 규모로 성대하게 기념했고 소련의 마지막 군사 퍼레이드는 1990년에 치러졌다. 새로운 러시아 수립 초기 몇 년 동안은 퍼레이드를 개최하지 않다가 1995년에 다시 개최했고 현재와 같은 규모로 개최하기 시작한 것은 2000년대 들어와서이다. 여론 조사 결과에 따르면, 96%에 달하는 압도적 다수의 러시아인들이 군사 퍼레이드를 좋아하는 것으로 나타났다.

승전기념일에는 경험상 대부분 날씨가 좋았다. 다만, 2017년에는 하루 전날인 8일까지 눈비가 몰아치는 겨울 상황이 연출돼서 과연 9일 승전기념일에 날씨가 좋아질까 관심이 집중됐었다. 그런데, 어김없이 9일 아침이

◆ 군인들 행진

되자 비가 그쳤고 군사 퍼레이드는 순조롭게 진행됐다. 비록 먹구름 때문에 에어쇼는 열리지 못했지만, '러시아 포커스'는 이미 몇 년째 모스크바에서 기상 조작 기술을 사용해 승전기념일 퍼레이드를 앞두고 구름을 흩어버린다고 전했다. 2015년에도 승전기념일에 비가 올 것이라는 예보가 있었지만 비는 오지 않았다. 그때 모스크바 시는 구름을 제거하기 위해 840만 달러의 예산을 편성했다고 한다.

비공식적으로 '구름 소탕'이라 불리는 이 기술은 소련 시절에 이미 개발됐다고 한다. 구름 제거 과정은 화창한 날씨가 필요한 지역으로부터 50~150km 떨어진 곳에서 진행된다. 구름의 종류에 따라 드라이아이스, 액화질소에 기반한 혼합물이 사용된다. 그 결과 수분은 살포된 시약의 핵에 농축되고 먹구름은 이미 탈수된 상태로 모스크바에 들어선다는 것이다. 가장 강한 비구름은 요오드화은으로 폭파한다고 한다. 러시아인들에

◆ 방위 산업 전시회 '아르미야 2016'

게 5월 9일 승전기념일은 궂은 날씨 때문에 망쳐버리기엔 너무나 중요한 날이다. 참고로, 제2차 세계대전 기간에 숨진 러시아 군인 및 민간인들의 숫자는 2,700만 명 정도로, 관련국 중 가장 많은 희생을 치렀다.

러시아를 향한 북한의 구애

이 같은 군사 문화 속에서 러시아에서는 대규모 방위 산업 전시회도 자주 열린다. 한국에서 열리는 방위 산업 전시회에 북한이 참여할 리 만무하지만 러시아에서 열리는 방위 산업 전시회라면 얘기가 달라진다. 북한은 여기에 적극적으로 참여한다. 북한 입장에서는 어떻게든 러시아의 첨단 군사 장비와 군사 기술을 습득하고 싶은데, 이런 자리야말로 절호의 기회이기 때문이다. 가끔 평양에서 거물급 북한 군사 당국자가 이런 전시회

◆ 전시장 전경

◆ ICBM '토폴'

에 모습을 드러낼 때도 있어서 취재 기자로서는 만만히 볼 자리가 아니다.

2016년 9월 6일 대규모 무기·군사 장비 전시회인 '제2회 국제군사기술 포럼 아르미야 2016'이 모스크바 근교 쿠빈카 지역의 파트리오트 군사공원에서 열렸다. 아르미야, 즉 아미(Army)라는 말이 뜻하는 것처럼, 이 전시회에는 육군이 사용하는 무기와 장비들이 주로 전시된다.

러시아가 자랑하는 '토폴' 대륙간 탄도 미사일, 'S-400' 방공 미사일을 비롯해 다연장 로켓포, 탱크, 대전차 유도 미사일, 드론 등 1만 1,000개가 넘는 각종 무기와 장비들을 1,000여 개의 러시아 군수 기업들이 선보였다. 이 때문에 80개국 이상의 외국 대표단이 행사장을 찾았다. 남한과 북한 도 둘 다 대표단을 파견했다. 행사장에는 태극기와 인공기가 나란히 펄럭이고 있었다.

행사장 근처 야외 훈련장에서는 러시아가 자랑하는 탱크와 다연장 로켓포, 대공 화기 등이 화끈한 화력 시범을 보이기도 했다. 러시아가 2013년부터 실전 배치한 첨단 방공 미사일 '안테이-2500' 전시장에서 낯익은 사람들을 발견했다. 큼직한 별 3개를 어깨에 단 군복 차림의 북한 군인. 북한군 상장은 우리의 육군 중장에 해당한다. 바로 윤동현 북한 인민무력성 부상(국방부 차관)이다.

윤동현 부상은, 북한이 2016년 초부터 잇따라 실시하고 있는 미사일 발사 시험장에 김정은 위원장을 수행하고 참석해온 북한 군부의 실세였다. 핵 실험, 연쇄 미사일 발사에 대해 국제 사회가 강도 높은 대북 제재를 가하고 있는 상황에서 북한 군부 실세가 러시아 군사 장비 전시장에 나타났다는 사실은 눈여겨볼 만한 대목이 아닐 수 없었다. 쫓아가 질문을 던졌다.

"전시장 둘러보니 소감이 어떤지 여쭤봐도 되겠습니까?"

"동무 뉘기야?"

"남조선에서 왔습니다."

"일없어!"

◆ 윤동현 북한 인민무력성 부상

*

　윤동현 부상은 몸을 홱 돌렸고, 뒤에 있던 보좌관이 나를 확 밀쳐냈다. 하마터면 넘어질 뻔했다. 참 서글픈 생각이 들었다. 남북한이 자유롭게 왕래하던 호시절에는 덕담도 자주 주고받곤 했었다. 남한 기자들이 북한 당국자에게 질문을 던지면, 북한 당국자는 농담도 하면서 유연하게 받아넘기곤 하던 시절이 있었다. 그런데 지금은 참 싸늘하다.

　군사 강국인 러시아에서는 무기 전시회, 국제 군사 경연 대회 등이 연중 자주 열린다. 북한은 이 같은 행사에 2014년부터 차관급의 고위 대표단을 파견하고 있는 것으로 알려져 있다. 러시아제 무기들의 최신 동향을 파악하고 선진 기술을 체험하면서 군사 기술 협력의 끈을 놓지 않으려는 의도이다. 이번에 파견된 윤동현 부상은 북한 인민무력성의 '군사기술국장'이라는 직책을 갖고 있는 것으로 전해진다. 2015 통일부 인물 정보를 보면, 북한 인민무력성에는 제1부부장 2명, 부부장 6명 등 차관급이 8명 정도 있

◆ 방공 미사일 '안테이-2500'

는 것으로 파악된다. 다들 중장 계급의 장성들이다. 이 중에서 장비, 무장, 군수, 전투 준비 관련 분야의 차관들이 번갈아가며 러시아 방위 산업 전시회에 참가하는 것으로 전해진다.

북한은 그동안 러시아제 무기 구입을 끈질기게 요청해온 것으로 알려졌다. 전투기, 레이다, 탱크 등 기동 장비들이 주된 관심 장비들인데, 사실 전 분야의 장비에 관심이 있다고 한다. 그런데 구매 조건이 경화 결제가 아닌 광물로 지불하거나, 장기간 상환한다는 점이어서 실제 구매는 쉽지가 않은 모양이다. 더구나 지금은 국제적인 대북 제재가 강화되는 시점이어서, 러시아 입장도 완강한 것으로 전해진다. 러시아는 명시적으로 북한의 핵보유국 지위를 인정할 수 없고, 핵미사일 개발을 용납할 수 없으며, 유엔 안전보장이사회(이하, 유엔 안보리)의 대북 제재 결의안을 충실히 이행하고 있

◆ 방공 미사일 'S-400'

다고 공언했기 때문이다. 그러나 국제 정세가 바뀐다면 어떻게 될지는 아무도 모르는 일이다.

　그래서 알 만한 군사 전문가들은, 혹여 러시아가 북한에 무기를 판매하거나 군사 기술을 제공하거나 무상 원조를 하는 일이 없도록, 우리나라가 러시아와의 관계를 돈독히 유지할 필요가 있다고 조언한다. 아무튼 한 가지 분명한 사실은, 현 상황이 어렵다 해도 군사 기술 분야에서만큼은, 러시아로부터 유연한 분위기를 이끌어내려는 북한 군부의 끈질긴 대러 구애 작전을 눈으로 확인했다는 점이다.

S-400이 뭐길래

2019년 7월 미국과 터키는 심각한 갈등을 빚었다. 미국의 반대를 무릅쓰고 터키가 러시아제 S-400 방공 미사일 시스템을 도입했기 때문이다. 터키는 7월 12일부터 25일까지 S-400 미사일 시스템 1차분을 인수했고, 8월 27일부터 한 달 동안 2차분을 인수했다.

러시아의 최신형 지대공 미사일 시스템인 S-400은 미국의 사드와 유사하다. 과거 S-300PMU(SA-10) 시리즈를 업그레이드해 최고 속도는 음속의 5배인 마하 5이며 요격 사거리는 400km, 목표물 탐지 거리는 600km에 달한다. 1개 포대당 이동식 발사 차량 8대, 발사 차량당 발사관 4개를 갖추고 있다. 발사관에는 장거리 미사일은 1발, 단거리 미사일은 4발을 장착한다. 1개 포대가 장거리 미사일 32발을 운용할 수 있다는 계산이 나온다. S-400 레이다는 약 600km 이내에 있는 300개의 표적을 추적하고 80개와 동시 교전할 수 있으며 160발의 미사일을 동시에 유도하는 능력을 갖추고 있는 것으로 알려졌다. 1999년부터 시험을 거듭해 2007년 실전 배치됐다. S-400 시스템은 S-300의 미사일을 사용한다. 레이다 피탐지율(RCS: Radar Cross Section)이 낮은, 즉 레이다에 잘 포착되지 않는 스텔스 항공기 B-2, F-117, F-35 등에 대해 더욱 뛰어난 탐지 성능을 가지고 있으며, 소형 크루즈 미사일에 대한 대응 기능이 높다. S-400은 400km 밖에서 초당 4.8km로 움직이는 표적을 300개까지 추적할 수 있지만, 미국 패트리엇은 초당 1.6km로 움직이는 목표물을 100개만 추적할 수 있다.

그런데 터키가 S-400을 도입한 것이 왜 문제가 되는 걸까?

첫째, 터키는 북대서양 조약기구(NATO) 회원국이며 중동 군사 균형의 핵심이다. 나토 회원국으로서는 최초로 S-400을 구매한 나라이다. 이는 러시아 군사 장비를 배제하려는 나토 정책에 전면 배치되는 것이고, 결국 나토의 결속력을 저해하려는 러시아의 술책에 놀아나는 셈이라는 비판을 받고 있다.

둘째, 터키는 또 미국의 최신예 스텔스 전투기인 F-35의 국제 개발 프로그램 참여국 중 하나이다. 터키 내에 F-35의 동체와 착륙 장치, 조종석 디스플레이 등 900여 개 부품을 생산하는 생산 설비를 갖추는 데 14억 달러(약 1조 6,500억 원)를 투자했으며, F-35 전투기 100대를 구매할 계획이었다.

터키의 S-400 구매 움직임에 미국은 강력히 반발하면서 2019년 4월 터키에 판매할 F-35 전투기의 부품 인도를 중단했고, 6월에는 F-35를 몰기 위해 미 공군이 위탁 교육 중이던 터키 조종사의 훈련을 중단하는 등 압박을 가했다. 그러나 터키가 끝내 S-400을 도입하자 7월 17일 백악관 성명을 통해 터키에 F-35를 판매하지 않겠다는 입장을 밝혔다.

셋째, 터키가 S-400 시스템을 운용할 경우 나토 군 전체의 무기 체제에 혼선이 빚어질 수도 있다. S-400은 레이다에 거의 잡히지 않는 F-35와 B-2 스텔스 전략 폭격기도 포착할 수 있는 것으로 알려져 있어, 터키와 나토 동맹국 간의 공동 군사 작전에 심각한 의문이 제기될 수 있다. 미국과 나토는 S-400과 F-35가 동시에 운용된다면 S-400의 레이다가 F-35의 위치를 확인·추적하는 노하우를 축적하게 되며, 최신예 스텔스 전투기인 F-35의 기밀 정보가 러시아로 새어나갈 수 있다고 우려했다. 또 이 미사일 시스템에 연동된 네트워크를 통해 민감한 군사 정보가 유출될 수 있다면서 반대했다. 터키는 S-400을 나토 시스템에 통합하지 않으면 동맹에 위협

◆ S-400

이 되지 않을 것이라며 기술적 문제를 명확히 하기 위해 미국에 위원회 구성을 촉구했으나 미국은 이에 응하지 않았다.

　사실 미국은 2013년부터 터키에 패트리엇 미사일 시스템 판매를 추진했었으나 당시 오바마 행정부가 터키의 자체 미사일 개발을 위한 기술 이전을 받아들이지 않아 거래가 무산됐었다. 이에 터키가 러시아제 S-400 미사일 시스템 도입을 결정한 것이었다. 터키는 2017년 12월 러시아와 S-400 미사일 4개 포대분을 25억 달러(약 2조 7,000억 원)에 구매 계약을 체결했다. 대금의 45%인 보증금을 이미 지불했고 나머지 55%는 러시아가 차관으로 제공한다. F-35 전투기 프로그램에 참여하고 있던 터키가 미국과의 갈등을 무릅쓰고 S-400도 도입한 이유는 F-35와 S-400의 기술을 이전받음으로써 스텔스 전투기와 미사일 방어 시스템에 관련된 기술을 모두 보유·개발하기 위해서라는 것이 전문가들의 분석이다.

그런데 S-400을 수입한 나라는 터키가 처음이 아니다. 세계 최초로 S-400을 수입한 나라는 중국이다. 중국은 2014년 30억 달러(약 3조 60억 원)에 S-400 수입 계약을 체결했고 2017년에는 중국군이 러시아에 파견되어 실습을 마쳤다. 2018년 중국에 배치한 S-400의 첫 포대 레이다 탐지 거리는 700km. S-400의 40N6 미사일은 사거리가 400km, 최대 고도 185km인데, 미국의 사드 미사일 사거리는 200km, 최대 고도 150km이다. S-400의 성능이 사드보다 좋다는 얘기다. S-400의 91N6E S밴드 AESA 레이다는 탐지 거리 600km로서, 미국 사드의 AN/TPY-2 X밴드 AESA 레이다 추적 거리와 동일하다.

또 2017년 10월 사우디아라비아가 중국, 터키에 이어 세 번째로 S-400을 20억 달러(약 2조 40억 원)에 주문했다. 2017년 10월 4일 사우디아라비아의 살만 빈 압둘아지즈 국왕이 사상 처음으로 모스크바를 방문해 푸틴 대통령과 정상 회담을 가진 뒤 계약을 체결했다. 사우디아라비아 국왕은 1,500명의 수행원과 3박 4일 동안 모스크바에 머물렀는데 당시 이들의 숙박을 위해 모스크바 시내 5성급 이상 유명 호텔의 모든 객실이 동났다는 뒷얘기가 전해졌다. 사우디아라비아가 S-400을 구매한 것은 이것이 전 세계에서 가장 우수한 방공 미사일 시스템이라 판단하고, 이것을 통해 시리아 사태에서 영향력을 잃지 않고 중동 정세에서 균형 잡힌 외교 정책을 펼치려는 정치적 의도에 의한 것이라고 군사 전문가들은 분석했다. 즉, 미국뿐만 아니라 러시아와도 좋은 관계를 유지하겠다는 의도라는 것이다.

이어 인도가 2018년 10월 S-400을 52억 달러(약 6조 원)에 도입하는 계약을 체결했고, 2020년 말 인도받을 예정이다. 중국과 파키스탄의 군사적 위협에 맞서기 위해 도입하는 것이라고 한다. 이외에도 최근에는 이라크가

S-400 구매 의사를 내비쳤다.

이렇게 러시아의 S-400이 세계 여러 나라에 배치되면서 미국의 절대적인 제공권(制空權), 미국 우위의 글로벌 군사 구도가 위협받고 있다는 지적이 나온다. 스텔스 전투기를 탐지할 수 있는 S-400 시스템의 확산은 곧 미국이 누려온 절대적 제공권에 제동이 걸렸음을 의미한다고 미국의 월스트리트저널(WSJ)이 보도했다. 러시아가 시리아 북부에서 동유럽 국경 지대를 거쳐 북극과 동아시아로 이어지는 방공망의 고리를 만들었다고 WSJ는 평가했다.

미국이 터키의 S-400 미사일 도입을 무산시키려고 한 이유는, F-35에 위협이 된다는 표면적 이유 외에도 S-400의 인기를 차단해야 한다는 실질적 계산이 깔려 있다는 분석도 나온다. S-400은 국제 시장에서 경쟁 상대인 미국의 패트리엇 미사일 방어 시스템보다 가격은 저렴하면서도 성능은 더 우수한 것으로 알려져 있다. 미국 CNBC 방송에 따르면, S-400의 가격은 미국 패트리엇 PAC-2의 절반 수준이며, 미국 사드의 1/6 수준에 불과하다. CNBC는 전 세계 13개 나라가 S-400 구매 계약을 체결했거나 도입에 관심을 보이고 있다고 전했다. S-400 도입에 관심이 있는 10여 개 나라가 이번 미국과 터키의 기 싸움을 주시하고 있다는 말이다.

그런데 터키의 행보가 흥미롭다. S-400 구매에 대한 보복으로 미국이 F-35 공급에 제동을 걸자, 아예 대놓고 러시아제 전투기 구입에 관심을 표명했다. 8월 27일 터키 에르도안 대통령은 모스크바 외곽 주콥스키 비행장에서 개막한 MAKS 에어쇼에 참석해 전시장을 둘러보고 푸틴 대통령과 회담했다. 격년제로 열리는 MAKS 에어쇼에 푸틴이 터키 정상을 특별히 초대한 것이다. 푸틴은 "러시아제 Su-35 전투기, 최신에 S-57 스텔스 전투기 등과 관련한 협력에 대해 얘기했다. 터키 측이 구매뿐만 아니라 공동 생산에도 관심을 표시했다."라고 말했다. 특히 에르도안 대통령은 푸틴 대통령에게 Su-57의 구매가 가능한지 물었고 푸틴은 가능하다고 답했다는 것이다.

러시아 수호이 사가 설계한 Su-35는 러시아 공군의 주력기인 Su-27을 바탕으로 레이다와 엔진 등을 업그레이드한 기종으로 2015년부터 실전에 배치됐다. Su-57은 미국제 F-22, F-35 스텔스 전투기의 대항마로 러시아가 개발한 차세대 스텔스 전투기이다. 미국이 터키에 F-35를 팔지 않는다면 러시아제 Su-57을 구매하겠다고 으름장을 놓은 것이다. 미국과 터키의 기 싸움이 얼마나 더 갈지, 어떻게 결말을 맺을지 지켜볼 일이다.

이런 가운데 북한은 S-300 미사일 시스템을 모방해 S-400과 비슷한 요격 시스템을 개발하고 있는데 성능 관련 정보가 전혀 없다고, 북한 관련 소식통이 전했다. 미국이 시험 장면을 위성으로 녹화해 분석한 영상이 있는데 우리와 공유를 하지 않고 있다는 전언(傳言)이다. 해방 이후 70년 넘게 북한이 군사 분야에서 소련의 도움을 받아온 점, 북한이 탄도 미사일 개발에 주력해온 점 등을 감안하면 북한이 S-400과 비슷한 요격 시스템을 개발하고 있다는 말이 아주 틀린 말은 아닐 듯싶다.

12
발해 &
고려인

발해를 꿈꾸며

"우라*!"

갑자기 옆쪽에 있는 발굴장이 시끌벅적하다. 사람들 얼굴에 웃음이 가득하다. 무슨 일일까? 인터뷰 중이던 정석배 한국 전통문화대학 교수가 무언가 좋은 것이 발굴된 것 같다며 현장으로 안내한다. 문제의 물건을 직접 발굴한 예브게니야 겔만 러시아 측 발굴단장(러시아 과학아카데미 극동연구소)이 손바닥 위에 올려놓은 것을 자세히 보니 낙타상이다. 크기는 가로 세로 2cm 정도, 보기에도 앙증맞은 물건이다. 혹이 두 개인 쌍봉 낙타상이다. 재질은 청동이라고 했다. 겔만 박사는 덩실덩실 춤까지 추었고, 발굴장에 있던 모든 사람들이 환호성을 질렀다. 도대체 이게 무슨 물건이길래······?

2015년 8월 7일 낮 12시. 나는 러시아의 극동 중심지 블라디보스토크

---

* '만세'라는 러시아 말.

◆ 발해 염주성 성터 발굴 현장, 2015년 8월

에서 남쪽으로 230km 떨어진, 중국 및 북한 국경과 가까운 크라스키노를 찾았다. 동해를 바라보는 광활한 늪지대 한복판에 발해 염주성 성터 발굴 현장이 있었다. 1980년부터 러시아 연구자들이 발굴을 시작했고, 2007년 부터는 동북아역사재단이 합류해 한러 양국이 공동으로 발굴 작업을 진행 중이다. 7월 14일부터 8월 15일까지 1달 동안 집중적으로 발굴이 진행됐다. 그 현장을 취재하러 방문한 취재진 앞에서 청동 낙타상 발굴이라는 진풍경이 벌어진 것이다. 35년 넘게 이어진 발해 유적 발굴 사상 청동 낙타상 발굴은 처음이란다. 김은국 동북아역사재단 연구위원은 KBS 취재진이 찾아온 덕에 좋은 일이 생겼다며 감사하다고 말했다.

일반인의 눈에는 그저 평범하고 앙증맞게만 보이는 이 작은 청동 낙타상이 대체 어떤 가치를 지녔길래, 연구자들이 이렇게 흥분하는 걸까? 낙타는 고대로부터 교통수단이자 문화 교류의 수단이었다. 문헌을 보면, 고려

◆ 청동 쌍봉 낙타상, 가로·세로 2cm

시대뿐만 아니라 조선 초에도 서역에서 낙타를 보내왔다는 기록이 있다. 겔만 박사는, 카라반(대상)이 서역에서 상품을 실고 이곳 염주성에 왔으며 이는 발해가 아라비아와도 긴밀히 교역했다는 결정적인 증거라고 설명했다. 2012년에는 이곳에서 낙타 뼈가 발견된 점도 이 같은 사실을 뒷받침하고 있다. 특히, 낙타상과 함께 몇 가지 청동 장신구가 발견된 점으로 미루어 보아, 이곳에 청동구 제조 공장이 있었을 것이라고 말했다. 발해 장신구 전문 연구자인 아스타센코바 박사는, 자신도 이런 청동 낙타상은 처음 본다면서 그만큼 발해인들의 세공 기술이 뛰어난 것을 방증한다고 설명했다. 처음 발굴된 유물인 만큼 이 조그만 청동 낙타상이 과연 어디에 쓰인 물건인지는 좀 더 세밀한 연구가 필요할 것이다.

이번 발굴에서는 발해 모든 시기의 건축 문화를 한눈에 볼 수 있는 높이 230cm의 토층이 발견됐고, 저장고로 추정되는 웅덩이가 한꺼번에 4개 정도 발굴되는 등 고고학적 성과가 대단히 풍성했다. 1990년대 문화 아이콘이었던 '서태지와 아이들'이 1994년 여름에 내놓은 뮤직 비디오가 「발해를 꿈꾸며」였다. 왜 하필 발해인가? 당시 발해가 통일신라와 마주 보고 남북국 시대를 열었기 때문에 통일을 지향하는 뜻이 있었나? 해석도 다양했다. 그로부터 20여 년이 지나서 나는 발해의 옛터를 방문하고 그 질문을 다시 생각해봤다. 왜 지금 발해인가? 발해는 우리에게 무엇인가?

나는 2012년 남북러 가스관 연결 사업 취재차, 2013년 나진-하산 철도

◆ 발해의 영역

연결 사업 취재차 크라스키노를 두 차례 방문한 적이 있다. 블라디보스토크에서 크라스키노까지 230km라고 하지만, 도로 사정이 좋지 않아 4시간이나 걸린다. 도로 양옆으로 광활한 평야가 펼쳐진 것을 보고, 도대체 저 넓은 땅이 왜 저렇게 방치돼 있는 걸까 하고 안타까운 생각이 들었었다. 한때 저 땅에서 고려인들이 경작을 했을 것이고, 그 이전엔 발해인들이 그랬을 것이다.

서기 698년, 고구려 유민들이 건국한 발해는 한때 해동성국(海東盛國)으로 불리며 광대한 영토를 다스린 것으로 알려져 있다. 전성기의 발해 영토는, 오늘날 중국의 지린성과 러시아의 연해주 대부분, 중국의 헤이룽장성, 랴오닝성 일부 등 사방 5,000리에 달했고, 고구려보다 더 넓었다고 한다. 발해는 남쪽 통일신라와 더불어 남북국 시대를 열어 서기 926년까지 무려 228년을 이어갔는데, 발해의 멸망을 끝으로 우리 역사는 더는 대륙으로 나가지 못하고 반도에 머물고 말았다.

김은국 동북아역사재단 연구위원은, 서역 문화와 당·신라·일본 문화 등 주변의 모든 문화가 발해에 녹아서 발해만의 독특한 색깔을 냈었다면서, 현대인이 잊지 말아야 할 것은 발해의 대외 개방성과 포용성이라고 강조했다. 바다와 대륙을 동시에 경영했던 해륙 국가, 발해인의 기상은 오늘날의 세계 경영에도 그대로 적용할 수 있다고, 김은국 박사는 설명했다.

발해 염주성 성터 발굴 현장 앞쪽으로 한 줄기 철도가 지나가고 있다. 블라디보스토크에서 크라스키노와 하산을 지나 북한 나진항으로 이어지는 철도이다. 시베리아에서 채취된 석탄이 이 철도를 따라 북한 나진항으로 운송되고 있다. 1,000년 전 발해인들이 왕래하던 그 길이, 이제는 대륙과 소통하는 교통·물류 네트워크로 재탄생한 것이다.

한반도 종단철도와 시베리아 횡단철도를 연결해, 유럽 대륙으로 진출하자는 아이디어는 여전히 논의 중인 과제이다. 서역과도 활발히 교류했던 발해인들의 기상을 오늘날 되살린다면, 이 철길이 한반도 종단철도와 이어짐으로써 대한민국의 대륙 진출 통로가 될 그날도 그리 멀지는 않을 것 같다는 생각이 든다.

사막에서 벼농사에 성공한 고려인

러시아에서 만난 고려인들. 고려인 2세와 3·4세가 섞여 있는데 대부분 한국말이 서툴다. 나는 그 점이 매우 궁금했다. 해외에 나간 중국인들은 자녀들에게 집에서는 중국어를 쓰도록 가르쳐서, 교포 3·4세들도 중국어를 할 줄 안다고 한다. 고려인들에게 이런 얘기를 들려주었더니 가슴 아픈 대답이 돌아왔다. 1937년 스탈린의 강제 이주 정책이 시행되던 시절, 드러내 놓고 한국말을 사용하면 불이익을 당했기 때문에 다들 러시아 말만 사용했다는 것이다. 이리저리 쫓겨 다니며 숨죽여 살면서 러시아 말만 사용하다 보니 세월이 흘러 한국말을 거의 잊게 됐다는 것이다.

2017년은 고려인 강제 이주 80주년을 맞는 해였다. 러시아의 극동에 살던 18만 명의 고려인들이 스탈린의 명령에 따라 중앙아시아로 강제 이주당한 것은 잘 알려진 사실이다. 그런데 그중의 일부가 러시아 남부 칼미크 공화국에까지 들어가서 벼농사를 성공시킨 일은 잘 알려져 있지 않다. 2017년 8월 나는 러시아의 극동에서 중앙아시아로, 중앙아시아에서 다시 칼미크 공화국으로 이주한 고려인들의 애환을 추적해보기 위해 칼미크 공화국에 갔다.

◆ 칼미크의 위치

칼미크 공화국은 러시아 수도 모스크바에서 남쪽으로 1,300km 떨어진 곳에 있다. 카스피 해와 접해 있고, 국토 대부분은 초원과 반사막 지대로 건조한 기후이다. 여름철 낮 기온은 섭씨 40도를 훌쩍 넘는다. 수도 엘리스타 건물 외벽에 설치된 온도계가 낮 최고 기온 48도를 표시하는 걸 보고 헛웃음이 나왔다.

수도 엘리스타에서 북쪽으로 280km를 달리면, 옥탸브리스키 주의 보스호트 농장이 나온다. 사방에 끝도 없이 펼쳐진 광활한 들판에 녹색 식

◆ 보스호트의 벼 농장

물들이 무럭무럭 자라고 있다. 가까이 다가가서 보니 벼이다. 관개 시설도
잘돼 있어서 적당히 물이 차 있는 '논'에 벼가 자라고 있다. 건조한 기후에
바짝 마른 대지가 대부분이건만, 이곳에 논이 있고 벼가 자란다는 사실이
믿어지지 않았다. 보스호트 농장의 면적은 200ha가 넘는데 보야린이라는
종자를 심었다고, 코르니코프 농장 수석관리인이 말했다. 그는 "이제 몇 주
뒤면 벼 이삭이 나올 텐데 지금은 물이 부족하지 않게 대주는 게 일이다.
물을 대주는 관리인이 아침저녁으로 논을 살피면서 수위를 조절하고 있다.
벼 수확은 헥타르(ha)당 4톤 정도를 예상하고 있다."라고 말했다.

　　벼농사를 짓는 데는 물이 필수적인데, 이곳에선 60km 떨어진 볼가 강에
서 물을 끌어오고 있다. 전체 농장에 취수장이 9개 정도 있다고 했다. 동서
남북으로 수로를 잘 만들어서 물 걱정은 없어 보였다. 코르니코프 수석관
리인은 "50년 전에 이 농장이 형성될 무렵에 취수장이 건설됐다. 고려인들
이 중앙아시아에서 이곳에 왔을 때 새로 취수장을 더 짓고 논을 넓혀나갔

◆ 보스호트의 취수장

다. 당시 고려인들은 200~300ha의 논을 경작했다."라고 말했다.

칼미크 공화국 보스호트 농장으로 고려인들의 이주를 주도한 인물은 고려인 박 바실리였다. 볼고그라드(보스호트 농장에서 북쪽으로 120km 거리)에 살고 있는 박 바실리의 두 아들. 둘째 아들 박 발레리(72세), 셋째 아들 박 알렉산드르(66세)를 만나 당시 상황에 대해 설명을 들었다. 이들은 아버지 박 바실리와 함께 1965년 우즈베키스탄에서 칼미크로 이주했다.

박 바실리는 1905년 러시아의 극동 하산에서 태어나 수력학을 공부했다. 29세이던 1937년 스탈린의 명령에 따라 온 가족이 우즈베키스탄으로 강제 이주당했다. 전공인 수력학을 살려 목화 생산에 혁혁한 기여를 했고, 그 결과 1948년 당시 훈장 중에 가장 격이 높은 '레닌 훈장'을 받았다. 그런 그에게 칼미크 고위 인사가 칼미크로 와서 일해보지 않겠느냐고 제안했다. 박 발레리가 당시 상황을 설명해줬다. "칼미크의 고위 인사가 '땅이든 무엇이든 제공하겠다. 당신은 무엇을 하겠는가?'라고 물었다. 그랬더니 아

◆ 박 바실리의 두 아들

버지께서 '벼를 키워보자.'라고 답해서 모두들 놀랐다고 한다. 아버지는 '땅
도 물도 있고 수로도 있다. 필요한 건 모두 다 있으니 한번 해보자.'라고 설
명했다. 칼미크인들도 수락했다.”

숍호스, 콜호스 같은 집단 농장들이 생겨나면서 농업 생산 증대를 다그
치던 1960년대, 목축업밖에 모르던 칼미크인들이 농사 잘 짓는 고려인들
을 필요로 했던 것이다. 박 발레리는 “고려인들이 농업을 갖고 들어온 것
이다. 칼미크인들은 농사도 모르고 채소 가꾸는 법도 몰랐다. 고려인들이
그들을 가르쳤다. 벼뿐만 아니라 채소 재배법을 가르쳤다.”라고 설명했다.
1965년 박 바실리는 10여 명의 고려인 농업 전문가들과 함께 보스호트 농
장에 도착했다. 초기 정착 시절, 농장 근처에 마을을 형성하는 과정에서
어려움도 많았다고 한다. 박 알렉산드르의 말이다. “건조한 기후라 마실 물
이 부족했다. 논에 댈 물은 풍족했는데 마실 물이 부족하니 역설적이었다.
또 제대로 된 길이 없다는 게 큰 고통이었다. 아스팔트 도로가 없고 겨우

흙길밖에 없었는데 날씨가 좋지 않으면 집에 들어가지도 나가지도 못했다. 그냥 흙길이 마를 때까지 기다릴 수밖에 없었다."

이 같은 어려움 속에서도 정착 3년 만에 최대 벼 수확량을 기록해 박 바실리는 또 한 번 '레닌 훈장'을 받았다. 그 땅이 경작한 적 없는 처녀지였기 때문에 비료 한 번 주지 않아도 수확이 좋았던 점도 있었지만, 모든 것이 고려인들의 근면 성실함 때문이라고 박 발레리는 증언했다. "고려인들은 책임감이 강하다. 다른 민족이 칼미크에 왔었더라면 실패했을 것이다. 오직 고려인들만 해냈고, 성공한 것이다."

줄어드는 고려인 공동체

현재 보스호트 마을에는 140여 명의 고려인들이 살고 있다. 옥탸브리스키 주에는 보스호트 농장 외에도 볼쇼이 농장, 차린 농장 등 2개의 농장이 더 있는데, 3곳 농장 지역에 흩어져 사는 고려인들을 다 합해도 600명 정도라고 한다. 한때 이 지역에는 최대 1,500명 이상의 고려인들이 살았다고 하는데 지금은 60~80대 노인들만 남고 청장년층 모두 일자리를 찾아 외지로 나간 상태이다.

소련 시절에는 국가 주도의 집단 농장 체제에서, 보수도 좋고 풍족한 지원이 이뤄졌던 반면, 지금은 농업에도 경제 논리가 적용되는 것이 주요 원인으로 꼽힌다. 헨 루드밀라 보스호트 행정 책임자는 "소련 시절과 달리 이제는 모든 것에 비용을 지불해야 한다. 땅도 물도 사용료를 내야 하고 모기약도 비료도 사야 한다. 농장에는 그럴 만한 돈이 없어서 경작지가 자꾸만 줄어든다. 그러니 일자리가 없어지고 젊은 층이 도시로 외지로 자꾸 빠져나가는 것이다."라고 설명했다.

◆ 박 바실리

◆ 박 바실리와
  농장 사람들

◆ 박 바실리와
  레닌 훈장

◆ 보스호트 마을

보스호트 마을 한복판에 '고려인 문화센터'가 자리 잡고 있다. 1997년 뜻있는 고려인들이 한국 문화를 전수하기 위해 건립했다. 초기에 어른과 아이들 20여 명으로 시작해서 한글과 한국 전통 음악, 춤 등을 배웠다고 한다. 그런데 3년 전부터 재정난으로 문을 닫았다고 한다. 3년간 방치된 결과 건물 내부에는 먼지가 수북이 쌓여 창고 수준으로 전락하고 말았다. 9월에 다시 문을 열려고 내부 수리를 시도 중이지만, 엄두를 못 내고 있는 실정이다. 장 스베틀라나 문화센터장은 "지금 시급한 것은 한글을 가르칠 선생님이 없다. 책도 교과서도 없고……. 건물이 위험한 상태라 공부를 계속할 수 없는 실정이다. 그런데 수리할 만한 자금이 부족한 상태이다."

한국인의 뿌리를 잊지 않으려는 고려인들의 노력이 지금 벽에 부딪힌 상태이다. 칼미크 공화국의 수도 엘리스타에서 알렉세이 올로프 행정수반을 만나 고려인들의 사연을 들려주고 대책을 물어보았다. 척박한 이 땅에 이주해서 벼농사를 성공시키고 농업 생산에 혁혁한 공을 세운 점을 들어, 이들이 자신들의 뿌리를 잊지 않으려고 문화센터까지 건립했는데 형편이 어

◆ 올로프 행정수반

려우니 좀 도와줄 수 없겠느냐는 취지로 물었던 것인데, 돌아온 대답은 대단히 냉정했다.

올로프 행정수반은 러시아가 다민족 국가로 이뤄진 점을 강조하면서, 체첸이나 다게스탄, 카자크 민족 공동체들도 모두 자신들의 힘으로 민족 문화를 보전하고 있다고 말했다. 올로프 행정수반은 "그 민족 공동체에서 기금과 자선, 후원, 사업가를 찾아서 고유의 말을 가르칠 수 있도록 지원하고 있다. 그런 일이 이곳 고려인들에게도 일어났으면 하는 바람이다."라고 말했다. 다른 민족들 모두 그렇게 하고 있으니, 고려인이라고 특별 대우를 해줄 수 없다는 뜻으로 해석됐다.

하지만 돌아서는 내내 아쉬움과 서운함이 가득했다. 행정수반의 말이 맞기는 하지만, 칼미크 내 고려인 공동체의 수가 너무나 적고, 한국에서는 칼미크의 고려인들에 대해 잘 알지 못하기 때문이다. 누가 이들을 도울 수 있을까. 러시아의 극동에서 중앙아시아로 강제 이주당했다가 다시 칼미크에까지 와서 삶의 터전을 닦은 고려인들. 그들이 평생 한국인의 뿌리를 잊지 않으려고 애썼던 것처럼, 이제는 한국이 그들을 기억해야 하지 않을까.

러시아의 현충원, 노보데비치에 묻힌 고려인

서울 동작동 현충원에, 항일 투쟁의 공로를 인정받은 한 외국인이 안장돼 있다고 가정해보자. 해당 국가의 국민들은 그 인물을 얼마나 기억할까?

◆ 노보데비치 수도원

해당 국가의 언론들은 그 인물에 대해 얼마나 관심을 가질까? 2015년 7월 모스크바에 부임한 직후 백추 김규면 선생을 취재하면서 이런 생각이 들었다. 선생은 모스크바의 노보데비치 수도원에 안장돼 있는 유일한 한국인이다.

노보데비치는, 흐루쇼프 전 서기장, 보리스 옐친 전 대통령을 비롯해 러시아의 대문호 안톤 체호프, 고골 등 러시아의 국가급 영웅들이 잠들어 있는 곳이다. 우리나라로 치면 현충원 같은 곳이다. 일반인의 매장은 금지돼 있다. 이런 곳에 안장된 한국인은 어떤 인물일까? 선생의 묘비에는 "극동에서 소비에트 권력을 위한 투쟁에 참가했다."라는 짧막한 문구가 적혀 있다. 그 투쟁이란 것은 또 무엇일까?

수소문 끝에 모스크바에 살고 있는 선생의 손녀 김 에밀리를 만났다. 손녀도 이미 82세의 노인이다. 손녀는 다행히 선생의 귀중한 유품 몇 점을 소중히 보관하고 있었다. 1933년에는 소련 정부가 선생의 항일 투쟁 경

◆ 김규면 선생이 독립군 대원들과 찍은 사진

력을 인정한 빨치산 증명서, 소비에트 혁명 50주년을 맞이한 1967년에는 국가유공자 훈장과 함께 붉은별 메달이 수여됐다. 선생이 1969년 88세를 일기로 돌아가신 뒤, 곧바로 노보데비치에 안장될 수 있었던 근거들이다.

선생은 1920년대 러시아 영토 연해주에서 대한신민단, 독립단 등을 조직해 무장 항일 투쟁을 벌여 혁혁한 전과를 올린 독립운동의 영웅이었다. 1924년 5월 임시정부 교통차장 및 교통총장 대리에 선임되기도 했다. 이 같은 사실은 박환 수원대 교수가 발굴해 국내에 소개했고, 2002년 한국 정부는 선생에게 건국 훈장 독립장을 추서했다. 당시 몇몇 국내 언론이 이 사실을 보도했으나, 그 후에는 선생의 이름을 국내 언론에서 다시 찾아볼 수 없었다.

러시아의 극동 블라디보스토크에 가면 몇 가지 유품을 더 볼 수 있을 것이라는 손녀의 말에 따라, 블라디보스토크 아르세니예프 박물관을 찾아가봤다. 거기서 선생이 돌아가시기 8년 전에 직접 박물관에 기증한 사진

◆ 장례식 사진 1·2 　　　　　　　◆ 김규면 선생 수기 1·2

8장과 기록물 4장을 추가로 확인했다.

　1920년 연해주 일대에서 활약한 독립군 대원들과 함께 찍은 젊은 날의 선생의 모습이다. 그런데, 눈길을 끄는 것은 1921년 이만 전투[*]에서 전사한 독립군 대원들의 장례식 사진과 이에 관한 선생의 수기이다.

　선생은 이만 전투에서 숨진 독립군 대원의 이름을 일일이 러시아어로 기록해놓았다. 윤동선, 두병옥, 김흔권, 김덕근, 엄두선, 이봉춘, 최칠팔,……

---

[*] 이만 전투: 1921년 12월 초에 우수리 철교 이남에 집결해 있던 백군이 이만을 공격해오는 것을 필두로 고려혁명의용군대 대원들은 혁명군과 연합하여 백군과 전투를 전개했다. 이 전투에서 독립군 52명이 전사했으나 겨울철이라 3일 동안이나 매장하지 못해 안타까움은 극에 달했다. 이만 각처의 농민들이 임시로 서산에 눈으로 장례를 치렀다. 이를 안타깝게 여기던 독립군들은 1922년 4월 6일, 이들의 시체를 수습하고 추도회를 가졌다.

◆ 백추 김규면 선생의 묘비

◆ 김규면 선생의 손녀 김 에밀리

◆ 건군 50주년 기념 메달 증명서

◆ 붉은별 메달

◆ 건국 훈장 메달

다소 투박하기조차 한 조선 이름들이 빛바랜 노란 종이 위에 적혀 있었다. 선생은, 이역만리에서 나라 잃은 슬픔을 안고 숨져간 젊은 독립군 대원들의 죽음이 그토록 애절했는지도 모르겠다. 그래서 훗날 누군가 그들의 이름이라도 기억해주기를 바라며, 한 명 한 명 그들의 이름을 적어서 박물관에 맡겼는지도 모르겠다. 취재를 마치고 나서, 영화 「암살」이 1,000만 관객을 돌파했다는 소식을 들었다. 영화 「암살」을 통해 새삼 부각된 인물이 약산 김원봉 선생이다. 의열단 단장과 광복군 부사령관을 지낸 김원봉 선생은 해방 이후, 친일파 출신들이 득세히면서 신변의 위협을 느껴 1948년 월북한 것으로 알려져 있다. 월북 이후 선생의 이름은 남한 사회에서 거의 드러나지 않았다. 선생의 이름이 다시 불거진 것은 2019년 국가보훈처가 선생에게 훈장 수여를 추진한다는 소식이 알려지면서였다. 월북 이후 북한에서 선생의 행적을 놓고 논란이 일면서, 보훈처는 선생에 대한 서훈 추진을 보류했다.

김원봉 선생을 거론한 것은 연해주에서 항일 독립 투쟁을 벌이다 혁혁한 공을 쌓고 추후 소련군에 편입된 독립투사들이 아직도 눈에 어른거리기 때문이다. 내가 2015년 당시 서류상으로 확인한 숫자만 해도 10여 명이 넘는데 그들은 아직도 제대로 역사적 평가를 받지 못하고 있다. 아마도 이념적 이유 때문일 텐데 그들이 재평가를 받는 날이 하루속히 오기를 기대해본다.

제 2 부

러시아의 대외 관계

01

우크라이나

vs

러시아

우크라이나 신임 대통령 젤렌스키

2019년 4월 21일 실시된 우크라이나 대선 결선 투표에서 정치 신예 볼로디미르 젤렌스키가 압승했다. 개표 결과 젤렌스키가 73.22%, 페트로 포로셴코 대통령이 24.45%를 득표했다. 코미디언 출신으로 정치 경험이 전무한 신인이 현직 대통령을 이기는 파란을 일으킨 것이다.

당선 당시 41세였던 볼로디미르 젤렌스키는 우크라이나 연예계에서 가장 인정받는 인물 중 한 명이었다. 대학에서 법학을 공부했지만 연예계에 진출해 큰 성공을 거뒀다. 20여 년간 코미디언, 배우, 프로듀서 등으로 활동해왔고 이른바 자수성가한 인물의 '스토리'를 가진 인물이어서 대중들에겐 믿고 따를 만한 인물이라는 이미지를 준다.

유명 코미디언이었던 젤렌스키를 정치 신예로 만든 것은 드라마「국민의 종(Servant of the People)」이었다. 이 드라마는 평범한 역사 교사가 정부의 비리에 염증을 느끼고 정직한 대통령으로 선출되는 과정을 그렸는데,

◆ 승리가 확정된 뒤 환호하는 젤렌스키

정부와 정치에 대한 신랄한 풍자를 통해 큰 인기를 끌었다. 「국민의 종」은 2015년 첫 방송을 한 이후 무려 5년째 새로운 시리즈가 나오는 국민 드라마이기도 하다. 실제로 젤렌스키는 자신의 당을 '국민의 종'이라 명명하며 드라마를 현실로 만들겠다고 자신했다. 젤렌스키에 한 표를 행사했다는 우크라이나의 한 시민은 "2014년 혁명을 꿈꾸며 부패 방지 시위에 나섰으나 아무것도 변한 것은 없었다."라며 "적어도 젤렌스키는 신선한 얼굴이라고 생각한다."라고 말했다.

외신들은 이번 돌풍의 뿌리에는 변화를 갈망하는 국민이 있다고 설명했다. 2014년 우크라이나에서 '반러시아 친서방' 정권 교체 혁명, 이른바 유로마이단 혁명*이 일어나 포로셴코가 권력을 장악했지만 행정부는 국민의 기대에 부응하지 못했다. 유로마이단을 통한 국민적 지향점은 동시대 가장 수준 높은 문명적 제도를 갖춘 이웃(EU)으로 가자는 것이었다. 법치주의를 구축해 불평등과 빈부 격차를 해소하고 정의 사회를 구현하자는 명백한

◆ 포로셴코 전 우크라이나 대통령

방향성이 있었는데, 유로마이단의 힘으로 야누코비치 전 대통령을 몰아낸
포로셴코 세력은 "EU로 가자."라는 구호만 남발했을 뿐 실질적으로 그 목
표를 구현할 구체적 프로그램이나 이행 능력은 없었다. 오로지 'Anything
but 러시아', 마치 국민들이 '반러시아·친유럽'만을 원하는 것인 양 아주 단
순화시켜 극단적 편 가르기만 일삼다가 부정부패로 얼룩져 국민들의 분노
를 불러일으킨 것이다. 유로마이단은 엄청난 비용을 치른 혁명이었는데 그
후 집권한 행정부에선 국가 재정 낭비의 추문이 이어졌고 정부에 대한 국
민들의 불신은 깊어졌다. 여전히 우크라이나에 대한 투자자들의 신뢰는 약
하고, 경제는 혁명이 일어난 5년 전에 비해 크게 나아지지 못했다.

---

* 유로마이단(Євромайдан): 우크라이나에서 2013년 11월 21일 밤에 시작된 시위이다. 야
  누코비치 전 우크라이나 대통령의 친러 정책에 반대해 대대적으로 일어난 시위로, 그 결과
  2014년 2월 23일 야누코비치 정부를 몰아내고 새로운 친서방 과도 정권을 수립했다. 이 친
  서방 정권에 반대해 우크라이나 크림 반도와 동부에서 친러시아계 주민들이 분리 독립을
  주장해 2014년 크림 위기와 돈바스 전쟁이 일어났다.

포로셴코 정부의 관료들이나 올리가르흐의 부정부패 사례가 워낙 많다 보니 최근 실시한 갤럽 조사에 따르면, 우크라이나 정부에 대한 신뢰도가 겨우 9%에 불과해 세계 기록을 세웠다는 소식도 들린다(세계 평균은 56%이고, 소련에 대한 신뢰도도 48%였다.). 또 5년 넘게 실업과 불완전 고용이 지속되다 보니 320만 명 정도가 일자리를 구하러 해외로 나갔다는데, 이는 우크라이나 성인 10명 중 1명꼴이다. 유엔 개발계획(UNDP)[*]의 보고서를 보면, 2016년 우크라이나 사람 60% 정도가 빈곤선[**] 이하로 생활한다면서 우크라이나가 유럽에서 가장 못사는 나라 중 하나라고 적고 있다. 반면 올리가르흐는 날로 부유해지고 있는데, 2018년 현지 언론에 따르면 우크라이나 100대 부자들의 재산이 한 해 동안 370억 달러로 무려 43%나 대폭 불어났다는 것이다. 사정이 이렇다 보니, 유럽 비즈니스협회의 CEO들이 우크라이나 투자 환경을 평가한 조사 보고서에서 응답자들의 78%가 이 나라의 부패 수준에 불만이고, 74%가 사법부를 불신하며, 65%가 지하 경제에 대해 불평한다고 기록했다.

이제 우크라이나 대통령으로 당선된 젤렌스키 앞에는 만만치 않은 현안들이 산적해 있는데, 우선 러시아와의 관계이다. 무늬만 EU를 표방했던 포로셴코 정부는 반러시아주의로 극단적인 편 가르기를 주도했기 때문에 러시아-우크라이나 간 관계는 악화일로를 걸어왔다. 우크라이나가 대러 경제 제재를 가하자 러시아도 이에 맞서 우크라이나에 경제 제재로 응수했고, 모스크바-키예프 간 직항로는 진작 끊겨 벨라루스 등 제3국으로 돌아

---

[*] 유엔 개발계획(UNDP): 국제연합의 개발 도상국에 대한 원조 계획을 조정·통일하는 기구.
[**] 빈곤선(poverty line): 최저한도의 생활을 유지하는 데 필요한 수입 수준.

가야 한다. 아직 기찻길이 남아 있지만 이마저도 우크라이나 정부가 마음만 먹으면 차단될 수 있는 상황이다. 2019년 1월에는 우크라이나 정교회가 330년 만에 러시아 정교회로부터 분리 독립을 선언했다.

다행히 젤렌스키는 이전 정권과는 달리 러시아와의 관계 개선에 좀 더 적극적일 것으로 관측된다. 우크라이나에서 러시아 말을 사용하는 지역인 동부 유대계 가정 출신인 젤렌스키는 앞서 선거 운동 과정에서 크림 반도 반환과 친러 분리주의자가 장악한 우크라이나 동부 지역(돈바스) 수복 등을 위해 푸틴 러시아 대통령과 더욱 적극적으로 협상에 나서겠다는 입장을 밝힌 바 있다. 성향적으로는 우크라이나의 유럽 연합(EU), 북대서양 조약 기구(NATO) 가입 지지 등 친서방 인사로 분류되는 젤렌스키가, 러시아와 서구의 세력 대결에서 지정학적 접점에 위치한 우크라이나의 미래를 어떻게 이끌어갈지 관심이 쏠리고 있다.

우크라이나와 이혼하고 러시아와 결혼한 크림 반도

초유의 정전 사태

유로마이단 봉기로 들어선 우크라이나 신정부가 친서방 정책을 펴자, 크림 자치공화국은 독립을 선언하고 2014년 3월 16일 주민 투표를 실시해 96.77%의 찬성으로 러시아로의 귀속을 결정했다.

2015년 11월 22일, 우크라이나와 크림 반도 국경 근처에서 폭발이 일어나 크림 반도로 들어오는 송전선 4개가 파괴됐다. 이는 러시아의 크림 병합에 반대하는 우크라이나 민족주의자들의 소행인 것으로 추정됐다. 이에 따라 크림 반도는 전체 220만 명 중에 160만 명이 넘는 주민들이 전기 공급을 받지 못하는, 초유의 정전 사태를 맞았다. 2015년 11월 24일, 나는 이 사태를 취재하기 위해 크림 반도를 처음으로 방문했다.

당시 크림 정부는, 자체 발전 시설을 최대한 가동해도 전체 전력 수요량의 40% 정도만 공급할 수 있다고 밝혔다. 이에 따라 러시아 정부는 비상용 발전기 600대를 특별기 편으로 실어 날랐다. 긴급 투입된 발전기는 병원과 이동 통신 기지국, 오지 마을 등에 우선 공급됐다.

문제는 식량과 연료였다. 이것은 크림 반도 동쪽 끝, 러시아 남부와 마주보고 있는 케르치 항을 통해 반입됐다. 크림 반도는 우크라이나 본토와는 2개의 다리로 연결돼 있고 철로도 있지만, 러시아 본토와는 다리로 연결돼 있지 않고 페리가 오가고 있었다. 케르치 항과 러시아 본토 사이 5.5km 바닷길을 6척의 대형 페리가 하루 36번 왕복했다. 페리 한 척의 적재 용량은 600톤 정도로, 대형 트럭 20대나 1,200명의 승객을 실을 수 있었다. 열차 전용 페리도 3척이나 되는데, 12량짜리 유조 열차가 통째로 페리에 실리는

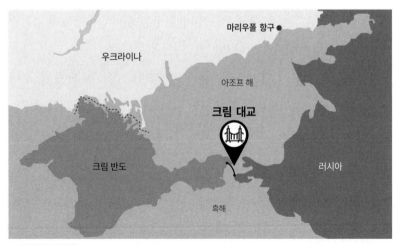

◆ 크림 반도의 위치

광경을 볼 수 있었다. 이로써 식량과 연료 문제는 해결할 수 있다고 했다.

취재 중에 의외라고 느낀 점은, 초유의 정전 사태를 당한 크림 사람들이 놀라거나 분노하거나 흥분하지 않고 대체로 차분하게 평정심을 유지하고 있다는 점이었다. 세바스토폴에서 만난 세르게이 리스냔스키는 직업군인 출신으로 관광업에 종사하고 있었는데 그 이유를 이렇게 말했다. "크림 사람들은 이런 일로 좌절하지 않는다. 보시라. 저녁에 전기가 들어오지 않으면 사람들은 기타를 들고 밖으로 나가서 노래하고 춤춘다. 노인들은 아코디언에 맞춰 춤춘다. 이들은 서로 소통하며 즐거워한다. 우크라이나 사람들이 오히려 역설적으로 이렇게 만들어줬다."

심페로폴에서 만난 영어 교사 타티아나 스코루도 비슷한 이야기를 했다. "크림 사람들은 파리 테러와 다른 도시들에서 벌어진 테러를 지켜봤다. 적어도 이 땅엔 전쟁이 없다는 사실에 다들 감사한다. 바로 그것이다. 정전 사태 같은 것, 우리는 충분히 극복할 수 있다."

정전 사태 정도로는 지난 세기 수많은 전쟁의 시련을 잘 극복해낸 크림 사람들의 정신력을 꺾을 수 없는 모양이다. 물론 러시아와 우크라이나 간에 갈등의 불씨는 여전히 남아 있지만.

2019년 3월 18일, 크림 반도가 러시아로 병합된 지 5년째 되는 날. 푸틴 대통령은 주도인 심페로폴을 찾아 지난해 크림에 건설된 2개 화력 발전소의 확장 가동식에 참석했다. 11억 달러(약 1조 2,000억 원)의 건설 비용이 투입된 발전소 2개는 크림 반도 전력 수요의 90%를 담당하게 되는데, 이로써 크림 반도의 전력난은 완전히 해소됐다. 2015년 말 우크라이나가 전력 공급을 중단한 뒤 크림 반도는 러시아 본토에서 해저 케이블로 공급하는 전력에 의존하면서 만성적인 전력난을 겪어왔다.

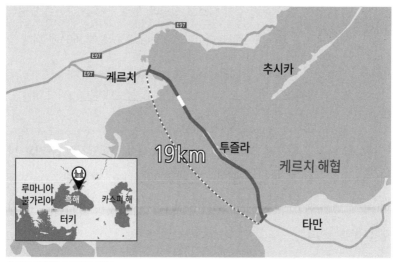

◆ 케르치 해협 & 공사 조감도

크림 대교의 정치경제학

2016년 7월 나는 크림 대교 건설 현장을 취재하기 위해 크림 반도를 두 번째로 방문했다. 크림 대교는, 크림 반도의 동쪽 끝 케르치에서 시작해 케르치 해협에 있는 작은 섬 투즐라를 거쳐 러시아 땅끝 마을 타만에 이르기까지 총 길이 19km의 교량이다. 사실 케르치에서 타만 위쪽에 있는 추시카 반도로 곧장 다리를 놓으면 불과 5.5km 밖에 안 되는데 멀리 돌아가는 이유는 뭘까? 거기에는 다음과 같은 이유가 있었다.

① '추시카' 지역 해저에는 움직이는 '이화산(泥火山 : mud volcano)'이 많아서 지질학적으로 볼 때, 공사를 진행하기가 대단히 어렵다.

② 당시 케르치-추시카 사이 5.5km 바닷길을 6척의 대형 페리가 하루 36번 왕복하면서 승객은 물론, 식량과 연료, 생필품을 운반하는 대형 트

력과 유조 열차 등을 실어 나르고 있었다. 교량 공사를 하려면 당연히 페리 운항을 중지해야 하는데, 생필품 등의 운송 문제 때문에 페리 운항 중단이 불가능하다.

③ 케르치 쪽과 타만 지역에 있는 기존의 도로·철도와 연결시키기 어렵다.

이상의 이유들 때문에 결국 케르치-타만 노선이 선택됐지만, 여기도 바닷바람이 거세게 불어 공사에 지장을 많이 받는다고 했다. 케르치-투즐라 사이 구간에는 페리가 다닐 수 있도록, 높이 45m, 길이 227m의 아치형 다리를 놓았다.

공사 현장에 가보니 여기저기서 파일을 박는 소리가 요란했다. 높이 82m의 크레인이 24m짜리 강철 파일을 바다 밑바닥에 박는 것이다. 케르치 해협의 해저에 있는 진흙 펄은 곳에 따라 깊이가 다른데, 가장 깊은 곳은 94m에 달한다. 교각을 단단히 고정시키기 위해서 5,500개가 넘는 강철 파일을 바다 밑바닥에 박는 것이었다.

크림 대교(19km)는 2018년 5월 15일 완성됐다. 포르투갈의 '바스쿠 다 가마 대교(17.3km)'를 제치고 유럽에서 가장 긴 다리가 됐다. 푸틴 대통령은 다리 개통식에 참석한 뒤 청바지에 검정 점퍼를 입고 오렌지색 러시아제 대형 트럭 '카마스'를 직접 몰고 다리를 건넜다. 운전대를 잡은 채 옆자리에 탄 건설 노동자와 이야기를 나누는 푸틴의 모습이 트럭 안에 설치된 카메라로 러시아 전역에 생중계됐다.

크림 대교는 왕복 4차선의 자동차 전용 다리와 2차선의 열차 전용 다리 등 2개의 다리로 이루어져 있는데 당초에는 자동차 다리는 2018년 12월, 열차 다리는 2019년을 완공 목표로 잡았었다. 다리가 완공되면 평균 시속

◆ 크림 대교 완성도

◆ 크림대교 공사 현장

120km로 하루 평균 4만 대의 자동차와 47대의 열차가 운행할 것으로 예측했다. 총 공사 비용은 35억 달러(약 4조 원)로 예상했다. 그러나 서방의 경제 제재와 유가 하락 등으로 러시아 경제가 침체를 벗어나지 못하는 실정이어서, 과연 완공 목표 시한인 2018년 12월까지 공사를 끝낼 수 있을지에 대해 회의적인 시각들이 많았었다. 그런데 오히려 당초 목표보다 7개월을 앞당겨 공사를 끝낸 것이다.

당초 크림 대교를 짓겠다는 구상은 2014년 2월에 나왔고, 2015년 2월에 최종 계약이 체결됐다. 그런데 크림 반도와 러시아 본토를 잇는 다리를 짓겠다는 구상이 이것이 처음은 아니었다. 이러한 구상이 최초로 제기된 것은, 영국이 도버 해협을 거쳐 인도까지 전화선을 연결하던 1870년이었다. 당시에는 공사 비용이 터무니없이 비싸게 나왔다. 이후, 니콜라스 2세 황제 때 다시 다리 건설 구상을 검토했지만, 이번에는 제1차 세계대전이 발발하면서 무산됐다.

최초로 실제 다리 건설을 시도했던 것은 1940년대 독일 나치였다. 독일군이 크림을 점령한 뒤 히틀러는 심복인 건축가 알베르트 슈페어를 시켜 다리를 건설하기 시작했다. 그러나 소련군이 반격을 해오자 독일군은 건설 중이던 다리를 파괴하고 퇴각했는데, 소련군은 남아 있던 부분으로 공사를 계속해 마침내 1944년 다리를 완성했다. 당시는 기차가 다니는 다리였는데, 1945년 2월 크림 반도에서 열린 얄타 3상 회담[*] 에 참석했던 스탈린

---

[*] 얄타 3상 회담: 제2차 세계대전 말 나치 독일과의 전쟁에서 연합군의 승리가 임박한 시점인 1945년 2월 4일부터 11일까지 흑해 연안 크림 반도에 있는 휴양 도시 얄타에서 연합군 소속 영국, 미국, 소련 수뇌부들이 모여 전후 세계 질서를 논의한 회담.

이 이 다리를 통해 모스크바로 돌아갔다. 그런데, 스탈린이 떠나고 불과 일주일 뒤에 겨울 폭풍을 타고 흘러온 유빙(流氷)이 나무로 된, 이 다리의 지지대를 치고 지나가는 바람에 다리가 심각하게 훼손됐다. 당시 소련 당국은 다리를 보수하기보다는 해체하는 쪽으로 결론을 내렸다.

크림 반도의 남쪽, 특히 얄타 주변 지역은 뒤에는 1,500m가 넘는 산이 있고 앞에는 흑해가 시원하게 펼쳐져 있어 힐링에 안성맞춤인 곳이다. 힐링과 관광, 레저가 크림 반도의 주력 산업이다. 크림 당국은 다리가 완공되면 일 년에 1,000만 명이 관광객들이 올 것으로 기대했다. 그런데 모스크바 타임스 특집 기사를 읽어보니 재미있는 구절이 나왔다. 수송과 도로 건설 전문가인 미하일 블링킨이 말하기를 "크림에는 그런 큰 다리가 필요하지 않다. 만약 크림에 어떤 채굴 산업이 있어서, 예를 들어 석탄을 운송해야 한다면 이런 다리가 필수적일 것이다. 그런데, 크림은 관광 지역이다. 고로 이 프로젝트는 순전히 정치적인 것이다. 바로 영토 확정 짓기가 목표인 것이다(It aims to mark the territory.)."

국제 문제 전문 저널리스트인 팀 마셜이 지은 『지리의 힘』이라는 책을 보니 크림 반도에 대한 러시아의 욕망을 다음과 같이 표현하고 있다. "따뜻한 물이 흐르는 해상 교통로를 여는 숙원은 200년이 지난 오늘날까지도 러시아가 완전히 이루지 못한, 그래서 여전히 버릴 수 없는 열망이다."

크림 반도의 흑해 함대가 중요한 이유

2016년 7월 나는 흑해 함대를 방문했다. 크림 반도의 서쪽 끝에 위치한 부동항 세바스토폴은 흑해 함대의 모항이다. 남중국해, 한반도 사드 문제로 미중 간에 갈등이 깊어지고 있었다면, 유럽에서는 북대서양 조약기구

◆ 세바스토폴 전경

(NATO)와 러시아 간 군사적 긴장이 고조되고 있는 상황이었다.

세바스토폴 항에서 작은 함정을 타고 시원한 바닷길을 조금 달리니 정박 중인 군함들이 보였다. 그중 가장 큰 최신형 군함에 올라탔다. 한 달 전 흑해 함대에 배치된 최신예 호위함 '아드미랄 그리고로비치'였다.

그리고로비치 함은 흑해 함대 전력 증강 사업으로 추진해온 '11356 계획'에 따라 건조하기로 한 6척 가운데 첫 번째 호위함이다. 2016년 3월 해군에 인도된 뒤 시험 운항을 마치고 흑해 함대에 배치됐다.

이 호위함은 길이 124.8m, 배수량 4,035톤, 항속 거리 4,850해상마일 (8,700km)에 7만 마력의 엔진으로 시간당 60km를 항해할 수 있다. 흑해 함대 처음으로 원양 작전 능력을 갖춘 수상함이라고 한다. 또 대함·대

'그리고로비치' 함 무장

RBU-6000 대잠 로켓 발사대	A190-01 100mm 함포	순항 미사일 수직 발사대

- 533mm 대잠 어뢰 발사관
- Shitil 함대공 미사일
- Club-N 함대지 · 함대함 순항 미사일
  (사거리 300~2,500km)

◆ 아드미랄 그리고로비치 함

잠·대지·대공 작전 능력을 갖춘 다목적 함정이다. 호위함의 무기 중 가장 위력적인 것은, 'Club-N 함대지·함대함 순항 미사일'이 아닌가 싶다. 이 미사일은 시리아 내전에서 이름을 날린 'SS-N-30A 칼리브르 장거리 순항 미사일'의 수출용 버전으로 알려져 있다. 칼리브르 장거리 순항 미사일은 2015년 10월 러시아 해군이 카스피 해에서 1,448km 정도 떨어진 시리아 내 IS 목표물을 타격하는 데 처음 사용하면서 관심을 끌었다. 호위함의 벨리치코 함장은 "무엇보다 Club-N 미사일은 주변 건물이나 민간인의 피해 없이 정교하게 목표물만 타격하는 정확도가 자랑이다."라고 설명했다.

흑해 함대에는 최근 개량형 킬로급(636형) 디젤 잠수함 4척이 배치됐다. 이 잠수함은 수중 배수량이 4,000톤으로 최고 400m 해저에서 20노트(37km)의 속도로 45일 동안 작전을 수행할 수 있다. 스텔스 기능이 뛰어나 탐지가 어렵기 때문에 '대양의 블랙홀'이라는 별명이 붙었다. 6개의 어뢰 발사관을 통해 초진공 어뢰인 'VA-111 시크발'이나 항모 킬러인 'SS-N-27 시즐러' 대함 미사일을 발사할 수 있다. 같은 잠수함 2척이 더 흑해 함대

◆ 신형 잠수함

에 배치될 예정이다.

　1783년 5월 제정 러시아의 예카테리나 여제가 창설한 흑해 함대는 태평양 함대, 발트 함대, 북해 함대와 함께 러시아 해군의 4대 함대 중 하나이다.

　흑해 함대는 러시아 남부 국경선의 중요한 방어망이자, 러시아가 흑해와 지중해로 힘을 투사(投射)하는 데 없어서는 안 되는 전략적 요충지를 지키는 역할을 해왔다. 또 보스포루스 해협을 통해 외해로 나가는 러시아 유조선단의 기항지이자 러시아와 유럽을 연결하는 가스 공급로인 '사우스 스트림(South Stream)' 보호 임무도 수행하고 있다. 흑해 함대에는 미사일 순양함, 미사일 구축함, 호위함, 대형 상륙함, 유도탄함, 잠수함 등 50여 척 이상의 함정들이 배치돼 있다. 대부분 함정의 선령이 30년가량 됐는데 최근 들어 최신예 함정들로 교체되고 있다. 2020년까지 흑해 함대 전력 증강 사업에 따라 15척 이상의 최신 함정들이 흑해 함대에 배속될 것으로 알려졌다.

　역사상 끊임없이 부동항을 찾아 나선 러시아로서는 흑해에서 지중해를 거쳐 대양으로 진출하는 데 사활이 걸려 있다고 해도 과언이 아니다. 러시아는 2013년 5월부터 "지중해에 러시아의 국익이 있다."라는 기치 아래 '지중해 상주 기동 전대'를 운용하고 있다. 이는 지중해에 항상 러시아 함정이 떠 있으면서 러시아의 국익을 보호해야 한다는 개념이다. 우크라이나 사태가 발생하고 시리아 내전이 격화되면서 이 작전 개념은 미래를 너무나 잘 꿰뚫어 본 것으로 평가를 받고 있다. 현재 북해 함대, 발트 함대, 태평양 함대에서 차출된 함정 7~8척이 지중해에 돌아가며 상주하고 있는데, 앞으로 상주 기동 전다을 20척으로 늘릴 계획이라고 한다. 이에 따라 러시아 해군은 흑해 함대에 최신 함정·잠수함을 우선 배치할 계획이다.

주변국 움직임도 주목된다. 크림 반도를 병합한 러시아에 대항해 흑해에 북대서양 조약기구(NATO) 분함대를 구축하려는 계획도 추진 중이다. '나토판 흑해 함대' 창설 구상은 2016년 1월 흑해 연안 국가인 루마니아가 제안했다. 러시아의 크림 병합 후에 위협을 느낀 것으로 풀이된다. 이 구상에 터키도 지지하는 입장을 밝혔다. 나토의 흑해 분함대에는 이들 국가 외에 미국, 독일, 이탈리아 등이 참여하는 방안이 거론되고 있다.

흑해 지역은 지금 러시아와 나토 간의 군비 경쟁이 치열한 곳으로 변해 버렸다. 2019년 4월 3일 나토 창설 70주년을 맞아 나토 29개 회원국은 흑해 지역에 군비를 강화하면서 러시아의 남진을 견제하고 있다. 나토는 4월 5일부터 13일까지 우크라이나, 조지아 등과 함께 흑해에서 합동 군사 훈련인 '해상방패(Sea Shield)-2019'를 실시했다. 여기에는 미국 등 나토 회원국 군함과 전투기, 우크라이나와 조지아 해군이 참여했는데, 나토 측은 이번 훈련이 우크라이나와 조지아를 지원하기 위한 것임을 분명히 밝혔다. 특히 우크라이나 함정들이 케르치 해협을 안전하게 통항할 수 있도록 보

◆ 흑해 함대 함정들

장할 것이라고 강조했다.

그런가 하면 러시아는 흑해 함대에 신형 호위함과 S-400 방공 미사일을 배치하는 한편, 루마니아에 배치된 미국의 MD(미사일 방어망)를 빌미로 투폴레프 Tu-22M3 전략 폭격기를 배치했다. 또 인근 지역에 신형 미사일 SSC-8(러시아명 9M279 노바토르 순항 미사일)을 개발·배치했는데 나토는 이 미사일의 사거리가 2,000~5,000km로 중거리 핵전력 조약(INF 조약)*을 위반한 것이라고 반발하고 있다. 앞으로 관건은 흑해에서 지중해로 나가는 출구를 관리하는 터키의 태도이다. 터키는 그동안 서방과 함께 러시아의 남진을 막는 데 일조했었지만 최근엔 시리아 내전 관리에 러시아와 보조를 맞추는 등 대러 관계를 돈독히 하는가 하면, 러시아제 S-400 방공

---

* 중거리 핵전력 조약(INF 조약) : 1987년 12월 미국과 소련이 체결한 핵탄두 장착용 중·단거리 미사일 폐기에 관한 조약. 사거리 500~5,500km인 중·단거리 탄도 및 순항 미사일의 생산과 실험, 배치를 전면 금지하는 내용을 담았다. 이 조약에 따라 양국은 1991년 6월까지 중·단거리 탄도 및 순항 미사일 2,692기를 폐기했다.

미사일 구입을 추진하면서 오랜 맹방인 미국과 마찰을 빚고 있다.

제2의 크림 반도, 돈바스

2015년 11월 나는 자동차로 러시아–도네츠크 인민공화국 국경을 넘어 우크라이나 동부 내전 현장을 취재했다. 우크라이나와 서방측은 러시아가 우크라이나 동부에서 이른바 '하이브리드 전쟁'을 벌이고 있다고 주장했다. '하이브리드 전쟁(hybrid war)'이란 재래식 전투 외에 선전전, 정부전, 대리전, 사이버 공격 등이 뒤섞인 전쟁 방식을 말한다.

우크라이나는, 러시아가 직접적인 군 개입을 피하는 대신 무장세력 등 '우회(diversionary) 조직'을 쓰고 있다고 주장했다. 나는 우크라이나 동부 지역의 상황을 직접 보고 그들의 이야기를 듣고 싶었다

국경을 넘어 도네츠크 인민공화국으로 들어서자 도로 상태가 좋지 않았다. 곳곳이 움푹 패어 있고 울퉁불퉁 여간 불편한 게 아니었다. 내전의 후유증이었다. 도로 주변엔 포격을 당해 폐허가 된 집들이 곳곳에 있었다. 건물 외벽이나 담벼락, 대문 등에 기관총탄 자국들이 흉측하게 남아 있었고, 희생자가 생긴 곳에는 조화가 걸려 있었다.

우크라이나 동부 지역은 지금도 내전 중이다. 2014년 5월 도네츠크와 루간스크 지역(두 지역을 합해 '돈바스'라고 한다.)이 독립을 선언한 뒤 우크라이나 정부군과 치열한 전투를 벌여 만 명이 넘는 사상자를 냈다. 2015년 2월 '민스크 협정'＊이라는 평화 협정을 맺어 휴전에 들어갔지만 아직도 분쟁이 해결되지 않고 있다.

돈바스에는 우크라이나 석탄 광산의 70％가 몰려 있다. 그뿐만 아니라,

철강·중화학 공업 단지가 조성돼 있어서 '우크라이나의 심장'이라고 불린다. 돈바스의 면적은 우크라이나 전체 면적의 5%이지만, 우크라이나 국내 총생산의 20%를 차지하고 있다. 우크라이나로선 핵심 이익이 걸려 있고, 그만큼 교전이 치열했던 것이다. 당장 우크라이나 화력 발전소들이 석탄 수급에 애로를 겪고 있었고, 이 때문에 전력난이 심각하다고 했다.

석탄 광산으로 유명한 도네츠크답게 도시 입구에 광부의 동상이 세워져 있었다. 도시는 생각했던 것보다 훨씬 더 평온을 되찾은 것처럼 보였다. 그러나 그것은 겉보기에만 그랬다. 곳곳에 내전의 상처들이 남아 있었다. 박물관은 포격을 당해 처참하게 무너졌고, 대학교 실험실 지붕에도 포탄이 떨어져 만신창이가 돼 있었다. 도네츠크 국립기술대학교는 포탄의 잔해를 박물관에 전시해놓고, 그날을 잊지 않겠다고 했다. 도시 곳곳에 총탄 자국과 포탄 맞은 건물들이 즐비했다.

아직 복구는 엄두도 못 내는 형편이었다. 제일 심각한 곳은 도네츠크 공항으로 가는 길목인 키예프스키 지역이었다. 이곳에는 2015년 8월까지 민가에 포탄이 떨어졌다고 했다. 두려움에 떨던 주민들이 피난을 떠나서 마을 전체가 유령 마을로 변했다. 도네츠크 중심가에서 우크라이나 국경까지는 불과 15~20km 거리이다(이 대목에서, DMZ로부터 40km 거리에 있어서 북한의 장사정포 사거리에 들어가 있는 서울의 현실이 떠올랐다.). 공항으로 가는 푸틸로프스키 다리 앞에 바리케이드가 설치돼 있고, 민간인의 출입이 엄격히 통제되고 있었다. 푸틸로프스키 다리는 포격으로 주저앉아 복구를

---

* 민스크 협정 : 2015년 2월 12일, 러시아와 우크라이나, 프랑스, 독일 4개국 정상들이 17시간에 걸친 밤샘 협상을 통해 이끌어낸 합의. 주된 내용은 2월 15일 0시를 기해 동부 분쟁 지역에서 우크라이나 정부군과 분리주의 반군은 중화기를 모두 철수하고 휴전한다는 것이다.

◆ 총탄에 폐허가 된 공항

기다리고 있었다. 여기서는 대낮에도 총성이 들렸다.

　도네츠크 공항을 가기 위해서는 민병대의 특별한 허가가 필요했다. 그리고 민병대원이 가이드로 따라나섰다. 우회 도로를 통해 찾아간 공항은 말 그대로 전쟁터였다. 포격을 맞은 공항 터미널은 초토화돼 건물 잔해만 남아 있었다. 옆에 있는 호텔 건물은 포격으로 무너져 내렸고, 건물 잔해에 박혀 있는 무수히 많은 총탄 자국이 보는 이의 가슴을 먹먹하게 만들었다. 길바닥엔 박격포탄이 그대로 박혀 있고, 기관총탄 탄피가 어지럽게 널려 있었다.

　여기서 맞은편 우크라이나 정부군 진지까지는 불과 1km 남짓이다. 우크라이나 정부군은 수시로 총을 쏘고 심지어는 탱크 포탄을 발사하기도 한다고 했다. 도네츠크 인민공화국 민병대는 이에 일체 대응하지 말도록 명령을 받았다고 했다. 휴전 협정을 맺었는데 왜 아직도 총격을 가하는 걸까? 이에 대해 인터넷 매체인 '돈 아이(Don i)'의 미카엘 포포프 기자는 "우크라

◆ 아름다운 도네츠크

이나는 우리를 자극해서 대응 사격을 유도하려는 것이다. 그래서 도네츠크가 민스크 합의를 위반했다고 비난하려는 의도이다."라고 말했다.

　2014년 2월, 우크라이나 수도 키예프에서는 유럽으로의 통합을 지지하는 이른바 유로마이단 봉기가 일어나 정권 교체가 이뤄졌다. 그러자, 친서방 움직임에 반감을 갖고 있던 크림 반도가 3월 주민 투표를 실시해 러시아로 귀속을 결정했고, 러시아는 이를 즉시 받아들였다. 이어 5월에는 도네츠크와 루간스크 등 이른바 '돈바스' 지역이 독립을 선포했고, 우크라이나 정부군과 분리주의 반군 사이에 치열한 교전이 벌어졌다. 2015년 2월 12일, 러시아와 우크라이나, 프랑스, 독일 4개 나라 정상들이 17시간에 걸친 밤샘 협상을 통해 '민스크 합의'를 이끌어냄에 따라 양측이 전면 휴전에 들어갔는데도, 총격과 포격이 계속되는 것이다.

　돈바스 지역은 무엇 때문에 독립을 결정했던 것일까? 데니스 푸쉴린 도네츠크 인민공화국 인민의회 의장은 크게 3가지를 이야기했다.

첫째, 돈바스 지역 주민들의 75%가 러시아어를 쓰는데도 우크라이나 정부가 우크라이나어를 쓰도록 강요했다.

둘째, 제2차 세계대전 당시 나치에 협력해 주민들을 핍박하던 부역자들이 지금은 우크라이나 정부의 고위직에 올라 '영웅' 노릇을 하고 있다.

셋째, 우크라이나 정부가 급격하게 서구화를 추진하고 있다.

푸쉴린 의장은 "우리 기업들은 대부분 유럽이 아니라 러시아나 유라시아연합(벨라루스, 카자흐스탄 등) 쪽과 협력하고 있다. 유럽 기준을 따라가면 경쟁력이 없다."라고 말했다.

도네츠크 시내는 저녁이 되면 쥐 죽은 듯이 조용해졌다. 길가에 사람도 별로 없고 자동차도 뜸했다. 음산한 분위기가 영 좋지 않았다. 그도 그럴 것이 도시 인구 100만 명 가운데 50만 명이 피난을 떠났었는데, 겨우 20만 명만 돌아왔고 30만 명이 아직 객지를 떠돌고 있다고 했다. 시내 음식점도 밤 8시 정도면 문을 닫고, 모두 일찌감치 집으로 돌아가니 시내가 텅 비는 것이었다.

돈바스는 2014년 5월 독립을 선언했다. 그리고 크림 반도처럼, 러시아가 자신들을 러시아 영토로 귀속시켜 주기를 원했다. 그러나 러시아는 아직 가타부타 반응이 없다. 러시아로서도 복잡한 정치적 계산을 하고 있을 것이다. 우크라이나를 압박해 돈바스에 폭넓은 자치를 허용하도록 하면서, 이를 지렛대로 삼아 우크라이나가 서구화되는 것을 막을 셈법인지도 모르겠다.

도네츠크의 정치평론가인 미카엘 샤갈라얀은 이렇게 말했다. "도네츠크

◆ 러시아·우크라이나·프랑스·독일 4개국 정상 회의 (신화사 사진)

의 미래는 독립 국가이다. 확실히 독립 국가이다. 우리는 자체 은행 시스템
이 있고, 자체 입법 체계가 있고, 내부 시장도 발전하고 있다. 우리 사회도
우리가 독립 국가라는 점을 인식하기 시작했다." 그런데 전통 시장에서 만
난 현지인들의 이야기를 들어보니 가슴이 찡했다. 잡화점을 한다는 아주
머니 나데즈다는 이렇게 말했다. "내 친척의 절반은 우크라이나 사람이고
절반은 러시아 사람이다. 우리가 누구인가? 우리는 모두 슬라브 민족이다.
어떻게 우리가 갈라질 수 있는가?"

그런데 2019년 12월 9일, 파리에서 러시아, 우크라이나, 프랑스, 독일
정상들이 회담을 갖고 다시 중요한 합의를 이끌어냈다. 4개국 정상들은
2015년 2월에 채택된 민스크 협정의 실질적 이행 문제를 집중 논의했다.
합의 내용을 보면, 2019년 12월 말까지 우크라이나 동부 지역(돈바스)에서

전면적인 휴전을 이행하고, 그동안 붙잡힌 양측의 모든 포로들을 교환하기로 했다. 또 2020년 3월까지 동부 3개 지역에서 병력을 철수하며, 인도적 지원 루트를 확보하기 위해 지뢰 제거에 나서기로 합의했다. 젤렌스키 대통령은 취임 이후 처음으로 푸틴 대통령과 얼굴을 맞대고 대화함으로써 분쟁 해소와 신뢰 형성의 기반을 마련했다는 평가를 받았다.

일단 군사적 충돌은 멈추겠지만 돈바스 지역의 지방 선거 일정 등 핵심 사안에 대해선 아직 갈 길이 멀다. 러시아는 민스크 협정에 규정된 대로 돈바스 지역에 자치권을 부여하여 돈바스가 독자적인 선거를 치르도록 해야 한다고 주장한다. 이에 대해 우크라이나는 3만 5,000여 명의 반군이 장악하고 있는 돈바스 지역의 국경 통제권을 먼저 돌려받은 다음에야 선거를 허용할 수 있다고 맞서고 있다. 양측의 입장이 팽팽히 맞서고 있어 누가 먼저 양보하기 어려운 형국이다. 이번 회담을 중재한 마크롱 프랑스 대통령은 4개월 안에 새로운 회담을 열어 러시아와 우크라이나 간의 이견 해소를 모색할 것이라고 말했다. 돈바스 땅에 평화 무드가 지속돼 주민들이 전쟁의 공포에서 하루속히 벗어나기를 기원한다.

02

러시아와
북한

모스크바의 북한 식당

내가 특파원으로 있을 당시 모스크바에는 북한 식당 2곳이 성업 중이었다. 하나는 아르좌니끼제 거리(ул. Орджоникидзе, д. 11, стр. 9)에 있는 '평양고려식당'이고, 다른 하나는 로모노숩스키 거리(Ломоносовский проспект 29. Корп. 1)에 있는 '능라도'이다.

평양고려식당은 소련의 첫 우주인을 기념한 유리 가가린 동상, 한국 식당이 몰려 있는 코르스톤 호텔과 가까운 곳에 있다. 식당 홈페이지에는 개업한 지 8년째라고 소개돼 있지만, 현지 교민들 말에 따르면 장소를 옮겨 15년 이상 영업 중이라고 했다. 모스크바에선 가장 오래된 북한 식당인 셈이며, 김정일 국방위원장과 푸틴 대통령의 선린우호 다짐 차원에서 창립한 것으로 전해진다. 식당의 명목상 주인은 조선인 2명이지만 식당의 수익금은 러시아 주재 북한 대사관의 운영 자금으로 쓰이는 것으로 알려져 있었다. 능라도는 모스크바 국립대학교(엠게우: МГУ) 근처에 있다. 2015년 7월

◆ 평양고려식당

중순에 개업했는데 북한 대사관과 가까워 대사관 손님들이 많았다. 명목 상 주인은 러시아 여성으로 돼 있어 북한이 관여하지 않는 것처럼 보이게 했다고 한다. 북한 식당의 주요 식재료는 본국에서 직접 가져온다고 했다. 모스크바에는 한국인이 운영하는 한식당이 6~7개 되는데, 북한 식당의 메뉴가 한식당보다 2~3배는 많고 맛도 좋고 값도 60~70% 정도로 저렴한 편이어서 북한 식당을 찾는 한국 사람도 은근히 많은 편이었다. 특히 능라 도는 내 집에서도 가까워 더운 여름날 평양냉면을 즐기러 자주 찾곤 했다.

그런데 2016~2017년 북한의 전략적 도발 기간에 발효된 유엔 안전보 장이사회(이하. 유엔 안보리) 대북 제재 결의안은 핵과 미사일 개발에 들어 가는 자금줄을 차단하는 게 핵심이었고, 그중에 해외에서 성업 중인 북한 식당들이 외화벌이 전초병으로 찍혀 보이콧 움직임이 일었다. 실제로 중국 과 동남아 일대 북한 식당들이 타격을 입고 상당수 문을 닫았으며, 모스 크바 주재 한국 대사관도 교민들을 상대로 '북한 식당 출입 자제'를 권고하

◆ 능라도

기도 했다. 이 때문에 근 2년 동안 북한 식당을 찾는 한국 사람들의 발길
이 뚝 끊겼다. 그런데 모스크바 한인 사회와 북한 식당 간의 이 같은 냉기
를 일거에 걷어버린 사건이 있었으니 그것은 바로 평창 동계올림픽이었다.

북한 식당에서 공동 응원

2018년 2월 남북 단일팀과 일본의 아이스하키 경기 하루 전날, 모스크
바에 거주하는 남북한 동포들과 고려인 동포들이 북한 식당에 모여 공동
으로 응원하는 행사가 열린다는 말을 들었을 땐 진짜 이런 행사가 열릴까
하는 의구심마저 들었다. 그런데, 실제로 그런 일이 일어났다. 남북 단일팀
과 일본의 아이스하키 경기가 펼쳐진 2월 14일 아침 10시 반. 모스크바 시
내에 있는 북한 식당인 평양고려식당에 동포들이 하나둘 모였다. 두 살배
기 아이를 안고 온 교민과 학생들을 포함해 우리 교민이 17명, 고려인 동

◆ 북한 식당에서 공동 응원

포 8명, 러시아 학생 6명 등 31명이 자리를 함께했다.

당초 북측에서도 5~6명의 학생들이 참석하기로 했었는데, 사정이 생겼는지 결국엔 오지 못했다. 대신 북한 식당 종업원들(주로 평양에서 온 여성들)이 열띤 응원전을 도왔다. 참석자들은 직접 만든 한반도기를 흔들고, 북을 치면서 응원 열기를 더했다. "우리는 하나다."라는 공식 구호를 외치고, 간간이 "카레야(한국)", "우라(만세)"라는 러시아 구호를 외치기도 했다. 이들의 응원 열기가 통했는지 남북 단일팀이 이번 대회 첫 골을 성공시켰고, 모두 자리에서 일어나 만세를 외치며 흥분을 감추지 못했다. 4대1로 경기에서 패하기긴 했지만, 참석자들은 "잘했다"를 외치며 끝까지 우리 선수들을 응원했다. 20년 가까이 모스크바에 거주해온 우리 교민은 북한 식당에서 공동 응원전을 펼칠 수 있다는 게 믿기지 않는다며 감격스러워했다.

모스크바에 사는 남북한 교민들과 고려인 동포들이 한자리에 모여 단일팀을 응원한 것은 이번이 처음이라고 했다. 애초 아이디어는 우리 교민이 제안했고, 모스크바 주 고려인 문화연대 대표인 에르네스트 김이 북측을

◆ 함께 응원하는 북한 식당 종업원들

설득해 이번 행사를 성사시켰다고 한다. 관심을 끄는 것은 북한 식당이 장소를 제공한 점이다. 이 또한 처음 있는 일이다. 식당 측은 어렵게 남북 단일팀이 구성됐고 북측 응원단이 대거 평창을 방문하는 등 역사적인 화해 협력 무드가 조성된 만큼 이에 동참하는 취지라고 설명했다. 상당 기간 우리 교민들과 북한 식당 간에 지속됐던 껄끄러운 관계가 평창 동계올림픽을 계기로 믿기지 않을 만큼 180도 달라진 것이다.

이 식당 응원전을 계기로 북한 식당 금족령(?)은 자연스럽게 해제돼 교민들이 예전처럼 무시로 찾아가 북한 음식을 즐기게 됐다. 사실 북한 식당에는 중국인, 일본인 외에도 러시아인과 현지인들도 많이 찾곤 했는데, 특히 2018년 4·27 남북 정상회담 이후에 평양냉면이 엄청 팔렸다는 후문이다. 식당 종업원에게 평양냉면을 찾는 사람들이 많이 늘었느냐고 물었더니, 자리가 없어 못 팔 지경이라는 답이 돌아왔다. 이 같은 변화는 민간 분야뿐만 아니라 외교 현장에서도 나타났다.

외교 무대에서 손잡은 남북한 대사들

2018년 2월 13일 밤, 음력설을 앞두고 러시아 외무부 영빈관에서 마르굴로프 외무부차관 주재로 만찬이 열렸다. 러시아 외무부가 해마다 남북한과 중국, 몽골, 베트남, 싱가포르 등 음력설을 쇠는 아시아 6개 나라 대사들을 초청해 대접하는 자리였다. 앞에서 대강의 분위기를 언급했듯이 2017년까지만 해도 남북 간에는 무척 썰렁하고 불편한 자리였다고 한다. 서로 인사도 제대로 안 하고 북측과 남측 각각 사시들끼리만 모였다가 헤어졌다고 한다. 그런데 2018년에는 분위기가 확연히 달랐다고 한다.

남한 우윤근 대사와 북한 김형준 대사는 반갑게 인사를 나누고 덕담을 주고받았다고 한다. 남북 단일팀과 응원단, 김여정 등 북한 고위급 대표단의 방한 등 평창 동계올림픽을 계기로 조성된 남북 간 화해 분위기를 주제로 이야기꽃을 피웠다고 한다. 우윤근 대사가 먼저 다가가 인사를 건네고 "평창 동계올림픽에서 남북한이 단일팀도 구성하고 평화 올림픽을 치르는 한민족의 위상을 세계에 알리는 계기가 된 데 대해 고맙게 생각한다."라고 말하자 김형준 대사도 "우리는 한민족 아니냐. 단합해야 한다."라고 화답했다.

또 우윤근 대사가 "우리 정부는 최선을 다해서 남북 대화를 이어가려고 하고 있고 문재인 대통령이 최선을 다하고 있다."라고 하자 김형준 대사가 "문재인 대통령이 잘하고 계신다."라고 화답했다고, 한국 대사관 관계자는 전했다. 북한 고위 외교관의 입에서 우리 대통령을 추켜세우는 발언이 나온 것이다. 이전의 분위기에서는 기대하기 힘든 발언이 아닐 수 없다.

이와 관련해, 현지 외교 소식통은 "북한 당국이 평창 동계올림픽을 계기

◆ 왼쪽부터 김형준 북한 대사, 마르굴로프 러시아 외무부 차관, 우윤근 대사

◆ 우윤근 대사와 김형준 북한 대사

로 이뤄진 남북 화해 분위기에 걸맞게 해외에서 남측 외교관이나 주재원, 언론인을 만날 경우 유연하고 적극적으로 대응하라는 지시를 내린 것으로 안다."라고 전했다. 올림픽을 계기로 한민족을 하나로 묶은 훈풍이 평창을 넘어 바야흐로 러시아 모스크바에까지 불어온 것이었다. 러시아인은 이 같은 분위기를 어떻게 보느냐는 질문에, 한국의 상황을 잘 아는 한 러시아 교수는 다음과 같은 러시아 속담을 들려줬다.

"나쁜 평화가 좋은 전쟁보다 낫다(Плохой мир - лучше хорошей ссоры.)."

김정은 위원장의 러시아 방문

세기의 관심사였던 2019년 2월 하노이 북미 정상회담이 결렬된 뒤 북한 김정은 국무위원장이 러시아를 전격 방문했다. 4월 24일부터 26일까지 러시아의 극동 블라디보스토크를 방문한 것이다. 2012년 권력을 잡은 뒤 김정은 위원장이 러시아 땅을 밟은 건 이번이 처음이다.

두만강을 건너 러시아 쪽 국경 도시인 하산역에 내린 그의 모습은 중절모에 검은색 긴 외투 차림이었다. 그의 할아버지 김일성 주석이 과거 해외 순방길에 즐겨 입던 복장 그대로다. 조부 김일성 주석 따라 하기란 말이 나올 법하다. 하산은 북러 경제 협력의 상징 지역이다. 나진-하산 프로젝트의 시발점이고, 1986년 김일성 주석의 소련 방문을 앞두고 세워진 '러시아-조선 우호의 집'도 있다. 김정은 위원장은 '김일성의 집'으로 불리는 이곳을 방문했는데, 하산에 기착한 것은 러시아와의 경제 협력을 염두에 둔 상징적 조치라는 분석이 나온다.

김일성 주석은 1949년 3월 처음 모스크바를 방문해 스탈린 서기장과 만

◆ 러시아를 방문한 김정은 위원장, 2019년 4월 24일

난 것을 비롯해 생전에 9차례 소련(모스크바)을 방문했다. 아버지 김정일 국방위원장은 3차례 방문했는데, 기차를 이용해 모스크바와 블라디보스 토크, 울란우데를 각각 한 차례씩 방문했다. 특히, 2001년 첫 번째 러시아 방문 때는 블라디보스토크와 하바롭스크를 거쳐 모스크바에 도착해 푸틴 대통령과 정상회담을 가진 뒤 푸틴의 고향인 상트페테르부르크까지 방문 하는 등 24일 동안 2만km 이상을 기차로 여행하는 기염을 토했다. 2011년 8월 사망 직전에도 러시아의 극동 울란우데에서 메드베데프 대통령과 회 담하고 다시 중국을 거쳐 귀국하는 등 '기차 외교'를 고집했다. 다음은 북 러 지도자들의 상호 방문 기록이다. 소련과 러시아를 통틀어 평양을 방문 한 지도자는 푸틴이 유일하다.

▶ 북러 지도자 상호 방문

- 1949월 3월 : 김일성 북한 수상, 모스크바 방문. 소련과 경제·문화 협정 체결

- 1953년 9월 : 김일성 북한 수상, 소련의 경제 원조 요청을 위해 방문

- 1957년 11월 : 김일성 북한 수상, 소련 혁명 40주년 기념식 참석차 방문

- 1959년 1월 : 김일성 북한 수상, 소련 공산당 21차 대회 참석차 방문

- 1961년 7월 : 김일성 북한 수상, '우호협조 및 상호원조 조약' 체결차 방문

- 1961년 10월 : 김일성 북한 수상, 소련 공산당 22차 대회 참석차 방문

- 1967년 1월 : 김일성 북한 수상, 소련 방문

- 1984년 5월 : 김일성 북한 주석, 모스크바 방문. 체르넨코 소련 공산당 서기장과 경제·군사 문제 논의

- 1986년 10월 : 김일성 북한 주석, 모스크바 방문. 고르바초프 소련 공산당 서기장과 회담

- 2000년 7월 19~20일 : 푸틴 대통령, 북한 방문(소련 및 러시아 지도자 사상 첫 방북)

- 2001년 7월 26일~8월 18일 : 김정일 국방위원장, 러시아 방문(24일 동안 2만km 이동. 블라디보스토크-하바롭스크-이르쿠츠크-노보시비르스크-모스크바-상트페테르부르크). 공동 선언(모스크바 선언) 채택

- 2002년 8월 20~24일 : 김정일 위원장, 러시아 방문(하바롭스크-콤소몰스크나아무레-블라디보스토크), 23일 푸틴 대통령 회담. 철도 연결 등 경제 협력 방안 논의

- 2011년 8월 20~24일 : 김정일 위원장, 울란우데에서 메드베데프 대통령과 회담

국가 정상이 다른 나라를 방문하면 제일 궁금한 것은 '무엇 때문에 갔을까' 하는 점과 '무엇을 얻었을까' 하는 점일 것이다. 특히 북한의 지도자처럼 일거수일투족이 국제 뉴스의 초점이 되는 나라일수록 더욱 그러하다.

무엇 때문에 갔을까

김정은 위원장의 러시아 방문 배경으로는 미국을 압박하기 위해서라는 분석이 우세하다. 하노이 회담 결렬 이후 북한이 미국을 압박하기 위해 전통적 우방인 중국과 러시아와의 유대 관계를 한층 강화하고 있다는 해석이다. 전문가들은 미국과 무역 협상을 앞둔 중국은 운신의 폭이 좁은 만큼 상대적으로 움직임이 자유로운 러시아에 먼저 손을 내민 것으로 분석한다. 그러나 사실 북한 지도자의 러시아 방문 분위기는 그 전해인 2018년부터 무르익어왔다. 2018년 김정은 위원장이 국제 무대에 전격 등장하면서 존재감을 과시하자 러시아도 김정은 위원장의 러시아 방문을 적극 추진했다. 2018년 5월 라브로프 외무장관의 평양 방문과 6월 김영남 최고인민회의 상임위원장의 러시아 월드컵 개막식 참석, 9월 마트비옌코 상원의장의 북한 정권수립기념일(9·9절) 참석 등 여러 경로를 통해 김정은 위원장의 러시아 방문을 적극 추진했던 것이다. 한국 정부 당국자는 대북 제재가 해제되지 않은 상황에서 러시아가 북한에 줄 선물이 마땅치 않더라도 미국을 긴장시키는 효과는 있을 것이라고 언급했다. 또 하나는 외교적 측면에서 마침표를 찍는 의미도 있을 것이라고 했다. 과거 북한은 중국과 러시아를 오가는 등거리 외교를 통해 원하는 바를 성취해왔다. 이런 맥락에서 북한에 새로운 지도자가 들어설 경우 중국과 러시아의 지도자를 만남으로써 외교적 마무리를 짓는 의미가 된다는 것이다. 시진핑 주석과 5번 만나고, 문재인 대통령과 4번, 미국 대통령과 3번 만났으며, 러시아는 한 번 방문함으로써 주변국들과의 정상 외교를 일단락 지었다는 의미를 갖게 됐다. 물론 일본 지도자와의 만남은 아직 추진 중인 사안이다.

무엇을 얻었을까

2019년 4월 25일 블라디보스토크에서 열린 북러 정상회담 직후 푸틴 대통령은 단독 기자 회견을 갖고 회담 결과를 설명했다. 총 19분 동안의 기자 회견 중 12분은 회담 결과와 관련해 7개의 실문을 받았고, 나머지 7분은 우크라이나(4월 21일 대선을 치렀다.) 문제 관련 질문을 받았다. 푸틴 대통령은 우선 국제법이 효력을 발휘해야 한다고 역설했다. 국제법이 발휘되는 것은 (하노이 회담 결렬 이후) 한반도에서 조성되고 있는 복잡한 문제를 해결하기 위한 중요한 첫걸음이 될 것이라면서 우선 첫 조치로 신뢰 구축이 필요하다고 말했다. 또 비핵화에 대한 상응 조치로 북한은 자국의 체제 안전과 주권 보호를 요구했는데 이 역시 국제법으로 보장할 수 있다고 말했다. 북한의 체제 안전을 미국이나 한국이 보장한다면 좋겠지만 그것만으로 충분하지 않을 경우 국제적인 안전 보장 체제를 마련하기 위해 6자 회담이 요구될 수도 있다고 했다.

가스관, 철도 연결 등 남북러 3각 협력 사업과 관련해 푸틴 대통령은, 모든 것이 한국의 이익에도 부합하는데도 한국이 주권 국가로서 부족한 점이 있는 것 같다면서 남북러 3각 협력 사업이 남한 때문에 진행되지 않고 있다고 지적했다. 미국과의 동맹 의무 때문에 어느 시점에 한국이 사업을 중단했다고 날카롭게 꼬집은 것인데, 어찌된 일인지 이 부분에 대해선 한국 언론들이 크게 관심을 보이지 않았다. 유엔 제재 때문에 2019년 연말까

◆ 북러 정상회담, 2019년 4월

지 러시아를 떠나야 하는 북한 노동자들 문제에 대해선, 차분하고 적대적이지 않은 해법이 있을 것으로 본다고 말했다.

푸틴의 기자 회견에는 언급이 없었지만, 회담에서는 북러 국경 두만강에 자동차 통행용 다리를 건설하는 문제도 논의됐다고 한다. 회담 이후 푸틴 대통령의 지시로 교량 건설 사업이 속도를 내기 시작했다고 소식통은 전했다. 북한과 러시아는 지난 2015년부터 두만강을 가로지르는 자동차 통행용 다리 건설 협상을 벌여오고 있다. 북러 국경의 두만강 위에는 현재 북한의 두만강역과 러시아의 하산역을 연결하는 기차가 지나가도록 철교가 놓여 있지만 자동차 통행용 다리는 없다. 러시아 측은 교량 건설 프로젝트에 대한 사전 타당성 조사를 실시한 뒤 북한 측과 사업 견적 문제와 건설 조건 등에 대해 협의할 계획이라고 밝혔다. 자동차 통행용 다리는 길이 915m, 너비 14m, 2차선 도로에 하루 차량 통행량은 500대 정도로 예상하고 있다. 교량 건설에는 4,000만 달러 정도가 소요될 것으로 알려져 있다.

◆ 두만강 철교

　또 회담이 끝난 뒤에 알려진 일이지만, 러시아는 올해 북한의 식량 문제 해결을 위해 400만 달러(약 46억 원)를 지원했다고 유엔 인도주의 업무조 정국(OCHA)이 밝혔다. 러시아가 지원을 약속한 날짜는 2018년 7월 18일 이고, 자금이 사용될 시기는 2019년으로 돼 있어 이번 북러 정상회담과 관 련이 있는지는 확실하지 않다. 지원금은 유엔 세계식량계획(WFP)을 거쳐 집행될 예정이라고 전해졌다.

　러시아의 대북 지원에 힘입어 남한 정부도 그동안 집행하지 못했던 800만 달러의 대북 지원을 2019년 6월 집행하기로 결정했다. 하지만 북한은, 남측 이 근본적인 문제 해결의 의지가 없다면서 이를 거부했다.

　그런데 언론에 공개되지 않은 실적까지 합하면 이번 러시아 방문을 통 해 북한이 크게 만족할 만한 성과를 거뒀다고 한다. 북러 관계에 정통한 소식통에 따르면, 김정은 위원장이 중국을 3번 방문해 900억 원 정도의 경제 지원을 약속받았는데, 이번 러시아 방문을 통해 더 큰 경제적 실리를 얼었다는 것이다. 러시아로부터 밀 5만 톤(1,000만 달러) 지원, 러시아 은행에 묶여 있던 예금 3,000만 달러 등을 포함해 9,000만 달러 상당을 챙겼다는 전언이다.

북한이 말하는 체제 보장의 의미

2019년 4월 이후 김정은 국무위원장이 미국·중국·러시아 정상들을 연이어 만났을 때 비핵화 조건에 대해 "체제 안전 보장이 필수"라고 말한 것으로 전해진다. 푸틴 대통령을 만났을 때도 체제 안전 보장을 강조했지만 지난 6월 20일 평양을 방문한 시진핑 중국 국가주석과 회담할 당시에도 김정은 위원장은 "우리는 경제 제재 해제를 구애하는 일은 하지 않을 것이다. 중요한 건 체제 보장"이라고 말했다는 것이다.

북한은 그동안 미국의 대북 압살 정책에 대응하기 위해 핵과 미사일 등 대량 살상 무기를 개발해왔다고 주장했다. 따라서 이미 개발한 핵과 미사일을 포기하려면 그에 상응하는 대가, 즉 체제 보장 등 생존을 보장하는 값을 지불하라고 요구하고 있다. 외부의 위협으로부터 생존을 보장받는 것, 이것이 우리가 흔히 생각하는 체제 보장이란 의미이다. 그런데 최근 북한에선 체제 보장에 다른 해석이 포함돼 있다는 얘기가 들린다.

북한 내부 사정에 정통한 소식통에 따르면, 북한이 말하는 체제 보장이란 "첫째 북한을 공격하지 말 것, 둘째 북한을 붕괴시키려는 일체의 행위를 하지 말 것, 셋째 북한의 내분이나 내전 시 개입하지 말 것"이라고 한다. 특이한 것은 세 번째인데 이는 한마디로 독재를 하든 말든 무엇을 하든 상관하지 말라는 것이라고 한다. 이 소식통에 따르면, 1989년 6월 천안문 사태 때 서방 세계는 중국을 비난만 했을 뿐 중국의 민주화 세력을 적극적으로 지원하는 등 적극적으로 개입하지 못했는데, 이는 당시 중국이 핵을 가지고 있었기 때문이라고 북한은 분석하고 있다는 것이다. 리비아의 카다피 정권이 붕괴된 사례에서도 북한은 핵을 가지고 있어야 내전 상황에서도 국제 사회의 개입 없이 정권을 유지할 수 있다는 교훈을 얻었다는 것이다.

소식통에 따르면, 북한 당국은 더는 개혁·개방을 막을 수 없다는 걸 알고 있고, 그 방향으로 나갈 준비를 하고 있다고 한다. 문제는 개혁·개방을 시작하면 북한 주민 의식이 깨어나는 것은 시간문제이고 언젠가는 민주화·반정부 시위가 일어나게 된다는 것을 알고 있다는 것이다. 바로 그 시기에 외세의 개입만 없다면 북한 정권은 중국처럼 충분히 위기를 극복할 수 있다고 인식하고 있다고 한다. 더욱이 중국은 천안문 사태를 진압한 이후 선전 선동을 통해 사건의 진실을 왜곡했고 그 결과 현재 중국인들은 사건 자체를 모르거나 남의 일 이야기하듯 하고 있다는 점이다. 이 모든 것이 외세의 직접적인 간섭을 받지 않았기 때문에 가능했고, 핵이 있었기 때문에 가능했다고 북한 당국은 인식하고 있다는 것이다.

이런 점들이 북한이 주장하는 '체제 보장'의 또 다른 측면인데 아직까지 국내에는 알려지지 않았다. 이 같은 내용을 아는 사람은 북미 협상에 정통한 극히 일부 인사들뿐이라고, 소식통은 전했다. 독재를 하든 말든 상관하지 말라는 요구 사항을 들어준다는 것은 한국이나 미국, 중국 등 관련국들에게는 매우 민감하고 곤혹스러운 이슈가 아닐 수 없다. 민주주의 기본 원칙에 어긋나는 사항인 만큼 국내적으로 격렬한 저항과 반발에 부딪히게 될 것이다. 실제로 이 같은 내용을 북한이 협상장에서 미국이나 중국, 한국 정부와 논의했는지, 그에 대해 관련국들이 명시적인 답변을 주었는지는 아직 확인할 방법이 없다. 개인적으로는 사실이 아니기를 바랄 뿐이다.

북한의 전략적 도발

내가 모스크바 특파원으로 재직할 당시 북한은 전략적 무력 도발을 강도 높게 실시했다. 특히 2016년과 2017년 2년 동안에 집중됐는데, 3차례의 핵 실험과 35차례의 미사일 시험 발사가 진행됐다. 다음은 2016~2017년 동안의 주요 무력 도발 일지이다.

▶ **2016년**

- **1월 6일 : 4차 핵 실험**, 북 "첫 수소탄 실험 성공" 주장
- 3월 3일 : 동해상으로 300㎜ 방사포 6발 발사
- 3월 10일 : 동해상으로 스커드 계열 단거리 탄도 미사일 2발 발사
- 3월 18일 : 동해상으로 노동 계열 미사일 2발 발사
- 3월 21일 : 동해상으로 300㎜ 방사포 5발 발사
- 3월 29일 : 동해상으로 300㎜ 방사포 추정 발사체 1발 발사
- 4월 1일 : 동해상으로 단거리 지대공 미사일 1발 발사
- 4월 15일 : 무수단 계열 미사일 1발 발사
- 4월 23일 : 잠수함 발사 탄도 미사일(SLBM) 1발 시험 발사
- 4월 28일 : 무수단 계열 미사일 2발 발사
- 5월 31일 : 무수단 계열 미사일 1발 발사
- 6월 22일 : 무수단 계열 미사일 2발 발사

- 7월 9일 : 잠수함 발사 탄도 미사일(SLBM) 1발 시험 발사
- 7월 19일 : 동해상으로 노동 2발, 스커드 계열 1발 발사
- 8월 3일 : 동해상으로 노동 미사일 2발 발사
- 8월 24일 : 잠수함 발사 탄도 미사일(SLBM) 1발 시험 발사
- 9월 5일 : 동해상으로 스커드 계열 추정 미사일 3발 발사
- **9월 9일 : 5차 핵 실험**, 북 "새로 연구·제작한 핵탄두 위력 판정 시험" 주장
- 10월 15일 : 평안북도 구성시 방현 비행장 인근에서 무수단 미사일 1발 발사
- 10월 20일 : 평안북도 구성시 방현 비행장 인근에서 무수단 미사일 1발 발사

▶ 2017년

- 2월 12일 : 평안북도 구성시 방현 비행장 인근에서 동해상으로 북극성-2 미사일 1발 발사
- 3월 6일 : 평안북도 동창리 일대에서 동해상으로 스커드 개량형 추정 미사일 4발 발사
- 3월 22일 : 강원도 원산 비행장 일대에서 미사일 1발 발사했으나 실패 추정
- 4월 5일 : 함경남도 신포 일대에서 동해상으로 불상 발사체 발사
- 4월 16일 : 함경남도 신포 일대에서 불상 미사일 발사를 시도했으나 실패 추정

- 4월 29일: 평안남도 북창 일대에서 북동 방향으로 미사일 1발 발사했으나 실패 추정
- 5월 14일: 평안북도 구성 일대에서 미사일 1발 발사
- 5월 21일: 평안남도 북창 일대에서 미사일 1발 발사
- 5월 27일: 장소 미상(북한 동쪽 지역 추정) 지대공 미사일 발사
- 5월 29일: 강원도 원산 일대에서 동쪽으로 지대지·지대함 복합 미사일 발사
- 6월 8일: 강원도 원산 일대에서 동해 방향으로 지대함 미사일 여러발 발사
- 7월 4일: 평안북도 방현 일대에서 동해 방향으로 미사일 발사(화성-14형)
- 7월 28일: 자강도 무평리 일대에서 동해 방향으로 미사일 1기 발사(화성-14형)
- 8월 26일: 강원도 깃대령 일대에서 동해 방향으로 단거리 미사일 3발 발사. 이 중 2발 성공
- 8월 29일: 평양 순안 일대서 북태평양 해상으로 탄도 미사일 1발 발사(화성-12형)
- **9월 3일: 함경북도 풍계리 일대에서 6차 핵 실험**
- 9월 15일: 평양 순안 일대서 북태평양 해상으로 탄도 미사일 1발 발사(화성-12형)
- 11월 29일: 평안남도 평성 일대에서 동해상으로 장거리 탄도 미사일 1발 발사. 김정은, "신형 ICBM급 화성-15형 발사 성공, **핵 무력 완성**" 선언

◆ 화성-14형 미사일

◆ 화성-15형 미사일

◆ 화성-15형 미사일

2017년 11월 29일 핵 무력 완성을 선언한 김정은 위원장은 불과 석 달 뒤 2018년 3월 평양을 방문한 정의용 특사에게 비핵화 의지를 전격적으로 밝혔다. 2016~2017년 동안 단기간에 집중적으로 핵미사일 능력을 고도로 끌어올린 것은 결국 협상에서 유리한 고지를 차지하기 위한 계산된 전략적 도발이자 몸부림이었다는 분석이 가능한 대목이다.

러시아의 대북 대응

북한의 강도 높은 전략적 도발에 국제 사회의 대응은 단호했다. 유엔은 2016년부터 2년 동안 모두 6개의 사상 유례없는 대북 제재안을 의결했다. 유엔 안보리 상임이사국인 러시아도 이 같은 국제 사회의 흐름에 적극 동참했다. 러시아가 취한 대응은 대북 금융 거래 전면 금지와 러시아 내 북한 노동자 송환으로 압축된다.

대북 금융 거래 전면 금지

2016년 1월 6일 북한이 4차 핵 실험을 단행한 지 57일 만인 3월 3일 유엔 안보리는 '대북 제재 결의 2270호'를 만장일치로 채택했다. 결의 2270호는 ▷ 소형 무기(small arms) 수입 금지 ▷ 북한을 드나드는 모든 화물에 대한 전수 조사 의무화 ▷북한산 석탄, 철, 철광 수입 금지 ▷ 항공유 수출 금지 ▷ 북한에 대한 금융 제재 대폭 강화 등이 주요 골자인데, 비군사적 조치로는 70년 유엔 역사상 전례를 찾아볼 수 없을 정도로 가장 강력하고 실효적인 제재 결의로 평가됐다. 두 달 뒤 5월 19일 러시아 중앙은행인 러시아 은행은 북한과의 금융 거래를 사실상 중단할 것을 지시하는 통지문을 산하 은행과 금융 기관들에 발송했다. 통지문의 내용은 ▷ 유엔 제재 대상인 북한의 개인 및 법인 소유 자산 즉시 동결 ▷ 북한 은행들과의 송금 거래 금지, 북한에 새 계좌 개설도 금지 ▷북한 핵미사일 개발 관련 러시아 내 금융 계좌 폐쇄 등이었다.

러시아 내 북한 노동자 송환

북한 노동자가 소련에 첫발을 디딘 것은 1946년 노동 계약에 따라 사할린에 도착했을 때이다. 그후 연해주 일대 벌목 현장이나 건설 현장, 시베리아 석유 개발 현장, 극동 지역의 수산물 가공 공장, 농장 등에서 일하고 있다. 그 수가 한때 4만 명에 달했던 것으로 추정된다. 북한 노동자들은 훈련돼 있고 규율을 잘 지키며 부지런하고 험한 작업 현장에서도 일할 준비가 돼 있는 노동력이다. 러시아, 특히 극동 지역의 입장에서는 북한 노동자들을 채용하는 것이 경제적 관점에서 매우 유리하다.

극동 연해주 일대에서 일하는 러시아, 카자흐스탄, 우즈베키스탄, 키르기스스탄 등 다양한 국적의 노동자들 가운데 북한 노동자들이 단연 제일 우수하다는 말을 나는 여러 러시아 지인들로부터 들은 바 있다. 북한 입장에서도 해외 노동자들이 보내온 외화 수입이 연간 2~3억 달러에 달하니 괜찮은 소득원이 아닐 수 없다. 러시아 내 북한 노동자들이 받는 월 평균 급여는 500~600달러 수준으로 알려져 있는데, 이 중에서 충성 자금 명목으로 본국에 송금하는 돈을 제외하면 노동자 본인이 월 100달러 정도 버는 것으로 전해진다. 이렇게 누이 좋고 매부 좋던 분위기에 제동이 걸린 것은 2017년 9월 이후부터이다.

2017년 9월 3일 북한의 6차 핵 실험에 대응해 유엔 안보리가 채택한 '대

◆ 연해주의 북한 노동자

북 제재 결의 2375호'는 다른 국가에서 북한 노동자의 신규 채용·고용을
금지했고 기존 노동자는 계약이 끝나면 연장하지 못하도록 했다. 이를 의
식한 러시아 정부는 2017년 11월 '북한 노동자 쿼터'를 25,000명으로 결정
해버렸다. 4만 명 수준이던 노동자가 40% 가까이 급감하는 것이어서 러시
아 주재 북한 대사관에 한바탕 난리가 났었다고 한다. 당시 이 문제를 해
결하기 위해 북한 대외경제성 차관이 모스크바에 40일 이상 머물면서, "요
즘 중국에서 일하던 노동자들이 물밀듯이 북한으로 돌아와서 북한에 일
자리가 부족하고 외화 수급에 비상이 걸렸다. 도와달라."라고 읍소했지만
소용이 없었다고 한다.

　여기에 12월에는 해외에 파견된 북한 노동자들을 24개월 이내에 모두
송환하도록 규정한 '대북 제재 결의 2397호'가 채택되면서 러시아 내 북한
노동자가 계속 줄어들었다. 노동자 송환 종료 시한(2019년 12월 22일)을 엿
새 앞두고 유엔 안보리 대북제재위원회가 48개 회원국의 이행 보고서를 제

◆ 2019년 10월 문 닫은 능라도. '능라도'라는 간판이 사라졌다.

출받았는데 공개된 내용을 취합하면 최소 2만 3,000여 명이 북한으로 돌아갔다. 이 중 러시아에서 북한으로 돌아간 노동자가 1만 8,533명으로 가장 많았다. 실제로 노동자 송환 종료 시한인 12월 22일을 전후로 극동 블라디보스토크에 평양행 항공편이 19편으로 증편되고, 블라디보스토크 공항이 북한 노동자들로 북적이는 광경이 보도되기도 했다.

노동자들이 급거 귀국하면서 모스크바 북한 식당들도 영향을 받게 됐다. 능라도가 먼저 10월 말쯤 문을 닫더니, 12월 21일에는 평양고려식당도 문을 닫았다. 하지만 2020년 2월 1일 평양고려식당이 다시 문을 열었다. 다만 식당 주인은 '초키(Чоки)'라는 법인으로, 종업원은 키르기스스탄 사람들로 바뀌었다. 능라도는 여전히 문을 닫고 내부 수리 중이다.

이와 관련해 마리야 자하로바 러시아 외무부 대변인은 2020년 1월 23일 브리핑에서, "다수의 북한 노동자들이 이미 러시아를 떠났다. 현재 1,000명의 북한 노동자들이 남아 있는데 조만간 러시아를 떠날 준비를 하고 있다."라고 설명했다. 북한이 자국민 송환을 위해 조치를 취했지만, 항공편이나 철도 운송이 제한적이어서 12월 22일까지 모두를 귀국시키지 못했다는 것이다.

자하로바 대변인은 "남아 있는 1,000명의 북한인은 노동 허가가 이미 끝나 러시아에서 소득을 얻지 못하고 있기 때문에 사실상 안보리 결의가 규정한 해외 소득 북한 노동자들이라고 볼 수 없다."라고 주장했다. 알렉산드르 마체고라 북한 주재 러시아 대사도 2020년 2월 8일 타스 통신과의 인터뷰에서, "현재 러시아에는 유효한 노동 비자를 가진 북한인이 1명도 남아 있지 않다."라고 강조했다. 유엔 회원국은 북한 노동자의 본국 송환 이행 여부를 2020년 3월 22일까지 최종 보고해야 한다.

그런데 2019년 연말부터 러시아와 중국의 대북 사업가들 사이에서는 노동 비자가 만료되는 북한 노동자가 모두 나갔다가 2020년에 새로 들어올 거라는 말들이 나돈다. 2020년에는 취업 비자가 아니고 변형된 비자 방식, 즉 어학연수생이나 교육 비자로 들어온다는 것이다. 연수 목적 또는 교육용 실습생으로 들어와서 남는 시간에 일도 할 거라는 얘기다. 그런 편법이 난무하기 전에 북러 간에 노동자 문제가 해결될지 주목된다.

북한의 국제적 고립 심화

2016~2017년 북한의 전략적 도발은 결국 국제 무대에서 북한 스스로 외교적 고립을 자초하는 부메랑으로 작용했다. 전통적 우방인 러시아와 중국이 유엔 안보리의 대북 제재에 동참한 것뿐만 아니라 소련이 해체된 뒤 생긴 독립국가연합(CIS) 지역에서도 북한 공관이 철수하는 등 후폭풍이 거셌다.

우즈베키스탄의 북한 공관 폐쇄

중앙아시아에 있는 우즈베키스탄은 인구 3,200만 명으로 중앙아시아 전체 인구의 45%를 차지하고 있고 금과 우라늄, 가스 등 천연자원, 면화 등이 풍부해 잠재력 높은 소비 시장이다. 그런데 수도 타슈켄트에 있던 북한 대사관이 2016년 8월 초 폐쇄됐다. 한 나라가 해외 공관을 철수할지 말지 여부는 본국의 사정에 따라 결정하는 경우가 많지만, 이 경우는 사정이 달랐다. 북한의 의지가 아니라 주재국에 의해 사실상 쫓겨났다는 평가를 받았기 때문이다.

북한 대사관은 2016년 7월 말 공관원과 가족들이 모두 철수하고, 8월 초에 대사관 건물과 차량 등 공관 자산 매각 절차를 완료한 것으로 전해진다. 북한 대사관 측은 8월 초 우즈베키스탄 외교단에 이임 인사를 하면서, "독립국가연합(CIS) 공관 전체 구조 조정 차원에서 우즈베키스탄의 공관을 폐쇄한다."라고 설명했다. 현지 교민들은, 2016년 6월쯤에 북한 대사관이 건물과 차량 등 공관 자산을 매각한다고 공고를 냈는데, 매매가 잘 이뤄지지 않아서 매각이 제대로 됐는지 궁금해했다. 공관 자산도 제대로 처분하지 못하고 허둥지둥 철수했을 가능성이 높았다는 얘기다.

우즈베키스탄 외교 소식통은, 2016년 1월 6일 북한이 4차 핵 실험을 한 직후, 우즈베키스탄 정부가 북한 대사관에 철수를 요구했다면서, 북한의 거듭된 대량 살상 무기(WMD) 개발에 일종의 경종을 울린다는 차원이라고 전했다. 북한 측은 공관 폐쇄를 면하려고 안간힘을 썼지만, 국제 사회의 강력한 대북 제재라는 시대적 흐름 앞에서 역부족이었다는 것이다.

북한은 지난 1992년 1월 우즈베키스탄과 외교 관계를 수립하고, 1993년 7월 대사관을 설립했다. 2005년 3월 부임했던 리동팔 제4대 대사가 2011년

◆ 철수 전 북한 대사관 (2016년)

◆ 북한 대사관이 있던 건물, 타슈켄트 외곽 (2018년 촬영)

◆ 우즈베키스탄 수도 타슈켄트 전경

2월 임기를 마치고 돌아간 뒤, 우즈베키스탄 정부는 후임 대사에 대한 아그
레망*을 불허해, 2명의 대리 대사가 거쳐 갔다. 우즈베키스탄에서 북한 공
관이 철수함에 따라, 이제 중앙아시아에는 북한 공관이 없다.

소련이 해체된 뒤, 북한은 중앙아시아 지역에서 카자흐스탄(1992년)과
우즈베키스탄(1993년)에 대사관을 개설했다. 1998년 카자흐스탄 주재 북
한 대사관이 철수한 뒤로 북한은 우즈베키스탄 주재 대사관을 중앙아시아

---

* 아그레망(agrément): 특정한 사람을 외교 사절로 임명하는 것에 대하여, 파견될 상대국에
　서 사전에 동의하는 일.

◆ 우즈베키스탄 고려인들

거점 공관으로 운영해왔다. 고려인과 면화 등 값싼 원자재 수입 등이 공관을 운영하는 바탕이 됐다. 현재 중앙아시아 지역에는 37만여 명의 고려인(우즈베키스탄에 20만 명, 카자흐스탄에 10만 3,000명, 키르기스스탄에 2만여 명)이 거주하고 있다. 고려인이 가장 많이 살고 있는 우즈베키스탄이 중앙아시아 고려인 사회의 중심인 셈이다. 1937년 당시 소련 당국이 극동 지역 한인들을 중앙아시아로 강제 이주하기로 결정했을 때, 한인들이 가장 많이 이주한 곳도 우즈베키스탄과 카자흐스탄이었다.

중앙아시아로 이주한 한인들은 원래 고향이 함경도 등 북한 지역인 사람들이 많았고, 한소 수교(1990) 이전만 해도 북한만 왕래했기 때문에 통일 문제 등에서 북한을 편드는 경향이 있었다고 한다. 이에 따라 북한의 해외 통일전선전술의 큰 부분을 차지해왔고 당시만 해도 친북한 성향의 고려인 통일연합회나 조국통일 범민족연합(범민련) 활동이 이뤄졌다고 한다. 중앙아시아 내 유일한 북한 공관이 폐쇄됨에 따라 중앙아시아 국가들과 북한의 외교 관계가 소원해지고, 반사적으로 한국과의 관계는 더욱 활성화될 것으로 예상된다.

1991년 소련 해체 이후 독립한 우즈베키스탄의 초대 대통령으로 선출된 뒤 25년간 장기 집권했던 이슬람 카리모프 대통령이 2015년 4선에 성공한 뒤 선택한 첫 공식 해외 방문국은 한국이었다. 당시 그는 "한국은 구조 개혁과 현대화 사업을 추진함으로써 창조 경제 정책을 성공적으로 실현하고 있다."라며 한국 경제를 모범 사례로 제시한 바 있다. 현재 260여 개 한국 기업들이 우즈베키스탄에 6억 달러 넘게 투자하고 있고, 국제 무대에서 우즈베키스탄이 한국의 유엔 안보리 비상임이사국 진출을 지원하는 등 한국은 우즈베키스탄에 '핵심 협력 대상국'이다. 고위급 교류와 협정, 교역이 거의 없는 북한보다는 한국이 더 중요할 수밖에 없는 것이다. 우즈베키스탄의 북한 대사관 폐쇄 조치는 이런 경제적 배경 속에서 최근 국제 사회의 대북 제재에 동참하겠다는 의지로 풀이된다.

카자흐스탄에 북한 공관 재개설 무산

우즈베키스탄의 이웃 나라 카자흐스탄에서도 흥미로운 일이 벌어졌다. 북한은 1992년 카자흐스탄과 수교하고 대사관을 개설했으나, 카자흐스탄이 친한 성향을 유지하고 한국-카자흐스탄 간 실질 협력 관계가 확대되는 반면, 북한-카자흐스탄 간에는 별다른 관계 진전이 없자, 1998년 카자흐스탄 주재 대사관을 폐쇄했다. 그러다 2012년 말부터 대사관을 재개설하기 위해 대표단을 파견했으나 별다른 진전이 없었다. 하지만, 2015년 말 카자흐스탄 외교부로부터 공관 재개설 허가를 받았고, 2016년 3월에는 공관 재개설 직전까지 갔었던 것으로 확인됐다. 당시 북한 핵 실험에 대한 국

◆ 카자흐스탄 수도 누르술탄 전경

제 사회의 강력한 대북 제재가 확산되고 있는 시점에서, 북한 공관 재개설은 적절치 않다는 우리 정부의 강력한 설득이 먹혀들어 결국 공관 재개설은 무산됐다고, 현지 외교 소식통은 전했다. 당시 카자흐스탄 외교부가 북한 공관 재개설을 추진하고 있다는 사실을 모르고 있던 누르술탄 나자르바예프 대통령은 뒤늦게 이 같은 일을 보고받고 노발대발하며 즉각 취소를 명령했다는 후문이다.

카자흐스탄과 우즈베키스탄에서 잇달아 일어난 2개의 사건은 대단히 상징적인 것으로, 북한이 3대 외교 축* 중 하나인 중앙아시아에서 사실상 축출당하고 있다는 증거이며, 국제 사회에서 갈수록 외교적 입지가 좁아지고

---

* 북한의 3대 외교 축: ① 중국 ② 기타 아시아와 러시아 ③ 미국 (출처: 국가안보전략연구원)

◆ 우크라이나 수도 키예프

있다는 것을 보여준다. 이제, 독립국가연합(CIS) 지역에서 북한 공관이 존재하는 곳은 러시아밖에 없다. 북한은 중앙아시아를 비롯한 CIS 국가들 전반을 러시아 주재 대사관에서 담당하도록 하고 있는 것으로 전해진다.

우크라이나의 비자 면제 취소

러시아와 이웃한 우크라이나에서는 이런 일도 벌어졌다. 소련 시절인 1986년 북한과 체결한 '민간 분야 방문과 교류 활성화에 관한 내용', 즉 '비자 면제 협정'을 우크라이나가 파기한 것이다. 우크라이나 정부는 2016년 8월 12일 이 같은 결정을 외교 경로를 통해 모스크바 주재 북한 대사관에 공식 통보했다. 이에 따라 2016년 10월 10일부터 우크라이나에 입국하는 북한 사람들은 비자를 받아야 하며, 우크라이나에 체류 중인 북한 사람들도 일단 국외로 모두 나가야 했다.

북한이 우크라이나의 영토 주권을 인정하지 않는 것과 비우호적인 북한인들의 침투를 막기 위해서라는 것이, 우크라이나가 협정을 파기한 이유였다. 2014년 러시아가 크림 반도를 병합할 때 북한이 러시아 편을 든 것(2014년 3월 27일 유엔 총회에서 '러시아의 크림 병합은 불법'이라는 결의안이 채택될 때 북한, 쿠바, 시리아, 벨라루스 등이 반대표를 행사했다.), 2015년 북한 사람들이 자국 내에서 불법 의료 행위를 하다 적발된 것 등이 배경이 됐다는 분석이다.

북한은 1992년 1월 우크라이나와 외교 관계를 수립하고 같은 해 10월 수도 키예프에 대사관을 설치했으나 1998년에 공관을 철수했다. 그럼에도 불구하고 2015년 당시 북한의 대외 무역 규모 면에서 우크라이나는 중국, 러시아, 인도, 태국에 이어 다섯 번째 교역 상대였다. 특히 2015년에 우크라이나에서 가장 많은 밀가루를 수입한 나라가 북한이었다. 북한의 안정적인 식량 수입국이었던 우크라이나가 비자 면제 협정을 파기함으로써 북한의 식량 수입에도 적지 않은 타격이 예상됐었다.

뒤쪽 사진을 보면 김일성·김정일 부자의 초상화가 걸려 있는 가정집에서 한 동양 남성이 난감한 표정으로 서 있는 모습이 보인다. 위 사진은 2015년 10월 우크라이나 이민청이 한 북한 가정집을 압수 수색해 심문하는 과정을 녹화한 장면이다.

사진에 등장하는 남자는 북한이 외화벌이의 일환으로 우크라이나에서 운영한 의료 시설, 이른바 '해외의료단'의 관계자이다. 이들은 우크라이나

◆ 김일성·김정일 부자 초상화

◆ 압수수색 당하는 북한인

에서 허가도 없이 한의사 행세를 하며 가짜 약을 팔아오다 적발됐다. 우크라이나 당국에 따르면, 북한인 4~5가족이 면허도 없이 한의사 행세를 하며 가짜 한약을 팔아 돈을 벌고 있었다는 것이다. 이들에게 치료를 받은 적이 있다는 키예프 현지 교민은, 침도 몇 번 맞았고 마사지 치료도 받았지만 별 효과가 없어서 결국 현지 병원에 가서 다시 치료를 받았다고 전했다. 우크라이나 정부는 2015년 10월 불법 영업 혐의로 북한인 20여 명을 강제 추방하고 가짜 약재 등을 압수했다. 이 사건이 우크라이나 정부가 북한과의 비자 면제 협정을 파기한 하나의 원인이었다는 것이다.

그런데, 가짜 한의원을 압수 수색하는 과정에서 매우 흥미롭고 중요한 문건이 발견됐다. 우크라이나 이민청이 압수한 북한 의료단의 서류 중에 '해외의료단 외화벌이 계획'이라는 것이 포함돼 있었던 것이다. 이민청 직원이 한글을 몰라서 이 중요한 문건을 나에게 보내준 것인지, 알고도 모르는 척 선물(?)한 것인지는 지금도 모르겠다. 아무튼 이 계획서에는 해외 외화벌이 일꾼들이 납부해야 할 상납금과 행동 지침 등이 소상히 적혀 있다. 이에 따르면, 첫 3년 동안은 1인당 월 400달러, 그 이후에는 월 500달러씩

◆ 외화벌이 계획표

◆ 해외 의료진 행동 강령

납부하라고 적혀 있다. 또 파견된 지 석 달 이후부터 납부가 시작되며 시설 운영에 쓰이는 유지비도 단원들이 내야 한다. 이를 기초로 계산해보면, 의료인 9명 기준의 우크라이나 주재 북한 해외의료단에서 연간 4만 7,000달러(약 5,300만 원)를 상납한 것으로 추정된다.

해외의료단의 행동 지침도 매우 구체적이다. 단장의 승인 없이는 외출할 수 없고 왕진을 갈 때도 2명 이상이 함께 움직이도록 했다. 시장에 갈 때도 정해진 날에만 3명 이상 조를 짜서 갔다가 지정된 시간 안에 돌아와야 하고, 통신 수단은 허락 없이 이용할 수 없으며 대표부와의 연락은 암호를 사용하도록 했다. 해외에 파견된 북한 노동자들이 철저한 감시와 통제 속에 생활하고 있고 최근에는 실적 압박까지 거세져 불법적인 외화벌이에 내몰리고 있다는 사실이 드러난 것이다.

사실 우크라이나에서 적발된 북한 사람들의 불법 행위는 이뿐만이 아니었다. 지난 2011년 7월 벨라루스 주재 북한 무역대표부 직원 류성철과 리태길이 우크라이나 중부 도시 드네프로페트롭스크에서 현지 로켓 발사체 개발 전문 설계 회사인 '유즈노예' 직원들을 포섭해 로켓 관련 기술을 빼내려다 체포되었다. 이들은 우크라이나 과학자들의 첨단 로켓 연료 공급 시스템, 액체 연료 엔진 등에 관한 논문들을 카메라로 촬영하다가 현장에서 체포됐다. 이들은 간첩 혐의로 기소돼 각각 8년형의 징역형을 선고받았다. 이 같은 일련의 사태를 겪으면서 우크라이나 정부는 북한과의 관계를 전면 재검토해야 한다고 판단했고, 북한의 WMD 개발과 관련해 국제 사회의 강도 높은 대북 제재가 시행되자 이에 동참하자는 결론을 내렸다는 것이다.

대를 이은 북한 고위층

최선희와 오선화

최근 북한 김정은 국무위원장의 대외 행보가 활발해지면서 그를 밀착 수행하는 여인들이 주목받고 있다. 김여정, 현송월, 최선희 등.

이 가운데 최선희는 2019년 4월 북러 정상회담 때 리용호 외무상과 함께 배석했고, 앞서 같은 해 2월 하노이 북미 정상회담 때도 김정은 위원장을 지근거리에서 보좌하는 등 존재감을 드러내고 있다. 장관들도 하기 어려운 국무위원회 위원에 이름이 올랐고, 후보위원을 거치지 않은 채 노동당 중앙위원회 정위원도 됐다. 미국의 전문가들은 최선희 제1부상을 사실상 '북한 비핵화 외교의 최고 실세'로 주목하고 있다고 외신들은 전했다. 미국 뉴욕 사회과학원(SSRC) 리언 시걸 박사는 "최선희 제1부상은 수십 년간 다수의 미국 고위급 관리들과 직접 협상했고 미국과의 반관반민(半官

◆ 최선희

半民) 협상에도 거의 나섰다. 따라서 미국과의 협상에서 미국이 무엇을 원하는지와 어떤 것들이 협상 가능한지를 분명히 파악하고 있다."라고 긍정적으로 평가했다.

최선희는 2017년 10월 '비확산 국제회의'에 참석차 모스크바를 방문한 적이 있는데 당시 직함이 북한 외무성 미주국장이었다. 그런데 불과 2년 만에 외무성 제1부상으로 승진했다. 북한 외무성에는 외무상(외무장관) 밑에 8명의 부상(차관)이 있는데 그중에 제1부상으로 승진한 것이다. 더 나아가 요즘 기자 회견을 열면 최선희는 최고 지도자인 김정은 위원장의 생각과 입장을 밝히고 있다. 말하자면 청와대 대변인 역할을 맡고 있는 것이다. 상관인 리용호 외무상이 고작(?) 외무성의 입장을 밝히고 있는데 말이다. 최선희가 이렇게 고속 승진하는 데는 북한 사회의 특성인 뒷배가 있기 때문이다.

1964년생으로 올해(2020년) 56세인 최선희는 최영림 전 내각총리의 수

◆ 최선희 부상과 리용호 외무상

양딸로 알려져 있다. 최영림은 1930년 함경북도 경흥 출신으로 김일성의 유일 지도 체제가 자리 잡기 시작한 초기, 책임부관으로 10여 년을 복무한 최측근이다. 1970~1980년대 김일성에게 올라가는 모든 보고를 담당하던 주석부 책임서기를 지내는 등 주요 요직을 두루 거친 뒤 내각총리의 자리에까지 올랐다. 2011년 12월 김정일 사망 당시 김정은과 김영남 당시 최고인민회의 상임위원장에 이어 권력 서열 3위였고 아직 생존해 있다. 슬하에 딸이 없던 최영림이 최선희를 수양딸로 입양했다고 알려져 있다. 할아버지 김일성 따라 하기를 곧잘 하는 김정은 체제에선 양아버지인 최영림이 최선희의 든든한 배경이란 얘기다. 최선희는 고위급 자제들과 함께 학교를 다니고, 중국과 오스트리아 등에서 유학했다.

　1990년대 외무성 통역으로 일을 시작한 최선희는 영어와 중국어에 능통하고 특히 '미국통'으로 집중 양성돼 외교 현장에서 미국 고위급 관리들을 접촉하며 미국의 의중과 전략도 가장 잘 꿰뚫어 본다는 평가를 받는다.

◆ 북한 오진우 원수

그런데 최선희가 권력자의 친딸이 아니라 수양딸이라면 이렇게 탄탄대로를 달릴 수 있을까? 그리고 함께 유학했던 라이벌이 온전했다면 이렇게 고속 승진할 수 있었을까? 나는 최근 북한을 잘 아는 소식통을 만나 아주 재미있는 이야기를 들었다. 북한 고위급의 자제들은 어려서 소년 유학을 하고 나라의 인재로 길러진다고 한다. 최선희도 일찍이 유학을 다녀와서 인재로 육성된 케이스인데 그녀와 함께 자란 인물이 오선화이다. 오선화는 남한에는 잘 알려져 있지 않지만, 오진우의 딸이다. 오진우의 2남 1녀 중 막내라고 한다. 항일 투쟁을 마치고 북한에 돌아온 오진우가 지주의 딸과 결혼해 낳은 딸이 오선화이다.

오진우는 누구인가. 그는 김일성과 함께 항일 투쟁을 한 혁명 제1세대로, 김일성, 김정일에 이어 북한 서열 3인자로 군림했던 인물이다. 1950~1960년대는 반대파를 제거하고 김일성의 유일 지도 체제를 확립하는 데 큰 공을 세웠고 1970년에는 혁명 제1세대와 군부를 대표해 김정일 후계 체제 구축에 앞장섰다. 오진우는 북한군 창설자의 한 사람으로, 1976년에 인민무력부장으로 승진한 뒤 1995년 사망할 때까지 19년간 인민무력부장 자리에 있으면서 북한군을 지휘·통제했다. 1968년 4대 군사 노선의 실천 과정에서 공로를 평가받아 최고의 영예인 영웅 칭호를 받았고, 1992년 4월에는 북한군 역사상 단 세 명밖에 없었던 인민군 원수(오진우, 최광, 리을설)에 가장 먼저 진급했다.

오선화와 최선희는 평양 국제관계대학에 들어간 뒤 재학 중 오스트리아와 스위스, 이탈리아 등 6개국에서 교육을 받아 5개 국어를 구사한다고 한다. 북한 소식통에 따르면 오선화와 최선희는 나이도 같고 함께 유학했지만 오선화가 늘 한발 앞섰다고 한다. 그러던 중 1990년대 초반 오선화가 홍콩에서 강도를 당했는데 마침 지나가던 한 남자의 도움을 받고 위기를 모면했다. 그런데 알고 보니 그 남자는 평양에서 파견한 해외 비밀정보요원이었다. 그 용감함과 용모 때문인지 한눈에 반한 오선화가 그 요원과 결혼하셨냐고 소브사 오신우가 김정일에게 보고했고, 김정일이 보증을 서면서 두 사람은 결혼에 성공한다.* 그리고 오선화 부부는 서기관 신분으로 오스트리아 공관에 나란히 배치돼 근무하게 되는데, 이것은 북한 외무성 사상 처음이자 마지막 있는 일이었다. 오스트리아 근무를 마치고 귀국한 오선화는 외무성에서 과장으로 근무하게 됐는데 당시 최선희는 일개 부원에 불과했다고 한다. 북한 외무성엔 통역이라는 직책이 별도로 없고 부원, 책임부원, 과장, 국장, 부상, 외무상 순으로 직책이 올라간다.

그런데 사람의 일이란 한 치 앞을 내다볼 수 없는 것이다. 그렇게 승승장구하던 오선화는 과장 직책으로 일하면서 외화벌이 기업소 직원과 눈이 맞아 바람을 피우게 됐다. 이 사실을 알게 된 남편과 불화 끝에 결국 합의 이혼을 하게 되었는데 이런 사건이 결국 오선화의 경력에 흠집을 내고 말았다고 한다. 외도와 이혼 사태를 겪으면서 오선화는 출세 기도에 제동

---

* 북한 해외 비밀정보요원은 노동당 소속인데, 결혼 등 개인 중대 사안에 대해선 최고 지도자의 결재가 필요하다고 한다. 결혼 후 이 요원은 노동당에서 외무성 소속으로 신분이 바뀌게 된다.

이 걸렸고 대신 최선희가 점차 스포트라이트를 받기 시작했다고 소식통은 전했다. 그런 사연 때문인지 남한 사회에는 오선화라는 존재가 전혀 알려져 있지 않다.

러시아에서 뜬 최선희

최선희 북한 외무성 부상은 2017년 러시아 방문에서 급부상한 느낌이 든다. 최선희는 2017년 9월과 10월 두 차례 모스크바를 방문했다. 당시에는 외무성 국장 신분이었다. 그러나 2019년에는 김정은 국무위원장의 입장을 대변하는 역할을 맡았으니 불과 2년 만에 격세지감을 느끼게 된다. 그 벼락출세의 밑거름이 된 것은 아마도 2017년 10월 모스크바 방문 때 임무를 충실히 해낸 것이 아닌가 짐작된다.

2017년 10월 최선희는 모스크바에서 열린 '비확산 국제회의'에 참석해, 핵 개발에 박차를 가하는 북한의 입장을 충실히 대변했다. 당시 회의는 러시아가 미국과 중국, 일본 등 여러 나라들을 불러 모은 것인데 북한이 자신들의 할 말을 다하도록 판을 깔아준 모양새가 되어버렸다.

최선희는 2017년 10월 17일부터 26일까지 10일 가까이 머물면서 국제회의를 소화하고 상트페테르부르크 국립대학에까지 가서 학생들을 대상으로 특강도 했다.

2017년 10월 21일 9시 뉴스

앵커 : 러시아 모스크바에서 열린 '비확산 국제회의'에서 북한은 자신들의 핵무기는 협상 대상이 아니라고 재차 강조했습니다. 미국은 북한의 핵무장을 절대 용납하지 않겠다는 입장을 다시 확인했습니다. 모스크바 하준수 특파원의 보도입니다.

하준수 : 비확산 국세회의에서 발표자로 나선 최신희 북힌 외무성 북미고장은, 미국의 공격을 막기 위해 핵무기가 필요하다며, 북한의 핵 지위를 받아들이라고 강변했습니다.

> **최선희/ 북한 외무성 북미국장**
>
> "미국이 핵을 가진 북한과 공존할 준비가 돼 있지 않는 한 핵무기는 협상 대상이 아닙니다."

이 같은 발언에 대한 입장을 묻는 질문에 미 국무부는 핵으로 무장한 북한을 절대 용납하지 않을 것이라고 거듭 확인했습니다. 동맹 국가에 대한 방위 공약도 저버리지 않을 것이라고 밝혔습니다. 북한의 최선희 국장은 미국과 힘의 균형을 이루는 것이 최종 목표라면서도 비확산 정신을 지키겠다고 말했습니다.

> **최선희/북한 외무성 북미국장**
>
> "우리는 핵무기를 다른 나라에 판매하지 않을 것입니다."

가는 곳마다 언론의 집중 조명을 받고 있는 최선희 국장은 정작 한국·미국 측 대표단과의 만남은 예정이 없다고 말했습니다.

이상화/외교부 북핵외교기획단장

"(북한 측이) 일단 불편해해요. 일단은 지금 준비가 안 돼 있는 것 같아요."

다만, 공식 만찬장에서 우리 측과는 가벼운 인사를 나눈 것으로 전해졌습니다. 최선희 국장은 오늘은 한반도 긴장 완화 세션에서 또다시 발표자로 나설 예정입니다. 모스크바에서 KBS 뉴스 하준수입니다.

2017년 10월 23일 9시 단독 뉴스

앵커: 지난 주말 모스크바 '비확산 국제회의'에 참석했던 북한 최선희 외무성 북미국장이 오늘은 러시아 제2의 도시 상트페테르부르크 국립대학에서 학생들에게 비공개 특강을 했습니다. 북한도 평화를 원하지만, 미국의 핵 위협에 맞서기 위해서는 자위력이 필요하다는 내용의 특강입니다. 하준수 특파원의 단독 보도입니다.

하준수: 1724년 설립된 러시아 최초의 대학, 상트페테르부르크 국립대학입니다. 북한 외무성의 최선희 북미국장이 이 학교 학생들에게 비공개 특강을 했습니다. 강연 내용은 "북한도 평화적인 한반도 통일을 원한다. 그러나 지금은 미국의 핵 위협에 대한 억지력이 필요하다."라는 것입니다.

◆ 상트페테르부르크 국립대학에서 특강한 최선희

◆ 특강 후 학생 질문에 답하는 최선희

휴/ 상트페테르부르크 국립대학 국제관계학과 2학년 학생(영국인)

"북한은 평화를 원하는데, 미국의 도발에 대응해야 한다고 말하더군요."

조반니/ 콜럼비아 유학생

"한국뿐만 아니라 세계 (평화)와 관련된 일이라 매우 중요한 강연이었다고 생각해요."

북한 외무성 고위 관리의 직접 강연은 매우 이례적인 일입니다. 상트페테르부르크 국립대학은 푸틴 대통령 등 러시아 정부의 실세들이 졸업한 모교라는 점에서 상징성이 있습니다. 북한으로서는 외교적 고립 상황을 돌파하기 위해 자신들의 입장을 널리 알릴 필요가 있고, 러시아 정부는 이를 적극적으로 지원한 것으로 풀이됩니다.

최선희 국장은 여기서 노르웨이 오슬로로 날아가 미국과 반관반민 접촉을 이어갈 것이라는 미확인 정보도 흘러나왔지만, 상부의 지시로 중단됐다는 얘기까지 있습니다. 상트페테르부르크에서 KBS 뉴스 하준수입니다.

03
남북러
3각 협력 사업

한반도에 부는 훈풍

2017년 11월 29일 북한이 신형 ICBM급 화성-15형 미사일을 발사하고 '핵 무력 완성'을 선언하면서 한반도의 위기 지수가 최고조에 올랐지만, 다행히 2018년 들면서 정세가 급반전됐다. 김정은 위원장은 자칭 '핵 무력 완성'이라는 자신감을 바탕으로 한 듯 남북·북미 관계 개선 등 국면 전환에 나섰는데, 그 중요한 계기는 평창 동계올림픽이었다. 북한은 2018년 2월 평창 동계올림픽에 선수단과 응원단, 예술단을 파견하고 아울러 김여정 노동당 중앙위원회 제1부부장을 대남 특사로 파견하는 파격도 선보였다. 아이스하키 종목은 남북 단일팀이 구성되기도 했다. 나는 바야흐로 한반도에 불기 시작하는 훈풍을 모스크바의 북한 식당에서 제대로 쐬었다.

남북러 3각 협력 사업의 미래

한반도에 훈풍이 불면서 2018년에 참 많은 일들이 벌어졌다. 그중에 남

◆ 북한 나진항

북이 공동으로 북한의 철도와 도로 상황을 조사한 것이 가장 눈에 띤다. 남북 철도를 대륙 철도와 연결하는 일은 많은 사람들의 꿈이다. 남북한과 러시아 간 3각 협력 사업의 대표적인 사례인 '나진–하산 복합물류 프로젝트(이하, 나진–하산 프로젝트)'는 그 연장선상에 있다.

　'나진–하산 프로젝트'는 북러 국경에 접해 있는 북한의 나진과 러시아의 하산을 잇는 54km 철도를 현대화하고, 나진항 3호 부두를 개발해 운영하는 물류 사업이다. 시베리아 석탄을 철도로 나진항까지 싣고 온 뒤 배로 제3국에 수출하겠다는 계획이다. 이를 위해 러시아와 북한은 2008년 10월 '라손 콘트란스'라는 합작 회사를 설립했는데, 러시아가 70%, 북한이 30%의 지분을 보유하고 있다. 그리고 2013년 나진–하산 간 철도를 개보수하고 2014년에는 나진항 3호 부두 개발을 완료했다.

　2013년 11월 한러 양국은 한국 기업 컨소시엄과 러시아 철도공사 사이

◆ 나진항 소재 '라손 콘트란스' 본사

에 나진-하산 프로젝트의 사업성 검토를 위한 양해 각서(MOU)를 체결했다. 포스코와 코레일, 현대상선 등 한국 기업 3사가 컨소시엄을 구성해 라손 콘트란스 지분 중 일부, 즉 러시아가 보유한 지분 70%의 49%를 인수하는 방안을 검토하기 시작했다. 이어 2014년 2차례, 2015년 1차례 등 모두 3차례에 걸쳐 러시아산 석탄을 나진항을 경유해 국내로 반입하는 시범 사업을 실시했다.

2016년 1월 북한의 4차 핵 실험으로 강력한 유엔 대북 제재가 발효됐을 당시 러시아 정부가 나진-하산 프로젝트만은 유엔 대북 제재의 예외로 인정받았음에도 불구하고 한국 정부는 독자 제재를 발동해, 북한 항구에 들른 제3국 선박이 1년 이내에 한국으로 들어오지 못하도록 했다. 이에 따라 이 프로젝트에 대한 한러 양측 기업 간 협상은 중단된 상태이다. 2019년 2월 하노이 북미 정상회담이 결렬된 상황에서 한국 정부가 나진-하산 프

◆ '라손 콘트란스' 블라디보스토크 사무소

로젝트에 대한 독자 제재를 풀고 한러 기업 간 협상이 재개되기란 쉽지 않은 상황이다.

◆ 이반 톤키흐 '라손 콘트란스' 대표

나진-하산 프로젝트에 한국 기업이 참여해 순조롭게 사업이 진행될 수 있는 방안은 무엇일까? 2018년 12월 말 나는 이 같은 질문을 갖고 러시아의 극동 블라디보스토크에서 북러 합작 기업 '라손 콘트란스' 대표인 이반 톤키흐 사장을 만났다. 다음은 주요 질문에 대한 톤키흐 사장의 답변이다.

이반 톤키흐 '라손 콘트란스' 대표와 가진 인터뷰

Q. 한국이 빠진 뒤에도 나진–하산 프로젝트는 진행됐고 2016년에는 시베리아산 유연탄 200만 톤 정도가 나진항으로 반출됐었다. 현재까지의 활동 상황을 설명해달라.

A. 이제 나진–하산 프로젝트를 운영한 지 5년이 됐다. 5년 동안 500만 톤 이상의 석탄이 운반됐는데, 그중 15만 톤은 한국으로 갔고 나머지는 중국으로 갔다. 따라서 이 프로젝트의 주요 파트너는 중국이 됐다. 당초엔 한국이 이 프로젝트에 합류하기를 희망했었지만 말이다. 중국 기업들이 러시아 석탄을 사서 나진항을 통해서 수입했다. 러시아 나홋카에서 운반하는 것보다 저렴하다.

Q. 한국 기업 컨소시엄이 라손 콘트라스의 러시아 측 지분의 49%를 인수하려고 했었다. 그런데, 북한이 4차 핵 실험을 하자 한국 정부는 독자 제재를 가하면서 나진–하산 프로젝트에서 발을 뺐고 그 후 상황이 많이 변했다. 당시의 조건은 아직도 유효한가?

A. 경제적인 측면에서 한국의 참여를 원하는지 질문한다면, 답은 '네'이다. 나는 다른 항구들보다 더 훌륭하게 한국 기업들을 대접할 것이다. 이 부분에 대해서는 내가 책임지고 내 이름을 걸고 약속할 수 있다. 나진을 통해서 석탄을 수입하는 것이 나홋카에서 들여오는 것보다 한국에 훨씬 경제적으로 이익이 될 것이다. 석탄가 차이는 1톤당 3~5달러이다. 한번 계산해보면, 포스코는 러시아에서 연 100만 톤 이상의 석탄을 수입한다. 나진항을 통해서 석탄을 운반했다면 포스코는 비용을 500만 달러 이상 절감할 수 있었을 것이다. 500만 달러는 한국 국민들의 세금이다. 그 돈은 포스코 계열사들을 발전시키고, 직원들 급여, 인센티브 등

에 쓰일 수 있었을 것이다. 한국에 우선적으로 이득이 됐겠지만 한국은 정치적으로 이 프로젝트를 바라봤고, 안타깝게도 경제를 뒤로했다. 그래서 남북 간 정치적인 문제가 발생했을 때 한국은 이 프로젝트에서 바로 나갔다. 한국 기업들이 얻을 수 있는 경제적인 효과를 저버린 채 말이다. 한국은 기회가 있었는데 그 기회를 의도적으로 저버렸고 한국 기업들은 돈을 더 내고 있는 것이다.

Q. 북한 측 관계자들은 현재 상황에서 무엇을 간절하게 원하고 있는가?

A. 북한 사람들이 바라는 것은 남한 사람들과 같다. 평양에서 서울로, 평양에서 블라디보스토크로 기차 타고 다니고 싶어 한다. 기차를 타고 편안하게 2~3시간 안에 다른 나라로 가고 싶어 한다. 국경이 없고 친인척들을 편하게 만나고, 휴가와 설날 등 명절을 함께 보내고 싶어 한다. 그들은 평화라는 거대 담론보다는 풍족한 삶을 원한다. 남한에서 바라는 것과 같다. 이러한 부분에서 양국의 의견이 일치하기 때문에 나는 철도 공사 및 연결 작업이 잘 진행될 거라 믿는다. 그런데 북한에서는 '빨리빨리'를 원하고, 남한에서는 '천천히' 움직인다.

Q. 나진-하산 프로젝트는 유엔 대북 제재의 예외로 인정받았지만 미국이 독자 제재하고 있고 한국 정부도 독자 제재하면서 참여하지 않은 것이다. 결국 미국의 대북 제재가 해제돼야 이 프로젝트가 진행된다는 말인데. 러시아가 생각하는 대안이 있는가?

A. 이 문제는 다른 나라와 논의할 필요가 없고 한국이 답을 찾아야 한다. 나진과 일하는 것이 경제적으로 큰 이익인데, 이것에 대해서 왜 미국의 허가를 받으려고 하는가? 나는 그 점을 알고 싶다. 우리에겐 해결 방안이 있다. 국제 사회가 그 해답을 줬는데 유엔 안보리 결의안*에도 조항이 있다. 거기엔 이렇게 쓰여 있다.

"나진-하산 프로젝트는 중요한 프로젝트로 대북 제재로부터 예외가 된다." 한국은 이러한 부분에서 국제 사회와 한편에 서야 한다. 세계와 유엔이 나진-하산 프로젝트의 미래에 대해 언급했으면 한국은 이러한 결정을 따라야 한다. 이것이 첫째이다. 둘째로 한국은 이전에 두만강 개발 프로젝트에 적극적으로 참여했다. 나진은 두만강 개발 프로젝트의 일부분이고, 이 프로젝트의 주체는 유엔 개발계획(UNDP)이다. 그래서 UNDP에서 회담하면 되고 한국이 나진항에 참여할 수 있도록 UNDP에 도와달라고 요청하면 된다. 내 말은 국제적 수준에서 이 문제를 해결할 수 있다는 것이다. 일본이나 미국 측에 허가를 받을 필요가 없다. 국제적인 조약에 이미 언급되어 있으며 필요시 인도적 지원을 해줄 수 있는 국제기구도 있는데, 그게 바로 UNDP이다. 이게 해결책이다. 한민족의 미래에 대해 고민해봐야 하고 유엔에 안건으로 상정하시라. 그러면 아무 문제가 없을 것이다.

Q. 최근에 남북이 공동으로 북한의 철도와 도로 상황을 조사했다. 남북 간 화해 협력 무드에 대해 하고 싶은 말이 있다면?

A. 남북 철도 연결은 한반도 통일에 필수적인 사항이자 우선적인 일이라고 생각

---

* 유엔 안보리 제2371호 결의안(2017. 8. 5.)에 따르면, 북한은 자국 영토로부터 석탄, 철, 철광석을 직간접적으로 공급, 판매 또는 이전해서는 안 된다. 오직 나진항으로부터 수출되기 위한 목적으로 북한을 통해 운송되었다는 것을 확인한 석탄에 대해서는 적용되지 않는다.

유엔 안보리 제2375호 결의안(2017. 11. 11.)은 북한의 법인 및 개인과의 신규 및 기존 합작 사업을 금지하고, 기존에 설립된 합작 법인은 결의안 채택일로부터 120일 이내 폐쇄할 것을 규정하고 있다. 다만, 예외 조항으로 러시아산 석탄의 수출을 위한 나진-하산 철도·항만 관련 러시아와 북한 간 사업 합작 회사에 대해서는 폐쇄 의무가 적용되지 않는다고 적시되어 있다.

(출처 : 리걸타임즈(http://www.legaltimes.co.kr))

한다. 그다음에 시베리아 횡단철도(TSR)와 연결하는 것이다. 한국은 국제철도 협력기구(OSJD)에 가입했기 때문에 다른 회원국들과 철도 연결을 해야 한다. 한국은 철도 없이 유라시아에 속하지 못한다. 한국 철도가 북한 철도, 시베리아 횡단철도와 연결되면 반도가 아니라 거대한 유라시아의 일부가 될 것이다. 나는 이러한 기획을 환영한다. 나진–하산 프로젝트를 시작한 주요 목적은 한반도 철도를 시베리아 횡단철도와 연결하는 것이었기 때문이다. 한반도 철도를 시베리아 횡단철도와 연결하는 프로젝트는 러시아 대통령의 계획이었으며, 이 계획은 한국과 북한 측에 제안되었다. 문재인 대통령이 김정은 위원장과 합의함으로써 양국 철도 운행을 재개할 수 있을 것이며, 이렇게 되면 시베리아 횡단열차와 국제철도 협력기구 회원국들과도 연결될 수 있을 것이다. 이러한 계획을 우리는 환영한다.

연해주의 한국 공단

개성 공단이 가동된 지 꼭 10년째 되던 2013년 4월, 장거리 미사일 발사와 3차 핵 실험 등 잇따른 북한의 강경 조치로 결국 남북한 종업원들이 모두 철수하면서 개성 공단 중단 사태가 벌어졌다. 나는 당시 북중 접경 지역인 중국 지린성 도문의 북한 전용 공단에서 북한 노동자들의 실태를 취재하고 있었다. 나는 그곳에서 개성 공단이 문을 닫으면 개성 지구 노동자들이 북중 접경의 도문 공단으로 옮겨 올 수도 있다는 말을 들었다. 또 남한 정부에서는 개성 공단 같은 사태를 막기 위해 남북한 협력 모델을 북한 땅이 아닌 제3국에서 시행하는 방안을 모색한다는 말도 들었다. 그리고 제3국 중 유력한 후보지가 러시아의 극동 연해주라는 첩보도 입수했다.

그해 12월 나는 「북방의 문을 열다」라는 제목으로 철도 연결 등 남북러

◆ 러시아 우수리스크 중국 전용 공단 상징물

3각 협력 사업 가능성을 타진하는 내용의 신년 특집 프로그램을 제작하기 위해 극동 연해주를 방문했다. 블라디보스토크에서 북쪽으로 110km 떨어진 작은 도시 우수리스크. 나는 그곳에서 아주 흥미로운 장소를 취재했다. 시 외곽에 있는 중국 전용 공단이었다.

2012년에 가동을 시작한 이 공단에 20개 업체 1,500여 명이 일하고 있었다. 원자재를 중국에서 들여와 신발, 운동복, 박스 등을 만드는 가공업체들이었다. 상품은 모스크바를 거쳐 유럽으로 수출한다고 했다. 북한 노동자들을 고용하는 조선족 공장도 있었다. 그동안 수지가 맞지 않아 일부 중국 업자들이 철수한 탓인지 최근에는 300여 명 정도로 규모가 줄었다는 소식을 들었다. 이 공단을 보면서 나는 연해주에 한국 업체들을 위한 전용 공단이 있으면 좋겠다는 생각을 많이 했었다. 러시아 측 입장에서는 중국인들보다는 북한 노동자들을 더 선호한다는 말을 너무나 자주 들었기 때문이다.

2019년 1월 우리나라의 산업연구원은 한반도 평화 정착과 경제 성장을 위해 남북러 3국이 산업 단지를 함께 조성하는 등 협력 사업을 추진할 필요가 있다고 주장했다. 산업연구원은 장기적으로 북한 내 산업 단지와 더불어 한러 협력 산업 집중 지역에 점진적으로 '남북러 경제협력 산업단지'를 조성할 필요가 있다고 밝혔다. 특히 러시아가 극동 지역 개발을 적극적으로 추진하는 점에 주목해, 남북러 협력의 최우선 대상 지역으로 극동 지역을 제시했다. 산업연구원은 유엔의 대북 제재 해제 추이에 따라 러시아 정부의 경제 정책 방향을 고려해 러시아의 협력을 최대한 유도하고, 남북러 수송망 구축과 유라시아 시장 확대에 필요한 수출형 제조업 분야 프로젝트를 발굴해야 한다고 강조했다. 그러면서 러시아가 극동 지역에서 추진하는 루스키 섬 과학·기술 센터 조성, 가공 산업 육성, 사회·수송 인프라 건설 정책 등을 활용한 프로젝트를 검토 대상으로 제시했다. 북한과 러시아가 전력, 광물 자원, 수송망, 무역·투자, 농업 등 분야에서 진행해온 기존 협력 사업을 활용할 것도 제안했다.

그런데 실제로 한국 토지주택공사(LH)가 이런 계획을 실행에 옮기고 있다. LH는 2019년 9월 4일 블라디보스토크에서 열린 제5차 동방경제포럼에서, 연해주 나데진스카야 선도개발구역(ASEZ) 내에 '한러 경제협력 산업단지'를 조성할 계획이라고 밝혔다. 이곳은 블라디보스토크 국제공항에서 15km 거리에 위치해 있다. 단지 조성은 총 150헥타르(ha) 가운데 50ha를 시범 사업으로 우선 추진할 예정인데, LH가 러시아 정부로부터 개발권을 획득해 산업 단지를 조성한 뒤 한국 기업에 입주권을 제공하는 방식이다. 특히 한러 정부 간 협의를 통해 산업 단지 내 주요 기반 시설을 러시아 정부가 직접 설치하도록 함으로써, 조성 용지 공급 가격이 대폭 인하돼 사업 리스크를 최소화할 수 있게 됐다고 LH는 설명했다. 사업비는 100억 원 이내로 2020년부터 3년간 추진할 계획이며, LH가 산업 단지를 직접 관리할 예정이다.

LH는 2019년 2월에 러시아의 극동투자수출지원청(FEIEA)과 이번 사업의 포괄적 내용을 담은 MOU를 체결하고 7월에는 국내 기업들의 입주 수요를 확인했다고 설명했다. 수요 조사 결과 많은 국내 업체가 입주 의사를 표시했고, 특히 자동차 부품과 농수산물 가공 기업이 큰 관심을 보인 것으로 나타났다. LH는 우리 기업의 연해주 진출 장점으로 다음과 같은 3가지를 들었다.

① 생산 거점 : 저렴한 전기 및 가스, 노동력 등을 활용해 생산 단가 절감, 향후 CIS 진출을 위한 거점으로 활용 가능

② 물류 거점 : 북중러 접경 지역의 국제 물류 요충지로 성장이 예상되며, 국내 시장과도 근거리에 있어 물류 비용 절감 가능

③ 애프터 마켓(After Market) : 극동아시아 지역은 중고차 점유율이 높아 A/S 부품 및 차량 관리용품 등에 대한 적지 않은 시장 규모 형성 예상

LH는 2019년 9월에 사업 타당성 분석을 마치고 12월 13일 러시아 정부와 '예비 사업 시행 협약'을 맺었다. 이번 사업은 우리 정부가 2017년 9월 러시아에 제안한 9개 분야의 한러 간 경제 협력 사업(산업 단지, 가스, 철도, 항만, 전력, 북극 항로, 조선, 농업, 수산업), 즉 '9-브리지(Bridge) 전략'의 하나로, 중소기업의 러시아 진출을 지원하기 위한 방안이라고 LH는 소개했다. LH는 국내 기업의 투자 유치를 계속할 예정이며, 2020년 제6차 동방경제

◆ 크라스키노의 유니베라 농장

포럼에 맞춰 산업 단지 기공식을 개최할 계획이라고 밝혔다.

　나는 진심으로 이 사업이 성공해 크게 번창하기를 바란다. 돌이켜 보면 노태우 정부의 '북방 정책' 이후 러시아의 극동 연해주에 진출을 시도한 국내 기업들은 많았지만, 결과적으로 지금 살아남은 기업은 손에 꼽을 정도이다. 우수리스크에 있는 롯데 농장(예전에 현대중공업 소유였다가 매각됨.), 롯데 호텔(예전의 현대 호텔), 크라스키노에 있는 유니베라 농장, 대순진리교 농장 등이다. 나는 앞으로 이 산업 단지에 북한 노동력까지 가세해서 진정한 남북러 3각 협력 사업으로 꽃피우기를 간절히 희망한다.

　말이 나온 김에 연해주에 진출해 있는 한국 기업들의 남북러 3각 협력 사업 비전에 대해 간략히 소개하려고 한다. 2018년 12월 말에 나는 크라스키노를 취재차 찾아간 길에 유니베라 농장을 방문했다. 크라스키노는 북러 접경 도시 하산을 40km 정도 앞두고 있다. 하산으로 향하는 철길과 나란히 달리는 도로가에 안중근 단지비가 서 있고, 그 옆 사잇길로 들어서

◆ 유니베라 농장

면 유니베라 농장이 나온다.

유니베라 농장은 49ha 면적에 젖소 77두, 송아지 90두를 키우면서 연 최대 3톤의 우유와 2종류의 치즈를 생산하고 있다. 근무 인원은 목장과 우유 공장 등에 20여 명이다. 생산된 유가공품은 하산군 내 2개 직영 매장에서 판매하고 있는데, 유니베라 농장이 소재한 연해주 하산 지역은 북한과 가깝고 기후와 식생대가 거의 같으며, 낙농에 적합한 넓은 초지가 형성돼 있다는 것이 특징이다. 따라서 젖소 사육, 유제품 가공 분야에서 북한 노동자들과 협동 근무 및 연수 교육이 가능하다는 것이 유니베라 농장의 '남북러 3각 협력 사업' 비전이다. 러시아는 북한 노동자에게 3년 기간의 취업 비자를 발급하는데, 3년이라는 시간은 송아지가 태어나서 어미 소가 되어 새끼를 낳는 주기와 일치한다고 한다. 북한 축산과 졸업자들이 해외 취업의 형태로 이 목장에서 연수하면서 젖소 사육 기술과 유제품 가공 기술, 생산 능력을 전수받을 수 있다. 연수 후에는 연수생들이 북한 내에 목장이나 우유 공장을 설립해 운영할 수 있게 하겠다는 포부를 갖고 있다. 대상 인원은 축산대학 낙농과 졸업자 10명 정도인데, 이들을 위해 목장 내 유휴 건물 2개동을 숙소로 개조해 활용할 수 있다고, 장민석 유니베라 법인장은 설명했다. 여담이지만 목장을 지을 당시 목장 내 건물들은 사실 북한 노동자들이 와서 지은 것이라고 장민석 법인장은 소개했다.

한러 관계 향후 25년은?

비약적인 발전을 거듭하던 한러 관계는, 세계 금융 위기를 겪은 2009년부터 주춤한 상태이다. 양국 간 교역도 220~250억 달러 선에서 정체돼 있다. 2018년 기준으로, 한국의 경제 규모는 세계 10위, 러시아의 경제 규모는 세계 12위를 차지하고 있다. 그런데, 이 같은 잠재력에 비해 양국 간 경제 협력 규모는 뒤떨어진 편이다. 한국의 대외 무역에서 러시아가 차지하는 비중은 아직 1%를 넘지 못하는 수준이고, 해외 직접 투자에서 러시아가 차지하는 비중은 0.7% 선에 머무는 실정이다.

2019년 한러 교역액은 223억 달러로, 이는 2018년에 비해 10.1% 감소한 것이며 2019년 한국의 전체 대외 교역량(1조 4,500만 달러) 중 대략 0.7%를 차지하는 수치이다. 러시아는 우리나라의 9위 교역 대상국 순위를 유지했다.

한러 교역 규모*는 2015~2016년 동안 대러 제재 등 영향으로 크게 위

---

* 한러 교역 규모는 2015년 160억 달러, 2016년 134억 달러, 2017년 189억 달러, 2018년 248억 달러, 2019년 223억 달러이다.

◆ 블라디보스토크 컨테이너 항

축된 이후 2017년부터 빠른 회복세를 보여왔으나 2019년에 마이너스 성장으로 돌아서며 회복세가 주춤한 상태이다.

또 2019년 한국의 대러 직접 투자액*은 9,900만 달러로 한국의 전 세계 투자액 중 대략 0.16%를 차지했다. 지난 1968년부터 2017년까지 대러 투자 누적액은 26억 달러이며, 한국의 해외 직접 투자에서 러시아에 대한 투자가 차지하는 비중은 대략 0.7% 수준이다. 대러 투자의 약 60%가 2007년부터 2010년 사이에 집중됐다.

그런데 러시아보다 2년 늦게 한국과 수교한 중국의 경우를 보면, 1992년부터 2017년까지 대중 투자 누적액은 570억 달러이며, 전 세계 투자 가운데 중국 비중은 15.7%에 달한다. 2005년 이후 대중 투자액은 연평균

---

* 한국의 대러 직접 투자액은 2016년 1억 1,000만 달러, 2017년 8,200만 달러, 2018년 9,400만 달러이다.

30억 달러가 넘었다. 최근 우리 기업들의 직접 투자가 급증하고 있는 베트남의 경우, 2014년 이후 매년 60억 달러 이상을 기록하고 있다. 러시아에 지난 50년 동안 투자한 금액이 26억 달러에 불과한 점을 감안하면 비교가 안 되는 수준이다. 그만큼 아직까지 한국 기업들이 러시아에 대한 투자에 관심이 없거나 매력적인 투자 요인을 못 찾고 있다는 방증이 아닐까 싶다.

그런데 한 가지 주목할 것은 양국 간 투자 관계를 보면 한국의 대러 투자가 많고, 러시아의 대한국 투자는 더욱 미미하다는 점이다. 러시아의 대한국 투자는 1962~2017년 9월까지 누적 금액이 6,900만 달러에 불과하며, 최근 5년간(2019년 기준) 투자 금액도 1,730만 달러에 그친다. 이것은 무슨 뜻일까? 한러 간 교역이나 투자 등 경제 관계가 더욱 활성화되려면, 한국의 대러시아 투자도 중요하지만, 러시아의 대한국 투자를 이끌어내는 방안도 생각해보아야 한다는 의미가 아닐까 싶다.

지난 70년간 미국과 일본 등 해양 세력과의 관계를 통해 발전해오다가 새로운 성장 동력을 찾는 한국 경제가 나아갈 지향점으로 러시아 극동 지역을 제시하는 사람들이 꽤 많다. 때마침 러시아 정부도, '블라디보스토크 자유항' 법안을 발표하는 등 파격적이고 친기업적인 법과 제도를 만들어 투자 유치에 적극 나서고 있다. 그뿐 아니라, 러시아 극동 지역은 남북러 3각 협력 사업이 가능한 지역이다. 이미 오래전부터 남북러 가스관 연결 사업, 한반도 종단철도와 시베리아 횡단철도의 연결 사업, 러시아에서 북한을 관통하는 전력망 연계 사업 등 이른바 '3대 메가 프로젝트'가 논의돼왔다. 특히, 나진-하산 철도 개보수 사업을 통해 나진항과 시베리아 횡단철도를 연계하는 해상·육상 복합물류 사업에 한국 기업이 참여하는 프로젝트는 현재 진행형이다. 나진-하산 복합물류 프로젝트의 성패가 중요한 이유는, 이 사업이 향후 남북러 3각 협력 사업의 모델이 될 수 있기 때문이라는 것이, 전문가들의 진단이다. 한국 정부와 기업의 의지가 있다면, 러시아의 극동에서 앞으로 25년간의 한러 간 관계 발전의 시금석이 만들어질 수도 있을 것이란 생각이 든다.

바야흐로 2020년은 한러 수교 30주년을 맞는 해이다. 미중 무역 분쟁을 시작으로 동북아시아 지역을 둘러싼 미중 패권 경쟁이 고조되는 상황에서 우리에게 러시아의 전략적 의미는 더욱 커지고 있다. 북미 간에 북핵해법이 도출되기 시작하면 대북 제재가 완화될 수 있으며 그럴 경우 러시아를 통한 한국의 경제적 확장이 본격화할 가능성이 있다. 또 독일 통일에서 소련이 결정적 역할을 했듯 한반도 문제 해결에서도 러시아가 중재 역할을 할 수 있고 북핵 문제 해결 과정에서도 유엔 안보리 상임이사국인 러시아의 입장이 아주 중요하다.

그런데 한국에서 러시아의 위상은 어떠한가? 2018년 10월 모스크바 주재 한국 대사관에서 열린 재외 공관 국정 감사를 보면 어느 정도 답이 나오지 않을까 생각된다. 러시아 주재 한국 대사관에서 국정 감사가 열린 것은 3년 만의 일이었다. 내가 특파원으로 근무하던 3년 동안은 이런저런 이유 때문에 국정 감사가 예정됐다가 무산되는 등 열리지 못했었다.

3년 만에 열린 국정 감사에서 무소속 이정현 의원은 "우리 외교부 유럽국이 57개 나라를 관장하면서 거기에 러시아와 우크라이나, 벨라루스, 중앙아시아 국가 등 옛 소련 국가들도 포함시키고 있다."라면서 "러시아를 다른 많은 유럽 국가 가운데 한 나라로 다룰 수 있다고 보는가?"라고 물었다.

자유한국당 소속 정진석 의원은 "한러 수교 후 30년이 다 되어가지만 아직 러시아 주재 한국 대사관의 관저 매입이 이루어지지 않고 있으며 관

◆ 문재인 대통령 두마 첫 연설, 2018년 6월 21일

저 임대를 위해 매월 3만 달러(약 3,400만 원)에 달하는 임대료를 지불하고
있다."라면서 오랜 기간 관저 국유화(매입)가 안 되는 이유를 따져 물었다.

이에 대해 우윤근 당시 러시아 주재 대사는 "한국의 러시아에 대한 이해
가 크게 부족하며 부정적인 인식들이 널리 퍼져 있는 것이 사실"이라면서
심지어 우리 외교부가 러시아를 대하는 태도에도 문제가 있다고 지적했다.
우윤근 대사는 "우리 외교부에서 미국을 상대하는 직원은 40명이 넘고, 중
국을 상대하는 직원이 20명 이상이며, 일본을 상대하는 직원도 16명이나
되지만 미국의 1.8배, 한반도의 78배 크기인 대국 러시아를 상대하는 직원
은 단 4명"이라면서 "이는 한국의 미래를 전혀 예측하지 못하는 외교 정책"
이라고 비판했다. 작심한 듯 우윤근 대사는 "남북 관계 진전에 따라 우리가
북방, 대륙으로 가는 길이 곧 열리는데 4명 갖고 무엇을 하라는 말인가?"
라면서 유럽국과 분리된 별도의 유라시아국(러시아·중앙아시아 담당국) 신

설 필요성을 제기했다. 그러면서 우윤근 대사는 외교부에도 유라시아국 신설 필요성을 보고했지만 아직 감감무소식이라고 안타까움을 토로했다.

또 한 가지 일화가 있다. 2018년 6월 21일 문재인 대통령이 19년 만에 러시아를 국빈 방문했다. 그리고 한국 대통령으로서는 처음으로 러시아 국가 두마(하원)에서 연설하고 의원들의 박수갈채를 받았다. 당시 모스크바 특파원으로 생생한 현장을 보도했던 나로서는 모든 것이 순조롭게 진행된 줄만 알았다. 그런데 여기에도 말 못 할 뒷얘기가 있었다는 것을 나중에야 알게 됐다.

문재인 대통령의 국빈 방문이 예정된 2018년 1월 러시아 주재 한국 대사관은 대통령의 사상 첫 의회 연설을 추진하기로 계획했다. 3월에는 러시아 하원의장에게 공식 의사를 전달했고, 4월에는 한국 외교장관에게도 보고가 올라갔다.

당시 강경화 외교장관은 검토해보자는 뜻을 밝혔다고 한다. 그런데 5월이 되자 외교부의 담당 부서인 유럽국장이 대사관에 황당한 전문을 보냈다고 한다. 대통령이 러시아 의회에서 연설을 해야 하는 이유를 설명해달라는 것이었단다. 오죽했으면 대사관에서 "무슨 뜻인지 이해가 안 되니 다시 설명해달라."라는 전문을 서울에 보냈을까. 한국에서 정상적인 교육을 받고 자란 나로서는 도저히 이런 상황을 이해할 수가 없었다. 만일 러시아 측이 이 제안을 거절했거나 혹은 한국도 러시아도 아닌 제3국이 "왜 한국 대통령이 러시아 의회에서 연설하려고 하는가?"라고 묻는다면 오히려 이렇게 반문해야 되지 않을까. "그럼 한국 대통령이 러시아 의회에서 연설하면 안 되는 이유를 먼저 설명해보시오."라고. 그런데 한국 외교부의 주무 부서는 반대로 질문했다고 한다. 대통령이 왜 러시아 의회에서 연설해야 되는

지. 이걸 어떻게 이해해야 하는가. 이런 해프닝 직후 러시아 주재 한국 대사가 당시 임종석 청와대 비서실장에게 직접 전화를 걸고 나서야 의회 연설 건은 확정이 됐다고 한다.

04
다시
중동으로

시리아 내전의 개요

"시리아의 극심한 갈등만큼 복잡한 중동 갈등은 없었다." 북핵 6자 회담 미국 측 수석대표로 잘 알려진 크리스토퍼 힐 전(前) 미 국무부 차관보가 이렇게 평가했을 정도로 시리아에서 벌어지는 여러 전쟁은 주변국의 대리전 양상을 띠며 복잡하게 얽혀 있다. 미국과 이스라엘, 러시아와 터키, 이란, 쿠르드족 등 서로 다른 이해관계자들이 개입된 상태이다.

그 시작은 2011년 아랍의 민주화 운동인 '아랍의 봄'에서 촉발됐다. 남부 작은 도시 다라의 한 학교 담에 혁명 구호를 적은 10대들이 체포돼 고문을 당한 일이 발생했는데 시리아 정부가 학생들의 석방을 요구하는 시위대에 발포하는 등 과잉 대응으로 일관하자 시위가 전국으로 확산되며 점차 무장 투쟁으로 변모했다. 아사드 정권과 반군 사이의 전쟁이 이어졌는데 이 과정에서 IS가 시리아를 중심으로 세력을 급격히 확장해 급기야 2014년 6월 29일 '이슬람 국가(IS)' 수립을 선포하면서 시리아 정부군과 IS의 전쟁

◆ 시리아 알레포 공습

도 시작됐다. 미국은 2014년 9월부터 반(反)IS 연합군(국제동맹군)을 창설
해 시리아에서 IS 격퇴 작전(공습)을 개시했는데, 여기에는 영국과 프랑스
등 22개국 이상이 군사적으로 직접 참여했다.

　영국에 본부를 둔 시리아 내전 감시 단체인 시리아 인권관측소(SOHR)
등이 집계한 바에 따르면 내전이 일어난 2011년 3월부터 2018년 9월까지
36만 4,792명이 사망했다. 간신히 생존한 사람들도 난민으로 전 세계를 떠
돌고 있는데, 그 수는 1,200만 명 정도로 추산된다. 내전 발발 전 시리아
인구가 2,100만 명이었으니 그 절반이 넘는 숫자이다.

　그런데 2011년 3월 15일 시작돼 8년 넘게 지리하게 계속된 시리아 내전
이 2019년 후반에 들어서 또 한 번 요동치고 있다.

　2019년 10월 7일, 트럼프 미국 대통령은 시리아 북동부 국경 지역에 주
둔 중인 미군을 철수한다고 전격 발표했다. 이틀 뒤 10월 9일, 미국의 동맹
인 터키가 시리아 북동부 지역의 쿠르드 민병대를 공격했다. 이들 쿠르드

◆ 트럼프 미국 대통령

민병대는 지난 5년간 미국과 함께 이 지역에서 극단주의 무장 세력인 IS와 맞서 싸운 사람들이다. 트럼프가 혈맹을 헌신짝처럼 버렸다는 비난이 나왔다. 미 하원은 트럼프 대통령의 미군 철수 결정을 비판하는 결의안을 압도적으로 통과시켰고, 공화당에서도 시리아 정책에 대한 비판론이 쏟아졌다.

10월 22일, 러시아 소치에서 푸틴 대통령과 에르도안 터키 대통령이 정상회담을 갖고 터키와 쿠르드 민병대 간 휴전을 150시간 연장하기로 합의했다. "그사이 시리아 북부 '안전지대(동서 444km, 남북 30km)'에서 러시아 군이 터키 군을 대신해 쿠르드 민병대를 철수시킨다. 민병대가 완전 철수하면 터키와 러시아가 안전지대를 공동 순찰·관리한다."라는 것이 합의의 골자이다. 결과적으로 미국과 쿠르드 민병대가 IS와의 전쟁에서 힘겹게 확보한 시리아 북부 지역은 러시아와 시리아가 장악하게 됐다. 시리아 북부의 거점 도시이자 한때 IS의 수도였던 락까의 통제권은 시리아 정부군이 장악했으며, 군 비행장에는 러시아 공군 헬기가 대거 배치됐다. 미

◆ IS의 지도자 아부 바크르 알바그다디

국의 CNN은 "미군 철수는 트럼프가 푸틴에게 준 선물이다. 최대 지정학
적 패배자는 미국"이라고 비판했다. 뉴욕타임스는 "미국이 얻는 것 없이
세계 각지에서 미군 주둔을 통한 영향력을 포기하고 있다."라고 썼다. 영
국의 타임스는 "중동의 외톨이였던 푸틴이 중동의 최대 중재자로 부상했
다."라고 지적했다.

10월 22일 미 상원에서는 미치 매코널 공화당 상원 원내대표 주도로 시
리아 철군 결정에 반대하는 결의안이 발의됐다. 매코널 대표는 "철군을 철
회하지 않으면 러시아가 중동에서 더 많은 지렛대를 얻게 된다."라고 경고
했다.

안팎의 따가운 시선을 의식한 것일까? 10월 27일 트럼프 대통령은 긴급
기자 회견을 갖고 중대 성명을 발표했다. 극단주의 테러 조직 IS를 이끌던
아부 바크르 알바그다디가 군사 작전으로 사망했다는 것이다. 알바그다
디의 은신처를 미군 특수 부대가 기습하는 동영상은 물론 심지어 작전에

투입됐던 군견까지 공개하여 지금까지의 비판 여론을 일거에 잠재웠다. 하지만 11월에 발표된 미 국방부 감찰관실의 분석 결과 보고서는 "IS가 미국의 철군을 활용해 시리아 내 역량과 자원을 복구하고 해외 지역을 공격할 능력을 강화했다."라고 분석했다. 또 알바그다디의 사망에도 불구하고 "IS가 군사 작전을 계속 펼치고 적어도 현재의 투쟁 방향성과 응집력은 유지할 것"이라고 전망했다.

또 철수한다더 미군이 시리아 동부 지역의 유전 지대를 보호하겠다는 명목으로 일부는 잔류하겠다고 밝혀 논란을 불러일으키고 있다. 트럼프 내통령은 11월 13일 백악관에서 에르도안 터키 대통령과 만나기 전 기자들에게 "우리는 원유를 지키고 있다. 우리는 단지 원유 때문에 병력을 뒤에 남겨뒀다."라고 말했다. 워싱턴포스트는 "트럼프 대통령이 미군 철수로 시리아 동부의 유전 지대 관리가 위험해질 수 있다는 미 당국자의 얘기를 듣고서야 수백 명의 병력을 남겨두어야 한다는 주장에 설득됐다."라고 전했다.

러시아, 시리아 내전에 개입하다

러시아는 미국보다 1년 늦게 시리아 문제에 개입했다. 2015년 9월 30일, 러시아는 시리아 내전에 개입한다고 전격 발표했다. 1989년 아프가니스탄에서 굴욕적인 철수를 감행한 뒤 26년 만에 중동 문제에 군사적으로 개입하는 순간이었다. 나는 그날을 너무도 생생하게 기억한다. 때마침 한러 수교 25주년을 맞아 정의화 국회의장이 러시아를 방문해 마트비엔코 상원의장을 만나는 날이었다(러시아 의회는 상원에서 국제 문제를 담당한다.). 당초 기자들은 정의화-마트비엔코 접견의 모두 발언 5분 정도만 취재하고 전부

◆ 모래주머니로 바리케이드를 쌓은 간이 초소

퇴장하는 걸로 돼 있었는데, 어쩐 일인지 30분 넘게 마트비옌코 상원의장의 발언이 이어지면서, 기자들에게 퇴장하라는 조치도 없었다. 마트비옌코 상원의장은 작심한 듯 정의화 의장에게 러시아가 오늘 시리아에 군사적 개입을 시작했다면서 그 정당성을 조목조목 설명했다. 얘기인즉 러시아는 시리아 내 합법적인 정부의 공식 요청에 따라 국제법적인 정당한 절차를 밟아 군사 행동을 실행한다는 것이다. 유엔의 허가도 없이 자의적으로 시리아에서 군사 행동을 벌이고 있는 미국 등 다국적군과는 차원이 다르다는 점을 강조한 것이다.

시리아 내전에 러시아의 군사적 개입 가능성은 한 달 전인 8월부터 검토됐다고 한다. 당시 시리아 상황을 보면, 시리아 정부군은 수도인 다마스쿠스도 일부 점령당한 채 국가 체제가 붕괴될 정도의 위험한 상태였으며, 테러 집단과 무장 단체는 주요 고속 도로를 중심으로 인구 밀도가 높은 도시를 공략해 하마와 다마스쿠스, 라타키아, 하사카 등의 외곽에서 전략적

◆ 러시아 Tu-160 블랙잭 폭격기

우위와 통제권을 가지고 있었다. 또 락까에서 팔미라 그리고 데이르에조르 근처의 영토에 위치한 가장 큰 유전은 테러리스트의 통제를 받았다. 정부군은 실제로 시리아 서부 접경 지역만을 유지하고 있었고, 쿠르드 민병대가 최전선의 북부 지역만 점유하고 있었다.

　바샤르 알아사드 시리아 대통령은, 1980년 소련과 시리아가 체결한 '우호 협력 조약'에 근거해 러시아에 군사적 지원을 요청했고 러시아 연방안보위원회는 시리아에서 러시아의 군사력을 사용하는 것에 동의했다. 군사력 지원은 지상 작전은 수행하지 않고 시리아의 지상군에게 공중 지원을 제공하는 공군력 사용에만 한정됐다. 이에 따라 2015년 8월 26일 러시아와 시리아 간에 '시리아 영토 내 러시아 군대의 공군력 배치'에 관한 합의서가 체결됐고 모든 무기와 장비, 자재 등이 관세 및 기타 검사 없이 시리아로 투입됐으며 투입된 공군 구성원은 외교적 지위를 누리게 됐다. 이 문서에 따르면 러시아 공군력의 존재는 본질적으로 방어적이며 IS 외에 다른 국가들을 상대하기 위한 것이 아니었다. 군사 작전의 목표는 국제 테러 단체인 IS를 제거함으로써 '시리아 내 합법적 권력의 안정화와 시리아 정부와 반군 간의 정치적 타협을 위한 조건의 수립'이었다.

아프가니스탄에서의 쓰라린 패배, 또 그로 인한 소련의 해체를 기억하는 러시아가 어떻게 시리아 내전 개입을 결정한 것일까? 러시아 안보 문제에 정통한 소식통에 따르면 푸틴 대통령은 당시 시리아 개입을 주저하고 있었으나 쇼이구 국방장관이 군사 작전의 필요성을 집요하게 설득하는 바람에 결심을 하게 됐다고 한다. 쇼이구 장관은 러시아가 어차피 우크라이나의 크림 병합 등으로 당분간 국제적 고립을 피할 수 없게 된 상황에서, 군사 작전으로 얻을 것이 많다고 설득했다는 것이다. 쇼이구 장관은 실전 경험이 없는 군대는 의미가 없으며, 실전에서 최신 무기의 성능을 시험해볼 수 있는 기회라는 점을 역설했다고 한다. 여기에 러시아가 손을 놓고 있는 사이 이라크의 후세인, 리비아의 가다피 정권이 허무하게 무너지는 것을 보고 시리아마저 잃는다면 중동 지역에서 러시아의 마지막 교두보가 사라진다는 절박감도 작용했을 것이라는 분석이다. 이 같은 분위기 속에서 군사 행동 12일 전인 2015년 9월 18일 러시아 국방부는 남부 군관구 오렌부르크 야외 훈련장에 각국 무관들(남북한 포함)과 언론인 등 150여 명을 초청해 1시간 10분 동안 공습 리허설을 펼쳐 보였다. 훈련의 90%가 에어 스트라이크, 즉 전투기와 공격 헬기 등 공중 전력의 지상 공격을 연출한 것인데, 폭탄을 있는 대로 쏟아붓는 듯한 착각이 들 정도였다고 참석자는 전했다.

미국이 주도하는 국제동맹군의 공습은 별다른 효과가 없었던 반면, 러시아는 단 한 달여 공습 후 뚜렷한 성과를 보였다. IS가 점령하고 있던 주요 거점 지역들을 하나씩 탈환하더니 군사 개입 여섯 달 만인 2016년 3월 러시아는 1차 병력 철수를 단행한다. 시리아에 러시아 군대를 투입한 목표를 달성했다는 것이 배경 설명인데, 푸틴 대통령은 시리아 내전에 러시아가 참전함으로써 시리아 정부군이 국제 테러리즘과의 전투에서 획기적인 전환점을 갖게 됐다고 평가했다. 철군을 결정한 것은 아사드 정권이 반군을 제압하면서 주도권을 잡았다는 판단과 함께, 러시아의 경제난이 심한 상황에서 전쟁에 드는 비용을 줄이고자 하는 목적도 있는 것으로 분석됐다. 디만 시리아의 라타키아에 있는 공군 병력과 타르투스에 있는 해군 병력은 시리아 휴전 협정 상황을 지켜보기 위해 남는다고 밝혔다.

공습의 전초 기지, 라타키아를 가다

러시아가 26년 만에 중동에 군사력을 배치한 곳. 지중해 연안 시리아 최대 항구 '라타키아'. 나는 한국 기자로서는 유일하게 라타키아 공군 기지를 방문해 취재했다. 러시아 국방부가 마련한 이른바 '임베드 프로그램[*]'에 합류하게 된 것이다. 2015년 11월 10일 영국의 BBC, 프랑스의 TF1, 중국의 CCTV 등 세계 유수의 언론사 기자들 30여 명과 함께 모스크바 외곽의 공군 기지에서 특별기를 타고 시리아로 향했다.

11월 11일 새벽 6시, 특별기는 시리아 라타키아 공군 기지에 안착했다. 모스크바를 출발할 때는 영하 20도의 매서운 바람이 부는 겨울이었는데, 이곳 날씨는 후덥지근한 여름이다.

---

* 임베드 프로그램(Embed Program) : 전쟁 시 종군 기자들이 군인들과 함께 전선을 오가며 취재할 수 있게 하는 프로그램.

공항 귀빈실에 들어가니 정면 벽 쪽에 대형 사진 2개가 걸려 있다. 오른쪽은 현 대통령 바샤르 알아사드, 왼편은 그의 아버지이자 전 대통령인 하페즈 알아사드이다. 잠시 휴식을 취한 뒤 곧바로 취재가 시작됐다. 이른 아침부터 전투 폭격기들이 목표물을 향해 줄지어 출격했다. 러시아는 시리아에 4개 기지를 운용하고 있는 것으로 알려져 있는데, 그 가운데 3개 기지에서는 주로 공격 헬기를 운용 중이고, 전투기와 지상 공격기, 전투 폭격기들은 모두 라타키아 공군 기지에서 출격한다.

IS 목표물을 타격하는 러시아 공군의 주력 기종은 4가지이다. Su-34 전투 폭격기와 Su-30 장거리 요격기, Su-25SM 지상 공격기, Su-24M 전투 폭격기 등이다. Su-30은 지상 공격기들을 엄호하는 것이 주 임무인데, 무장을 공대지 미사일로 바꿔 장착하면, 지상 공격 임무도 가능하다고 한다. 이 중에서도 가장 많이 출격하는 기종은 역시 Su-25SM과 Su-24M이었다.

특히, Su-25SM은 '탱크 킬러'로 유명한 미국의 A-10에 필적하는 것으로 알려져 러시아판 A-10으로 불리기도 한다. 소련 시절 만든 유일한 근접 항공 지원(Close Air Support: CAS) 전용기이기 때문에, 오로지 지상 공격 임무만 수행할 수 있다. 저고도에서 저속으로 작전을 펼칠 수 있도록 조종석 부분을 티타늄 합금으로 만들어 취약 부분의 장갑을 보강했고, 강력한 2개의 R-195 터보팬 엔진 덕분에 소형이면서도 강력한 무장을 탑재할 수 있다. 관통력과 살상력이 뛰어난 30mm 기관포와 집속 폭탄, 레이저 유도 미사일 등 4.4톤의 무기를 탑재할 수 있다.

러시아 국방부는 전투기에 무장을 탑재하는 장면도 공개했는데, 마침 Su-34에 KAB-500 정밀 유도 폭탄을 장착하고 있었다. KAB-500은 소련 시절 개발한 최초의 레이저 유도 폭탄으로, 주로 교량이나 발전소, 지휘소,

◆ 라타키아 공군 기지

◆ 공항 귀빈실

◆ Su-30 장거리 요격기

◆ Su-34 전투 폭격기

◆ Su-25SM 지상 공격기

활주로, 건축물 등 견고한 목표물을 파괴하는 데 사용된다. 서방과 아랍 쪽 언론에서는 러시아가 시리아에서 공습을 시작한 이래 민간인 피해가 속출하고 있다고 주장하는데, 러시아 국방부는 이 같은 정밀 유도 폭탄을 사용하기 때문에, 민간인 피해는 전혀 없다고 주장한다.

러시아 국방부는 기지 안이 비교적 안전하다는 점을 과시하고 싶었는지, 병사들의 일상생활 구석구석을 상세히 공개했다. 우선, 수백 개에 달하는 조립식 컨테이너 막사를 공개했다. 막사 하나에 침대가 6개 정도 들어가니까, 얼추 계산해도 수천 명이 상주하고 있다는 말이다. 러시아 군 당국은 보안 사항이라며 구체적인 병력 숫자나 배치된 전투 폭격기 숫자는 공개하지 않았다. 군 당국은 이 밖에 점심 식사 준비 장면, 군대 내 매점, 세탁소, 사우나 시설 등을 차례로 공개했다.

특히, 전투 식량과 전투복이 인상적이었다. 두 가지를 외부에 공개한 것은 이번이 처음이라고, 군 당국은 설명했다. 전투 식량은 미군의 MRE(Meal Ready to Eat)가 가장 유명한데, 소고기, 돼지고기, 닭고기 등을 밀봉 포장하고, 기타 비스킷, 휴지 등등 20여 가지 일상용품을 비닐 팩에 담아놓은 것이다. 미군 MRE는 20여 종류가 있는데, 러시아 군은 4종류가 있다고 했다. 전투복도 하복과 동복, 기타 사막용 위장복 등 종류가 다양했다.

기지에서는 이외에도 Mi-24 등 공격 헬기 5~6대가 수시로 뜨고 내렸는데, 마침 자동 소총으로 무장한 일단의 병사들이 헬기에 탑승하길래, '아, 드디어 지상군이 배치됐나?' 싶어서 확인 요청을 했더니만, 국방부 관계자가 고개를 흔들며, 이들은 기지 안팎을 수시로 정찰하는 임무를 띤 보안 요원이라고 설명했다. 러시아 정부는 시리아에 지상군 파병은 없을 것이라고 밝힌 바 있다.

◆ Mi-24 공격 헬기

　이번 취재에서 한 가지 아쉬웠던 점은, 기지를 지키는 방공·대공 시스템을 볼 수 없었다는 것이다. 당시 라타키아 공군 기지에는 '판치르-S1'으로 알려진 지대공 미사일 2~3개 포대가 배치돼 있었다. 이 무기는 구경 30mm 2A38M 기관포 2문과 57E6 지대공 미사일 12기를 궤도 차량 위에 탑재한 것이다. 사거리는 12마일, 교전 고도는 6만 피트 정도이다. 그러나 군 당국은 보안 사항이라며, 방공 시스템은 끝내 공개하지 않았다.

　러시아가 시리아에서 공습을 시작한 2015년 9월 30일부터 두 달 동안 각종 전투 폭격기가 1,700차례 출격했고 2,100개 이상의 IS 목표물을 타격했다고, 러시아 국방부는 밝혔다. 하루 평균 37회 이상 출격한 것이다. 공습 초기에는 한 번 출격해서 하나의 표적을 타격했지만, 11월부터는 한 번 출격에 3~4개 이상의 다양한 목표물을 타격하고 있다고, 러시아 국방부는 설명했다. 코나셴코프 국방부 대변인은 시리아 반군들로부터도 IS의 좌표를 지원받고 있다고 설명했다.

◆ 라타키아 공설 운동장에 설치된 난민 수용소

　코나셴코프 대변인은, "IS는 한마디로 잘 훈련된 프로 군인(professional soldier)들이다. IS는 이른바 '전투 과학' 지식을 잘 활용해, 지휘소나 병기 창 등을 지형에 맞게 잘 위장해놓는 바람에 목표물을 찾는 데 애를 먹었다. 산악이나 숲, 계곡, 콘크리트 벙커 등을 이용해 잘 위장한 목표물을 찾아내 타격하고 있다."라고 말했다. IS는 러시아 공군의 연이은 폭격을 피해, 무기와 각종 장비를 민간인 지역이나 모스크 지역에 숨기고 있다고, 군 당국은 밝혔다.

　11월 12일, 군 당국은 기자들을 라타키아 공설 운동장에 마련된 난민 수용소로 안내했다. 거대한 체육관 내부에 난민들이 거주하는 텐트들이 다닥다닥 붙어 있었다. 여기에도 자리가 모자라 건물 앞마당에 수십 개의 텐트들이 촘촘히 들어섰다. 이곳 난민 수용소에만 5,000명이 거주하고 있다고 했다. 난민 수용소의 책임자인 이달 마쉬는 "라타키아 주에 150만 명의 난민들이 살고 있다. 시리아 정부가 난민들에게 식량과 의약품을 무료로 공급하고 있다.”라고 설명했다.

이들이 정든 삶의 터전을 떠나온 것은 일상화된 테러 때문이다. 비좁은 텐트에 10여 명의 가족이 모여 사는 것은 이곳에선 흔한 일이다. 여기서 만난 17세 청년 알리는 장래 희망을 묻자, 시리아 군에 입대해 IS를 혼내주고 싶다고 말했다. 40대 주부 나즈마는 “고향인 알레포로 돌아가고 싶다. 텐드 안은 바람이 들어오고 너무 춥다. 이젠 지쳤다. 7명의 아이들이 걱정된다.”라고 말했다.

라타키아는 지중해 연안에 있는 시리아 최대 항구 도시이다. 지중해를 건너면 곧바로 유럽이다. 내전으로 발생한 난민 가운데 30% 정도는 유럽행을 택했지만, 나머지는 시리아 안에서 떠돌고 있다. 난민 문제의 근본 원인인 내전을 조기에 종식시키겠다며, 러시아까지 대 IS 공습 작전에 뛰어들었지만, 이 전쟁은 아직도 현재 진행형이다.

당시 취재에서 인상적이었던 장면은 타르투스에서 만난 ‘러시안 서포터스(Russian Supporters)’였다. 군 당국은 라타키아에서 90km 떨어져 있는 타르투스로 기자들을 안내했다. 타르투스는 러시아 해군 기지가 있는 곳이다. 도착하자마자 수백 명의 시민들이 러시아 국기와 푸틴 대통령의 초상화를 들고 열렬히 환호하는 게 아닌가. 처음엔 어안이 벙벙했다. 다분히 동원된 군중이란 느낌이 들었지만, 러시아를 환호하는 분위기가 너무나 진지했다.

러시아 대학 졸업생 연합회장인 아루스 무하메드 하비브 교수는, 전 세계에서 테러리스트들이 시리아에 잠입해 무고한 시민들을 죽이는데, 러시아가 자기들을 지켜줘서 너무나 고맙다고 했다. 그는 “러시아와 시리아는

◆ 타르투스 '러시안 서포터스'

◆ 환호하는 타르투스 주민들

역사적인 우방이고, 러시아에서 대학을 졸업한 7만 명의 인재들이 시리아에서 공장을 짓고, 의사, 약사로 활동하고 있다."라고 말했다. 학생인 라샬 무하마드는, 러시아는 시리아에게 친구를 넘어 형제인 셈이라고 말했다.

내전으로 고통받고 있는 시리아는 거의 모든 생필품을 러시아에서 지원

받고 있고, 인도적 지원 물품의 상당량이 타르투스 항으로 들어오고 있다고 했다. 이들의 진정성이 의심스러워, 동행한 '러시아 투데이' 중동 특파원에게 이들이 진짜로 러시아에 감사한다고 생각하느냐고 물었더니, 자기는 그렇게 생각한다고 답했다.

2박 3일의 빡빡한 취재를 마치고 시리아를 떠나 모스크바로 돌아온 2015년 11월 13일 밤, 공교롭게도 파리 테러가 발생했다. 그리고 10월 30일 일어난 러시아 여객기 추락 사고의 원인은 테러라고 공식 발표됐다. 러시아 정부는 테러범을 응징하겠다며, 장거리 전략 폭격기까지 동원해서 IS 근거지를 맹폭격했다.

러시아, 해외 군사 기지를 원하다

2016년 10월 러시아 의회는 타르투스 북쪽 라타키아 항 인근의 흐메이밈 공군 기지에 자국 공군을 영구 주둔시키는 협정을 비준했다. 또 이듬해에는 시리아에서 두 번째로 큰 항구 도시 타르투스를 해군의 중동 거점으로 확보했다. 2017년 12월 21일 러시아 하원이, 시리아와 체결한 타르투스 해군 기지 사용권 협정을 비준한 것이다. 이에 따라 러시아는 49년 동안 타르투스 해군 기지를 무상으로 사용하며 양국이 원하면 사용 기한을 25년 연장할 수 있게 되었다. 또 타르투스 항에 원자력 항공 모함을 비롯해 군함 11척을 배치할 수 있는 권리도 얻었다. 이어 2018년 1월에는 타르투스 항과 라타키아 공군 기지에 각각 2개의 최첨단 S-400 '트리움프' 방공 미사일 포대를 증파했다.

타르투스 항은 시리아 내 유일한 러시아의 해군 기지인데, 소련 시절인

◆ 타르투스 항

1971년부터 이곳을 러시아 함정의 수리·보급용 기지로 임대해 사용했다. 러시아로선 중동과 지중해에서 미국을 견제할 수 있는 전략적으로 매우 중요한 곳이다. 러시아는 2009년 항공 모함 등 대형 함정이 정박할 수 있도록 이 기지의 시설을 대폭 현대화했다. 2011년 4월 시리아 내전이 시작된 이후 지금까지 러시아는 이 기지를 통해 시리아 정부에 각종 무기와 식량 등을 공급해왔다.

러시아가 시리아에 영구 군사 기지를 확보해놓으려는 의도는 무엇일까? 이와 관련해 러시아의 권위 있는 인터넷 매체인 '폴리티쿠스(Politikus.ru)' 는 의미 있는 분석 기사를 내놓았다. 폴리티쿠스는 "우선 역사적 사실을 보자면, 소련 시절에는 예멘의 소코트라, 베트남의 캄란, 시리아의 타르투스 등 여러 개의 해외 군사 기지를 운용했다. 소련이 해체된 뒤엔 오직 시리아 타르투스 항만 유지했는데, 이곳은 군사 보급 기지에 불과했다. 그런데, 2016년 9월 시리아가 라타키아의 흐메이밈 공군 기지를 러시아에 영구 임대해주자, 러시아는 타르투스 항에 큰 배가 접안할 수 있도록 바다를 더 깊게 준설했고 비행장 활주로를 확대했다. 공군의 군사 작전을 지원할 필요가 있었던 것이다." 폴리티쿠스는 이어 "간혹 경비 문제를 들어 타르투스를 포기하자는 의견을 제기한 사람들도 있었지만, 이들은 타르투스 항의 전략적 가치를 이해하지 못했기 때문이다. 지중해는 아시아와 유럽을 잇는 매우 중요한 교통·수송의 길목이다. 러시아 전함이 지중해에 존재하는 것 자체가 국익에 엄청나게 중요한 문제이다. 따라서 이 같은 정치적·경제적 이유 때문에 시리아에 완벽한 기지 건설이 요구되는 것"이라고 분석했다. 폴리티쿠스는 특히 "무엇보다 정치적 측면에서 중요하다. 러시아가 국제 무대에서 완벽한 행위자(player)가 되고자 한다면, 해외 군사 기지가 반드시 있어야 한다. 지금 러시아가 시리아에서 군사력을 증강한다면 이는 러시아가 더는 바보 같은 짓을 하지 않겠다는 확실한 신호를 서방에 보내는 셈이다. 과거 러시아가 선의로 국경 밖의 군사력을 모두 철수시켜버리자, 그 틈새를 나토 군사 기지가 채웠다. 하지만 이제 더는 그런 상황이 벌어지지 않을 것이다. 시리아 사태는 마침내 모두의 가면을 벗겨버리고 민낯을 그대로 드러낸 사건이다."라고 평가했다.

판코프 러시아 국방부 차관은 2016년 10월 하원 회의에서, 2000년대 초반까지 쿠바와 베트남 등에 유지하던 소련 시절 군사 기지들을 복원하는 계획도 검토 중이라고 말한 바 있다. 1960년대부터 쿠바 수도 아바나 인근에서 운용되던 러시아 레이다 기지와 1970년대 말부터 베트남 캄란에 주둔했던 러시아 해군 기지는 푸틴 대통령 집권 초기인 2002년 폐쇄됐었다.

쿠바의 경우 상당히 구체적인 정황들이 들리는데, 군사 소식통의 말에 따르면 과거 냉전 시대 사용하던 해군 기지와 통신 기지를 복원할 것이며, 현지 통신 기지에서 뉴욕까지 감청할 수 있다고 한다. 러시아는 2013년부터 작업에 들어갔고, 2014년쯤 과거 쿠바의 부채를 탕감해주는 조건으로 쿠바 정부가 승인했다고 전해진다. 현지 기지 재건과 관련해, 통신 기지 하나에 3,000명 정도의 일자리 창출이 가능한 만큼, 쿠바가 수천 명의 일자리 창출과 경제적 이득을 볼 수 있는 사업이라고, 군사 소식통은 전했다. 그러나 베트남의 경우 이 같은 러시아의 입장이 나오자마자, 베트남 외무부 대변인이 기자 브리핑을 통해 자국 내에 외국 군사 기지 설치는 불가하다는 입장을 밝혔다.

이처럼 해외 군사 기지를 추진하는 러시아의 행보는 미국의 새 대통령으로 당선된 트럼프의 신고립주의와는 대조적인 것이다. 가뜩이나 시리아와 우크라이나 사태를 둘러싸고 공세적인 외교·군사 정책을 펼치면서 러시아가 서방 국가들과 극심한 갈등을 빚고 있어서 향후 추이가 주목된다.

러시아의 시리아 군사 작전 평가

러시아가 시리아에서 펼친 군사 작전은 소련 해체 이후 러시아의 첫 번째 해외 군사 작전이다. 아프가니스탄에서 철군한 이후 26년 만에 러시아가 시리아 내전에 개입한 의미로는, ① 러시아의 위상을 높였고(과거의 영광을 재현), ② 서방 제재 등으로 위축된 국민들의 자존심을 높였으며, ③ 중동에 전략적 교두보를 확보했다는 점 등이다. 러시아가 공습을 시작한 지 6개월 만에, 우여곡절이 있긴 했지만 '시리아 평화 회담'이 재개됐다. 또 다

◆ 쿠즈네초프 항공 모함에서 이륙하는 Su-33 전투기

죽어가던 시리아 정부군은 러시아 공습에 힘입어, IS가 장악했던 400여 개 마을, 1만㎢를 탈환함으로써, 어느 정도 주도권을 회복했다.

시리아로의 군사력 투입은 러시아 국방력의 대규모 개혁과 현대화를 진행하는 목적에 부합했다. 러시아 군은 원정 작전 경험 부족, 장거리 군수 보급 기회 부족, 원격 작전을 위한 인프라 구축이 미흡한 상황에서 군사 작전을 전개하기 시작했다. 시리아는 러시아 군의 새로운 전투 플랫폼과 무장 체계를 시험하기 위한 시험장으로 사용됐다.

3년 8개월이 넘는 시리아 군사 작전에서 러시아가 얻은 것은 무엇이었는지 정리해봤다.

(1) 귀중한 실전 경험

1989년 10년간의 아프가니스탄 군사 작전에서 참패하고 쓸쓸히 퇴장했던 러시아 군에게 전쟁 체험의 소중한 기회를 제공했다. 2015년 9월 시리

◆ 시리아에서 귀환한 러시아 조종사

아 내전 참전 이후 러시아는 그동안 주둔 군사력 편성을 3차례나 변화시켰으며, 지휘관도 7명이나 교체했다. 지휘관의 평균 보직 기간은 6개월 수준인데, 이는 시리아 군사 작전을 통해 향후 러시아 군을 이끌어나갈 대령급이상의 중견 간부들에게 전쟁 체험의 기회를 지속적으로 제공했다는 의미이다. 군사 작전에 참가하는 구성원의 교체는 러시아 군의 경험을 향상시키는 데 엄청난 영향을 미쳤다. 또 시리아에서 전투 경험을 갖게 된 러시아군 지휘부의 발전은 앞으로 러시아 군사사상과 의사 결정 과정에 큰 영향을 미칠 것으로 평가된다.

2018년 8월 22일 러시아 국방부는 '숫자로 본 결산'이라는 제목으로 시리아에서의 군사 작전 결과를 발표했다. 그 내용을 보면 6만 3,012명의 러시아 군인이 시리아에서 전투 경험을 얻었으며, 그중 40%가 넘는 2만 5,738명이 '장교'라고 밝혔다. 또 434명의 장군이 군사 작전에 참여했다. 시리아에서 군부대의 재편성을 통해 모든 군관구, 공군과 방공군, 제병 합동

◆ 전투 로봇

부대, 각 사단의 지휘부가 전투에 참여했으며, 특히 제병 합동 부대의 여단 및 연대의 지휘관 중 95%가 시리아 군사 작전에 참여했다. 육군 항공의 승무원 중 90% 이상, 작전 전술 부대의 87%, 전략 및 장거리 항공 5부대의 60%가 시리아에서 전투 경험을 얻었다. 이 기간 동안 231개의 무기 샘플이 테스트되었으며, 3만 9,000회의 전투 비행이 있었고, 86척의 수상함, 14척의 잠수함, 83척의 지원함이 총 189회의 군사 작전에 참가했다. 시리아 군사 작전의 인적·물적 피해는 다음과 같다.

- **인명 손실**: 사망 112명(조종사 7, 병사 14, 해병 3, 군사고문 17, 특수 작전 부대 장교 2, 화해센터 근무 장교 2, 군의관 2, An-26 추락 시 39, IL-20 추락 시 15 등)
- **장비 손실**: 총 19대(전투기 6, 헬기 7, UAV 4, 정찰기 1 등)

(2) 첨단 무기 시험

러시아가 얻은 큰 수확 중의 하나는 각종 첨단 전략 무기를 실전에서 마음껏 시험해본 것이 아닐까 싶다. 푸틴 대통령도 시리아 공습 작전에 참가했던 군인들을 표창하는 자리에서, 시리아 전쟁에서 러시아의 첨단 무기들을 성공적으로 테스트했고, 러시아 군의 전투 능력을 향상시켰다고 공개적으로 평가한 바 있다. 러시아는 아프가니스탄 철군 이후 26년 동안 사실상 실전 경험이 없었기 때문에, 첨단 무기를 실전에서 테스트해볼 기회가 없었다.

카스피 해에 있던 러시아 전함이 시리아 반군 진영으로 순항 미사일을 발사하는 장면은, 아직도 많은 사람들의 뇌리에 남아 있다. 이라크 전쟁에서 미군 전함들이 토마호크 미사일을 발사하던 장면과 오버랩되기 때문일 것이다. 러시아의 해상 발사 미사일은 1,500km를 날아가 목표물을 타격했는데, 명중률이 85%에 달해 서방 세계를 놀라게 했다고 한다. 서방 세계에서는 이 미사일 중 일부가 민간 지역에 떨어져 피해가 발생했다고 주장했지만, 러시아는 영상 자료를 제시하며 강력 부인했다. 다만, 기계 오작동 등으로 중간에 떨어진 '낙탄'은 일부 있었지만 미사일의 궤적이 대부분 산악 지역을 통과해서 다행히 피해는 없었다는 게, 러시아 전문가들의 분석이었다.

전함뿐만 아니라, 잠수함과 장거리 전략 폭격기들도 순항 미사일을 발사했다. 다양한 투발(投發) 수단을 통해 전략 무기의 성능을 시험해보고, 그 위력을 대내외에 과시한 것이다. 러시아가 처한 경제 불황에도 불구하고 미사일과 항공용 폭탄 제조 회사는 3교대로 작업할 만큼 호황을 누렸다는 얘기가 들릴 정도였다. 크렘린에서 훈장을 수여받는 자리에는 군인들 외에 방위 산업체들도 상당수 포함됐었다는 후문이다.

또 러시아 사상 처음으로 실전에서 전투용 로봇이 사용됐다. 러시아의 저명한 군사 전문가인 블라디미르 옙세예프는 시리아 전쟁에서 '로봇 시스템(Robotized System)'이 처음 사용됐다고 설명했다. 옙세예프는, "기관총과 총유탄을 장착한 전투 로봇이 테러리스트 근거지에 100m 가까이 접근해 공격을 가한다. 그러면 테러리스트들이 반격을 가한다. 이때 하늘에 떠 있던 무인 정찰기(drone)가 적들의 정확한 위치 좌표를 후방에 있는 박격포 기지에 전달하고, 더 강력한 포 공격이 실시된다. 이러한 모든 로봇 시스템의 원격 조종은 모스크바에서 이뤄졌다."라고 설명했다.

(3) 중동 지역에서 러시아의 영향력 증대

러시아가 시리아 내전에 개입하면서 군사 작전의 방향과 본질에 급진적인 변화를 가져왔다. 2018년 초까지 러시아가 이끄는 연합군(시리아, 이란 및 여러 지역 민병대)이 전반적으로 주요 군사 전략 목표를 달성하는 데 이른다. 이 같은 군사적 성공으로 러시아는 이 지역에서 정치적 우세를 점하게 됐고 러시아가 원하는 방향으로 정치적 합의를 이끌어갈 수 있게 되었다. 미국은 시리아의 바샤르 알아사드 대통령의 권력을 바꾸겠다는 정권 교체 의도를 포기해야만 했다.

러시아는 시리아와 공동으로 난민 지원 기구를 설립해 다각도로 협력하고 있다. 러시아 분쟁조정센터 주도로 2018년에 6만 8,000명의 난민이 복귀했고, 유엔 구호물자 호송 86회, 인도적 지원 활동 294회, 3만 7,000명에 대한 의료 지원, 16만 3,000명에 대한 식량 지원을 실시했다. 전쟁 당사자들이 참가하는 시리아 화해센터는 시리아 내에서 계속 운영되고 있으며,

평화 복원과 난민 복귀 프로그램이 시작되었고, 이를 위해 각 기관 간 조정 본부가 러시아, 시리아, 레바논, 요르단에 설립됐다.

시리아 분쟁 상황에서 러시아는 주도적으로 터키, 이란과 협력해 대화 정국을 조성하고 유엔 및 국제 적십자사와 협력해 인도적 지원을 전개하고 있다. 이에 따라 중동 지역에서 러시아의 영향력이 증대되고 있다.

에필로그

이 글을 마무리 하는 와중에 한국 외교 안보의 근간을 흔드는 몇 가지 중대한 사안들이 발생했다. 초강대국들에 둘러싸인 한국이 러시아와의 관계를 어떻게 재정립해나가야 하는지 심각하게 고민해봐야 할 시점이다.

안보에는 양보가 없다

한일 갈등이 고조되던 2019년 7월 23일 중국과 러시아가 동해에서 연합 훈련을 하던 과정에서 러시아 공군기가 독도 영공을 침범하는 초유의 사태가 벌어졌다. 우리 공군은 KF-16 전투기를 출격시켜 영공을 침범한 러시아 A-50 조기 경보기 쪽으로 첫 번째에는 80여 발, 두 번째에는 280여 발의 경고 사격을 가했다. 이 역시 처음 있는 일이다. 사전에 경고 방송과 차단 비행을 했는데도 러시아 공군기가 물러서지 않자 경고 차원에서 실탄을 발사한 것이다.

국내 언론이 며칠 동안 비중 있게 기사로 다뤘지만 러시아 국방부는 눈하나 꿈쩍하지 않았다. 사실 러시아가 주변국의 방공 식별 구역이나 영공에 무단 진입한 사례는 비일비재하다. 유럽 국가들은 물론 캐나다와 미국 서부 해안, 일본 등지의 영공을 대놓고 침범하는데, 특히 일본은 경고 사격은커녕 강하게 항의해본 적이 별로 없다고 한다. 미국을 제외하곤 동북아시아에서 최강 전력을 가진 러시아는 주변 나라들을 무시하는 경향이 있다. 경제적으로 인정하는 한국에 대해서도 군사적으로는 예외가 아닌 것이다. 그런데 이번에 한국 공군이 영공을 침범한 러시아 공군기에 매뉴얼대로 사격 대응을 하자, 너무 많은 주변국들과 대결적 관계로 가는 것은 바람직하지 않지만, 영공 침범에 대한 정부 대응은 불가피하다는 평가가 지배적이다.

꿩 대신 닭

2019년 7월 1일 일본 정부는 반도체 생산에 필요한 3가지 핵심 소재에 대해 한국 수출을 규제할 방침이라고 밝혔다. 규제 대상 품목은 OLED 디스플레이 소재인 플루오린 폴리이미드, 반도체 초정밀 설계에 필요한 포토레지스트, 웨이퍼 불순물 세척에 사용되는 고순도 불화수소이다. 3가지 품목 모두 일본 기업에 대한 수입 의존도가 70~90%에 달하는 것으로 알려져 있다.

그런데 7월 12일, 러시아가 외교 채널을 통해 자국산 불화수소를 우리 기업에 공급할 수 있다는 뜻을 전해온 것으로 보도됐다. 러시아는 자국산 불화수소가 경쟁력 면에서 일본산과 동등하거나 더 우위에 있다고 설명한 것으로 전해졌다. 러시아산 불화수소가 일본산을 완전히 대체할 수 있느냐에 대한 의문이 제기되는 가운데, 업계에서는 공급선이 바뀔 경우 반도체에 필요한 스펙(사양)을 맞추는 데 1~2년 정도의 시간이 필요하다고 설명했다. 아무튼 우리 기업 입장에서는 일본이 수출을 규제하더라도 대체제가 생기는 셈이다.

외교 안보 패러다임이 바뀌고 있다

최근 일본이 한국을 '화이트 리스트(수출관리 우대조치)' 국가에서 제외하자 한국은 '한일 군사정보 보호협정(GSOMIA : 지소미아)' 종료 결정으로 대응했다. 지소미아는 지난 2016년 박근혜 정부가 북한의 병력 이동과 사회 동향, 북 핵·미사일 관련 정보 등을 일본과 공유하기 위해 체결했다. 한국은 탈북자나 북중 접경 지역의 인적 네트워크, 군사 분계선 일대에서 수집한 대북 정보를 일본과 공유하고, 일본은 주로 북한의 중·장거리 미사일 실험이나 핵에 관한 기술·제원 분석 자료를 한국에 제공한 것으로 알려졌다.

한일 관계가 최악으로 치닫는 가운데 한미 동맹에도 이상 징후가 감지되고 있다. 2019년 9월 24일 열린 '제11차 방위비분담금 특별협정' 1차 협상에서 미국은 우리 측 분담금으로 50억 달러(약 6조 원)를 요구한 것으로 전해졌다. 이는 2019년 우리 측 분담금 1조 389억 원의 5.5배에 달하는 것이다. 미국 측이 요구한 분담금에는 주한 미군 인건비 2조 원에 항공 모함과 핵 잠수함 등 미국 측 전략 자산의 한반도 전개 비용까지 모두 포함된 것으로 알려졌다. 트럼프 대통령이 얼마 전 돈만 드는 한미 연합 훈련을 왜 하는지 모르겠다고 비아냥거린 데는 이 같은 꼼수가 숨어 있었던 모양이다. 외교와 군사 안보를 돈거래로 흥정하는 트럼프에게 한미 동맹의 기본

이념이 제대로 박혀 있을지 의문이다. 오죽하면 미국의 저명한 싱크탱크 책임자들마저, 이대로 가다간 트럼프가 노벨 평화상을 타볼 욕심으로 주한미군 철수를 결정할지도 모르겠다며 한숨을 내쉴까.

더군다나 미국은 2019년 8월 중거리 핵전력 조약(INF)에서 탈퇴하더니 2021 회계 연도 예산안에서 핵 운반 시스템 개선 등에 289억 달러(전년 대비 18% 늘어난 규모)를 책정하고 핵전력 현대화에 열을 올리고 있다. 이에 대해 러시아는 미국이 마음만 먹으면 일본, 한국 등 아태 지역에 중·단거리 미사일을 배치할 수 있을 것으로 본다면서, 그럴 경우 대응 조치를 취할 것이라고 벼르고 있다. 사드 배치 사태 이후 또 한 번 강대국들 사이에서 홍역을 치르지 않을까 우려된다.

한국의 외교 안보가 아직 한 번도 가보지 않은 길로 내몰리고 있다. 북한의 비핵화 움직임은 윤곽조차 가늠하기 어려운데, 한국은 전통적인 우방들과의 관계에서 변화를 겪고 있다는 느낌을 받고 있다. 변화된 시대의 흐름에 맞게 새로운 패러다임으로 한국의 외교 안보 전략을 큰 틀에서 다시 짜야 될 시점이 온 것 같다.

이런 와중에 2020년 올해, 한러 수교 30주년을 맞았다. 이 시점에서 러시아는 우리에게 무엇이고, 우리는 한러 관계를 어떻게 자리매김해나갈 것인가를 고민해봐야 할 것이다. 이런 맥락에서 최근 우리 정부 고위 당국자들의 발언은 의미심장하고 시사하는 바가 크다고 하겠다. 홍남기 부총리 겸 기획재정부 장관은 2019년 9월 초 극동 블라디보스토크에서 열린 제5차 동방경제포럼에서 소재·부품·장비·원천 기술에 투자할 공동 펀드를 만들자고 러시아에 제안했다. 홍남기 부총리는 9월 24일 모스크바에서 열린 제18차 한러 경제과학기술 공동위원회(한러 경제공동위)에 참석해 한러 양국이 소재·부품·장비 산업을 키우기 위해 10억 달러(약 1조 2,000억 원) 규모의 공동 펀드를 조성하기로 합의했다고 밝혔다.

또 9월 18일 '한러 협력의 새로운 방향과 과제' 세미나에서 주형철 대통령 경제보좌관은 "러시아는 해외 의존도가 높은 부품, 소재 등의 국산화를 추진하는 데 최적의 협력 파트너"라고 말했다. 북방경제협력위원회와 대외경제정책연구원(KIEP)이 주최한 이번 세미나에서 주형철 경제보좌관은 "한국의 정보통신기술(ICT)·응용 기술과 러시아의 우수한 기초·원전 기술이 결합해 새로운 글로벌 가치 사슬(Global Value Chain)[*] 형성 등 시너지 효과를 창출할 수 있다. 미중 무역 전쟁과 일본 수출 규제 등으로 글로벌 공급망이 급격히 재편되는 상황에서 북방 지역 국가와의 신뢰 구축과 경제 협력 활성화가 무엇보다 중요하다."라고 강조했다. 일본의 경제 보복 조치로 부품·소재 산업의 국산화가 절실해진 시점에 기초 과학 기술 강국인 러시아의 진가를 인정한 발언이라고 하겠다. 그동안 미국·일본의 기술 체인에 얽매여 있었지만 앞으로는 러시아 기초·원천 기술에 한국의 응용 기술을 결합해 새로운 트렌드의 기술 혁신을 이루자는 것이다.

2019년 한러 간 인적 교류 규모는 79만 6853명으로 사상 최고치였다. 2019년 교역액은 223억 3,000만 달러로, 2014년 대러 경제 제재로 급격히 줄어들었다가 4년 만에 회복세로 돌아선 셈이다. 러시아 극동 지역의 국

---

[*] 글로벌 가치 사슬(Global Value Chain): '가치 사슬'이란 기업이 제품과 서비스를 생산해 부가 가치가 생성되는 일련의 과정을 일컫는 용어이다. 가치 사슬 활동이 한 국가 내에 국한되지 않고 여러 국가에 걸쳐 일어날 경우, 이를 '글로벌 가치 사슬'이라고 한다.

가별 교역 순위에서 한국은 중국에 이어 2번째 최대 교역국이다. 한러 수교 30주년인 2020년 목표는 교역액 300억, 인적 교류 100만 명이다. 한국과 러시아가 머리를 맞대고 서로 윈윈하는 글로벌 전략을 주고받는 날이 오기를 바란다.

나는 모스크바 특파원이다

초판 1쇄 발행 2020년 7월 9일
　　　2쇄 발행 2020년 9월 7일
지은이 하준수
발행인 도 영

편집 김미숙, 하서린
표지 디자인 onmypaper
내지 디자인 손은실

발행처 그러나
등록 2016-000257
주소 서울시 마포구 동교로 142, 5층
전화 02) 919-5517
팩스 0505) 300-9348
이메일 anemone70@hanmail.net

ⓒ하준수, 2020
ISBN 978-89-98120-66-5 03340